1년 안에 되파는
**토지투자의
기술**

1년 안에 되파는
토지투자의 기술

글 김용남 | 감수 송희창

토지개발을 아는 순간
부자의 출발선에 서는 것이다!

나는 불과 37살이다. 사회에서는 꽤 젊은 나이이지만 내가 토지시장에 발을 담근 지 올해로 벌써 12년째인 경력자이다. 사람들은 내가 토지투자자라고 하면 원래 돈이 많은 사람이거나 토지에 대한 지식이 많은 이론가, 또는 본래 이 업계에서 일을 하고 있는 사람이라고 생각한다. 사실 그 동안 토지시장에 있으면서 가장 많이 들은 말 역시 '토지에 투자하는 건 시간에 투자하는 것이고 여윳돈이 많아야만 한다'거나, '토지 법규를 잘 아는 전문가만이 토지투자로 수익을 얻을 수 있다'라는 것들이고 이는 우리 어머니께서도 귀에 못이 박히도록 하신 말씀이다.

하지만 난 토지에 투자하는 것을 단 한 번도 장기 투자로 생각한 적이 없으며, 실제로 개발한 대부분의 토지를 짧은 시간 – 길어야 1년 반 안에 매도했다. 때론 토지를 사자마자 판 경험도 더러 있다. 나에게 토지투자는 많은 돈을 가지고 오래 묵혀서 수익을 얻어내는 투자방법이 아니었다. 어떻게 그럴 수 있었을까?

사람들은 누구나 부자를 꿈꾼다. 그래서 안정적인 저축보다는 좀 더 빨리 많은 돈을 벌 수 있는 방법을 찾아 주식, 펀드, 부동산 투자 등을 한다. 이 중 부동산 투자에 관심 있는 사람이라면 제대로 된 토지투자로 많은 수익을 거둘 수 있다는 걸 잘 알고 있을 것이다. 하지만 누구든 쉽게, 아니 섣불리 시작하지는 못할 것이다. 앞서 말했듯이 아마도 토지라고 하면 왠지 어려울 것 같고, 경험이나 지식 없이 자신감만 갖고 뛰어들어도 수익을 남길 수 있을까 걱정이 되기 때문일 것이다. 게다가 나처럼 토지투자는 가진 자들만의, 지식이 많은 자들만의 돈벌이 수단이라고 수없이 들어왔기 때문일 것이다.

나는 돈이 많이 없었고 또 토지에 대한 법규도 잘 알지 못했지만 지금까지 토지투자에서 단기 수익률 40%를 넘겨왔다. 나는 이 책에서 분명히 말하고 싶다. 토지투자는 부자들만 하는 게임이 아니라고. 토지투자는 돈이 없어도, 토지에 대한 지식이 부족해도 할 수 있을 뿐 아니라 토지에 투자하여 충분히 수익을 올릴 수 있다고 말이다.

토지투자의 핵심은 토지개발이다. 정말 이것만 알면 된다. 그리고 이것 또한 그리 어렵지 않다. 토지를 개발한다는 것이 생각만큼 높은 장벽이 아니라는 것을 이제부터 이 책을 통해 이야기 할 것이다. 내가 갖고 있는 실전 노하우들을 모두 공개했으므로 독자들이 이 책에 있는 내용만 제대로 습득한다면 여러 매물들 중에서 저평가된 토지를 구별할 수 있는 눈을 갖게 될 것이라 자신 있게 말할 수 있다.

처음에는 애송이 공인중개사로 시작했다

처음 공인중개사 학원을 갔을 때는 25세가 되던 해 7월이었다. 10월 중순경에 공인중개사 시험이 예정되어 있었는데 아무 준비도 없이 친구가 다니는 학원으로 찾아갔다. 친구는 이 시험이 무척 어렵다고 했지만 그때는 무슨 배짱인지 8월 강의부터 등록을 하고 시험 준비를 시작했다. 수강 신청을 하고 책을 구입하려는데 두꺼운 본 교재와 얇은 요약집 중에 나는 아무 망설임 없이 요약집을 과목마다 모두 구입했다.

첫 수업인 민법 강의를 듣던 중 친구에게

"야, 등기부등본이 뭐야?" 하고 물었을 때 한심해하는 친구의 표정이란.

"집문서잖아. 이거 없으면 집도 못 파는 거 몰라?"

25살 내 인생에서 등기부등본이란 걸 본 적도 들은 적도 없던 나는 그게 없으면 집을 팔 수 없다는 말에 몹시 당황했다. 그 날 집에 들어가자마자

"엄마, 우리집 집문서 어딨어?"

"집문서? 등기부? 그거 없어."

라는 어머니의 대답에 아주 큰일이 난 줄 알았다. 지금 생각해도 그 날의 나는 너무 무식해서 차라리 귀엽다고 해야 하나. 알다시피 등기부등본은 인터넷으로도 열람할 수 있고 집문서라고 하는 등기권리증이 없어도 집을 팔 수 있지 않은가.

등기부등본도 본 적이 없던 나는 뜻 모를 부동산 용어들을 퍼부어가며 시험 막바지라고 이론 설명 없이 바로 문제만 풀어나가는 학원 강의가 한국어로 진행되는데도 마치 외국에 나가 있는 듯 낯설게 느껴졌다.

그날 나는 당장 인터넷 동영상 강의를 찾아보았다. 학원에서 가르쳐주지 않는 이론은 나 혼자 해결해야 했기 때문이다. 내가 찾은 동영상 강의는 과목별로 40강이고 한 강의마다 한 시간씩 진행되는 것이었는데 계산을 해보니 하루 한 강의씩 들어서는 답이 나오질 않았다. 그래서 학원 마치고 2시쯤 집에 돌아와서 하

루에 5~6강씩 이론 공부에 집중했다.

두 달 동안 학원, 동영상 강의, 복습 이런 생활을 반복했더니 아버지 입에서 공부 좀 그만하라는 소리가 저절로 나왔다. 내 평생 그런 말을 다 듣다니. 여자친구까지도 날 만날 수가 없다며 헤어지자는 연락을 했다. 나는 이 시기가 인생에서 매우 중요한 때라고 생각했기에 여자친구의 헤어지자는 말도 그냥 받아들였다. 만약 내가 두 달 만에 공인중개사 자격증을 딴다면 부모님도 여자친구도 학원에서도 나를 다시 볼 거라는 생각이었다.

드디어 시험날. 채점을 해보니 과목별로 과락과 우수한 점수 사이를 왔다 갔다 하면서도 최종 결과는 합격. 합격자 발표날 수화기 너머에서 들려오는 "합격하셨습니다" 하는 소리까지 확인하자 그 기쁜 감정은 이루 말로 다 표현할 수가 없었다. 나는 그렇게 제13회 공인중개사 자격증을 취득하게 되었다.

내 인생의 진로는 스스로 결정해야 한다

그 후 나는 여자친구를 따라 천안으로 내려갔다. 딱히 할 일이 없던 나는 말 그대로 백수 생활을 하던 중 여자친구의 작은아버지가 하는 부동산 사무실을 나가게 되었다. 사무실은 경기도 어느 시골에 있었는데 처음 도착한 날엔 이런 깡촌에서 도대체 무얼 하나 싶을 정도였다. 여자친구의 작은아버지는 전에 받던 내 월급 50만 원의 두 배인 100만 원을 주겠다며 사무실에 나오라고 하셨다. 드디어 내 부동산 인생이 시작되나보다 하는 순간이었다.

그런데 출근 첫날. 전화를 통해 처음 지시 받은 업무는
"사거리 가서 시내 쪽으로 들어가면 세탁소가 하나 있어. 거기 가서 내 옷 좀

찾아와."

세탁소 다녀오면 더 중요한 일을 시키시겠지 하며 이후 업무 지시를 기다렸다. 그런데 자동차 키를 건네주시며 시킨 다음 일은

"밑에 내려가면 오피러스 있거든. 그거 세차장 가서 세차 좀 해와."

그러고 나서도 다음 일을 기다리는데 다음 지시 사항은

"6시 되면 퇴근해라."

뭐지?

다음날도 그 다음날도 두 달 동안을 출근하면 같은 일이 반복되었다. 잔심부름이나 하려고 부동산 사무소에 출근한 게 아닌데… 가만히 있다가는 아무것도 못 배우겠구나 하는 생각이 들었다. 그래서 부동산을 배울 수 있는 방법을 스스로 찾았다. 나보다 한 해 먼저 자격증을 취득해서 부장으로 일하고 있는 형에게 도움을 받기로 했다. 그 형을 쫓아다니면서 모르는 용어부터 하나하나 정말 귀찮을 정도로 이것저것 물어보았다. 내 부동산 인생의 기초를 그 형이 닦아줬다 해도 과언이 아닐 정도로 큰 도움을 받았다.

그 형이 일단 이곳에서 토지 장사를 하려면 최소한 주요 지역 정도는 알아야 하지 않겠느냐고 말해서 지도책만 들고 길이 있는 곳이면 무작정 가보자 하는 생각을 하게 되었다. 그래서 몇 달 동안은 아침에 출근해서 지도책을 가지고 나와 무조건 돌아다녔다. 그렇게 하다보니 사무실에 앉아서 지도책만 봐도 이 길은 좁은 길이고 이 길은 홈이 파였고 이 길은 공사 중이고 하는 사실을 다 알게 되었다. 지금 생각해보면 그때 작은아버님은 부동산 공부를 내 스스로 하길 기대하신 것 같다. 시간이 좀 지나자 작은아버지께서는 나도 적을 둬야 한다는 말씀을 하셨다. 그때까지는 딱히 내 소속이 없었다.

나는 다시 새로운 부동산 사무실로 출근하기 시작했다. 거기서 한 달, 또 다른 사무실에서 한 달. 그렇게 몇 달이 지나고 나서야 정말로 내가 자리 잡고 일할 사무실로 출근하게 되었다. 부장이라는 직함까지 얻고서. 27살이 된 나는 드디어 온전한 직장이 생겼다는 생각에 여자친구와 결혼도 하게 되었다.

가족까지 생겼으니 더 열심히 해야겠다는 각오로 일을 했다. 그렇게 출근하여 손님을 맞이하는데, 정말 내가 길만 알지 부동산 지식은 전혀 없구나 하는 사실을 바로 깨달았다. 손님이 공장 부지를 찾으면서 건평이 어떻고 건폐율이 어떻고 하는데 통 알아듣지를 못했다. 이미 그 손님 눈빛에서 27살 젊은 사람이 부동산 사무실에 부장이라고 있긴 한데 '어린 애가 뭘 알겠나' 하고 말하는 것을 느낄 수 있었다. 순간 내 부족한 지식과 어린 나이가 이 세계에서 걸림돌이 될 수도 있겠다는 생각이 들었다.

그래서 내 나이가 문제가 되지 않도록 나만이 잘 할 수 있는 일을 만들어보자 하는 결심을 하게 되었다. 대체 나는 뭘 잘 할까? 생각 끝에 이 근처 부동산 사무실에서는 브리핑을 꼼꼼하고 정확하게 하는 사람이 없으니까 내가 브리핑 하나는 진짜 멋지게 해보리라 마음먹었다. 그러려면 나만의 토지시장이 정리되어야 한다. 그때부터 공부를 시작했다. 인터넷 검색을 통해 생산녹지가 무엇인지 농업진흥이 무엇인지 토지거래허가가 무엇인지… 손님이 없으면 자리에 앉아 검색을 했고 손님이 오면 그 손님을 상대로 복습을 했다. 그렇게 노력하다보니 드디어 나를 통해 토지를 사는 손님들이 생겨나기 시작했다.

나는 한 번 다녀간 손님의 연락처를 따로 기록해놓고 계속 전화했다. 손님이 찾는 물건을 보면 바로 연락을 해서 약속을 잡고 집에 가서 아내와 연습을 했다. 다음 날 있을 만남을 위해 미리 연습하는 것이다.

어느 날 그렇게 해서 준비한 브리핑을 성공적으로 마쳤고 손님과 계약이 이루어졌다. 그때 느꼈던 성취감이란. 그 계약으로 나는 사무실에 많은 수익을 안겨주었다. 자연스럽게 속으로 나를 통해 발생된 수익의 최소 10%는 주겠지 하는 기대감을 갖게 되었다. 그런데 사장님은 월급 몇 십만 원 더 가져가라는 말뿐이었다. 충격이었다. 고작 내 노력의 대가가 이 정도라니. 나는 어떤 일이든 그 누구보다 열심히 할 자신이 있었고, 실제 그렇게 노력해왔다. 그리고 열심히 노력하여 거둔 성과에 대해 최소한이라도 나눌 수 있는 직장이면 더욱 좋았을 텐데, 하는 생각이 머릿속을 떠나지 않았다. 그 일로 인해 사기도 떨어지고 결국 그 사무실을 그만두게 되었다.

새로운 도전! 1년 안에 승부한다

그 이후 내 선택은 다른 직장의 직원이 아닌 단독으로 운영할 수 있는 중개업소를 개업하는 것이었다. 평소 알고 지내던 사장님이 건축한 상가건물 1층에 세를 얻어 들어가기로 했다. 난 여전히 20대였기 때문에 주위에서는 좀더 실무를 익힌 뒤 사무실을 개업하는 것이 좋지 않겠냐는 말을 많이 했다. 하지만 내 생각에 돈을 한번 많이 벌어보고 싶은 것도 있었지만 설사 실패하더라도 젊은 나이에 실패해보는 게 더 낫겠다는 거였다.

결국 아무 직원 없이 1인 중개업소를 열었다. 개업 후 하루의 대부분 시간이 나 혼자였다. 왜냐하면 한 분야인 토지시장만 다루다보니 소소한 수입을 올릴 수 있는 전·월세 손님조차 없었기 때문이다. 오로지 토지만 팔아야 했다. 처음에는 막막했다. 아는 사람도 없고, 물건도 없기에 무작정 토지(매물)를 찾아다녔다.

아침에 출근하면 사무실 문을 잠가놓고 토지를 찾으러 여기저기 다니다 퇴근 무렵에서야 사무실로 들어갔다.

그렇게 나름대로 바쁜(?) 생활을 하고 있을 때 건물주가 사무실에 놀러왔다. 이런저런 이야기를 하다 건물주도 부동산 사무실을 하고 싶어한다는 것을 알게 되었다. 결국 건물주와 함께 동업하기로 결정했다. 그때 사무실을 중개업소에서 개발법인으로 상호를 바꾸고 본격적인 토지개발업무를 시작하게 된 것이다.

그리고 개발법인을 운영하면서 깨달았다. 토지개발을 통해 토지가 충분히 단기 투자의 수단이 된다는 것을. 그 당시 우리가 토지를 매입하여 현금 1억 8천만 원 정도를 투자했는데, 1년이 좀 지나서 세금과 경비를 제하고도 2억 원의 수익을 올리게 되었다. 현금 대비 110%에 육박하는 수익률이었다.

물론 이런 수익률을 실제로 얻기까지 참 많은 일을 겪었다. 토지거래허가구역이었기 때문에 계약금 지불 후 민사소송을 하기도 했고, 인허가를 받기 위해 배수로를 찾아다닌 적도 있고, 매수자가 토지를 산 뒤 잔금 때 나타나지 않아 당황했던 사례도 있었다. 정말 돈 주고도 못할 경험들이었다. 그 경험들을 토대로 아무것도 모르던 27살 애송이가 10년 뒤 토지개발에 대한 강의를 할 정도가 되었다. 현재 나는 돈을 많이 벌었기에 성공했다기보다 앞으로 더 많은 돈을 벌 수 있기에 성공한 인생을 살 수 있다고 말하고 싶다.

개발법인에서 일하는 동안 토지투자에 대한 개념을 확실히 이해했기에 토지를 어떻게 사야만 하는지 알게 되었다. 또한 토지와 토지개발이 무엇인지 정확히 알게 되었고 그 후로 개인적으로도 공장 부지 등을 매입하여 1년 조금 지나 현금 대비 40% 정도의 수익률을 거두기도 했다. 여러 번의 경험으로 토지가 단기 차익의 수단으로 활용될 수 있다는 것을 알게 되었고, 토지에 투자한다는 것은 돈을 오래 묻어두어야만 한다는 그전까지의 고정관념을 완전히 바꿀 수 있는 계기가 되었다.

나는 27살에 부동산중개사 자격증 하나만으로 이 일을 시작했다. 자격증만 있으면 일은 저절로 잘 될 것이라 생각했지만 현실은 다르다는 것을 바로 깨달았다. 투자 인생의 기초를 닦아준 선배 형이 있었지만 제대로 된, 더 성장한 투자자가 되기 위해 스스로 엄청난 노력을 했다. 이제 37살이 된 나는 내 경험과 지식을 많은 사람들과 나누고자 종종 강의를 나간다. 몸소 체험하며 힘들게 얻은 인생의 재산들이지만 나도 누군가의 멘토가 되어 토지투자의 세계를 제대로 알려야 한다는 생각에서다.

이 책은 지난 10여 년 동안의 내 경험을 더욱 소중하게 만들기 위해 쓰게 되었다. 많은 사람들이 이 책을 통해 토지투자에 대한 든든한 길잡이를 얻었다고 느끼길 바란다. 이 책에서는 보통 이론들만 나열한 책으로는 알기 힘든, 직접 경험해야만 알 수 있는 정보들을 담으려고 애썼다. 토지투자를 할 때 실제 유용하게 쓰이는 용어와 이론, 실전 사례 등을 충분히 소개하였고, 특히 토지이용계획확인원 분석하는 방법을 통해 수익률을 미리 계산하고, 투자 마진을 더 많이 남기는 방법에 관해 상세히 설명하였다.

만약 토지개발을 모른다면 토지투자가 말처럼 쉽지만은 않은 일이다. 하지만 이 책을 이해할 수준이라면 누구나 할 수 있고 어쩌면 나보다 더 잘 하게 될 수도 있다. 이 책을 통해 토지가 장기 투자의 수단이 아니고 단기 수익을 내는 훌륭한 수단이 된다는 것을 느꼈으면 한다.

그리고 예전에는 듣고서도 의미를 알지 못했던, 하지만 지금은 확실하게 이해하는 말 '돈은 돈을 벌 수 있는 시장에서 벌어야 한다'는 말의 의미를 독자들도 느끼길 바란다.

   토지를 개발하여 부를 이룬 나 같은 사람들을 이른바 토지개발업자라 부른다. 당신도 나처럼 성공한 토지개발업자가 될 수 있다. 토지개발을 알게 된 당신은 이 순간부터 부자가 되는 출발선에 서게 된 것이다. 부디 이 책을 통해 성공적인 토지투자를 할 수 있기를 기원한다.

10년 차 김 공인 김용남

Contents

prologue
토지개발을 아는 순간 부자의 출발선에 서는 것이다! · 4

01 토지투자를 시작하기 전 반드시 알아야 할 것들

1. 최소한의 지식을 습득하고 전문가를 활용하라 · 20
2. 돈을 벌 수 있는 원석부터 잘 골라야 한다 · 22
3. 저렴하다는 이유만으로 좋은 투자대상이 될 수 없다 · 24
4. 최종 소비자가 만족할 만한 개발을 해야 한다 · 25
5. 토지의 외모와 성격을 파악할 수 있어야 한다 · 29
6. 토지투자의 기본은 토지이용계획확인원의 분석부터다 · 33
7. 개발이 가능한 용도지역을 매입해야 한다 · 34
8. 건물의 외형을 결정짓는 건폐율과 용적률 · 37
9. 진정 돈 많은 친구, 은행을 활용하라 · 40
10. 깐깐한 은행도 알고 보면 틈새가 있다 · 41

02 토지개발이란 무엇인가

1. 토지개발(개발행위허가)이란 이런 것이다 · 46
2. 개발행위허가의 첫 번째 조건, 건축법상의 도로 · 48
3. 현황도로도 건축법상 도로가 될 수 있다 · 50
4. 개발행위허가 두 번째 조건, 배수로 · 51
5. '토목'과 '건축' 공정을 구분하라 · 54
6. 개발원가를 미리 계산하자 · 58

03 개발을 하기 전에 이것만은 꼭 알아야 한다

1. 토지를 파악하기 위한 서류 · 64
2. 오수와 우수를 구별하라 · 68
3. 토지를 임차할 때 이것만은 알아야 한다 · 70
4. 지목이 도로인 부지도 동의서를 받아야 할 때가 있다 · 72
5. 임야에 전원주택 개발은 소유권 취득이 선행되어야 한다 · 74
6. 구거라고 다 똑같은 구거가 아니다: 용수로와 배수로 · 76
7. 행안부에서 관리하면 진입로를 낼 수 없다: 관리청 미지정 토지 · 79
8. 맹지가 갖는 권리가 있다: 주위토지통행권 · 80
9. 선이 있으면 건물을 지을 수 없다: 완충녹지, 접도구역 · 82
10. 도랑이 길이 될 수 있다: 목적 외 허가 · 85
11. 눈에 보이지 않는 도로를 확인하라: 도로점용허가 · 87
12. 직접 개발하지 않아도 세금이 나온다: 개발부담금 · 90

13 개인이 개발할 수 있는 평수가 정해져 있다: 개발업등록 • 92
14 농지는 한 평도 빠짐 없이 농지여야 한다: 농지취득자격증명원 • 96
15 임야를 등록전환하면 면적이 줄어든다 • 98
16 접도구역은 건폐율 산정이 안 된다 • 100
17 개발부담금 미대상 업종을 찾아라 • 101
18 지목이 바뀌면 공시지가 오른다 • 104
19 공사를 3개월 동안 중단할 수도 있다 • 106
20 도로가 난다더니 고가도로가 났다 • 109
21 농림지역에 농업진흥지역도 해제될 수 있다 • 110
22 토목공사비를 예상해야 한다 • 113
23 민원발생비용을 예상하라 • 114
24 중도금 치르러 갔더니 토지를 안 판다고? • 115

04 서류를 분석하는 법

1 도로가 고가도로인 토지 • 124
2 개발할 용도가 보이지 않는 토지 • 128
3 공장 부지로 개발 가능성이 보이는 토지 • 132
4 개발을 할 수도 있고 안 할 수도 있는 토지 • 137
5 맹지와 같은 토지 • 141
6 무조건 매입해야 하는 토지 • 144
7 도로가 사도인 토지 • 146
8 개발 가치가 정말 많은 토지 • 149

9 2차선 변이지만 용도가 보이지 않는 토지 · 151
10 가감속차선공사 시 동의서가 필요한 토지 · 153
11 잘생겼지만 입지가 좋지 않은 토지 · 157
12 매매가 쉽지 않아 보이는 토지 · 160
13 나홀로 집이 될 것 같은 토지 · 163
14 도로변이지만 용도가 보이지 않는 토지 · 165
15 현황배수로를 꼭 확인해야 하는 토지 · 168
16 미래 가치가 있어 보이는 토지 · 171
17 개발 가치가 충분해 보이는 토지 · 174
18 농림지역에서 해제된 토지 · 177
19 매력이 떨어지는 생산관리지역의 토지 · 180

05 토지개발의 실전

1 법인이 개인보다 수익이 크다 · 186
2 '인허가 나는 조건'을 명시하라 · 188
3 토지를 매입할 때 반드시 배수로를 체크하라 · 190
4 애매한 법 조항은 민원을 제기하여 풀어내라 · 196
5 무단 점유한 토지라도 협의를 해야 한다 · 205
6 절묘한 방법으로 단기 수익률 110% 달성하다 · 208
7 쓸모없는 토지의 가치를 3배 상승시키다 · 217

epilogue
남들과 다른 시각이 차별화된 삶을 만든다 · 222
부록 개발행위허가운영지침 · 223

chapter
01

토지투자를
시작하기 전 반드시
알아야 할 것들

1
최소한의 지식을 습득하고
전문가를 활용하라

　부동산 투자에 관심 있는 사람이라면 한 번쯤 토지에 투자하여 돈을 벌고 싶다는 생각을 할 것이다. 하지만 많은 사람들이 토지투자는 엄두도 못 낸다. 왠지 토지라고 하면 다른 부동산보다 더 어려울 것 같고, 토지는 덩이가 커서 돈도 꽤 많아야 할 것 같고, 거래도 잘 안 되니 한번 사면 오래 묵혀야 할 것 같기 때문이다.

　하지만 토지투자는 그리 어려운 것도 돈을 오래 묻어두어야 할 것도 아니다. 토지 역시 단기간에 매매가 가능하고, 그렇게 큰돈이 필요하지도 않다.

　왜 유독 '토지를 개발하려면 지식이 많아야 한다'고 생각할까? 사람들이 말하는 지식이란 무엇을 말하는 것일까? 나는 투자자이지 토목설계사도 아니고 건축사도 아니다. 토지를 개발한다고 해서 그 토지를 두고 경사도를 체크하고 입목축적을 따지고 복잡한 전문용어들을 모두 머릿속에 암기할 필요가 없다는 말이다. 토지를 보고 무엇으로 개발할지 정하고 어떻게 개발하면 수익성이 커질지, 단기 차익이 생길 수 있을지 판단하고 그 목적을 이루기 위해 큰 그림을 그리면 되는 것이다.

　내가 허가를 취득할 수 있게 하기 위해 토목 사무실이 존재하는 것이며 허가에 맞는 건축을 하기 위해 건축사 사무실이 존재하는 것이다. 우리는 토지를 보고 그 토지가 돈이 될 수 있는지 판단하면 되는 것이지 기술적으로 어떻게 해야 허가가 나며 어떤 건축물이 들어올 수 있는지까지 판단할 필요가 없다는 뜻이다. 일단 토지를 보는 순간 용도가 그려지고 토지개발의 방향을 파악한 뒤 토목 사무실로 그렇게 개발행위허가가 가능한지를 물어보면 된다. 그리고 내가 생각한 건축물이 들어설 수 있는지 건축사에게 물어보면 된다.

투자자는 지휘자와 같다.

이처럼 토지개발을 너무 어렵게 생각할 필요가 없다. 개발은 절대 나 혼자 하는 것이 아니다. 토목설계 사무실이 있고 건축사 사무실이 있고 세무사 사무실이, 법무사 사무실이 있다. 둘러보면 도움을 청할 곳이 많다.

토지개발을 할 때는 한 가지만 명심하면 된다. 우리는 투자자일 뿐 기술자가 아니라는 사실. 토지를 보았을 때 용도를 떠올리고 방향을 선택하면 되는 것이지 그것이 가능한지를 직접 따질 필요가 없다. 투자하기에 아주 좋다고 판단되었을 때 주변의 도움을 받아 가능성만 알아보면 된다. 가능하다는 말을 들었을 때 계획대로 밀고 나가는 것이다. 나는 나만의 해석으로 12년간 토지를 개발해왔다. 토지를 개발하면서 나만의 개념 논리가 법적으로 맞는지 안 맞는지는 내 몫이 아닌 전문가들의 몫이다. 그러므로 법적인, 실무적인 지식이 부족하다고 무조건 겁부터 먹지 말고 본인의 판단을 먼저 믿고 투자개발의 큰 그림을 그려보는 연습부터 해야 할 것이다.

토지를 보고 첫눈에 소름이 돋는 듯한 느낌, 그 느낌을 갖기 위해서는 투자자 수준의 기본적인 공부는 해야 한다. 전문가 수준이 아니라 상식 말이다. 본격적인 공부를 하기에 앞서 알아두어야 할 것이 있다. 우리가 부동산을 공부하는 이유는 박사학위를 받기 위한 것이 아니다. 투자를 통해 수익을 거두려는 것이다.

이 사실을 명심해야 한다. 공부를 하되 복잡하고 어려운 토지 용어들을 다 알 필요는 없다. 토지투자를 하기 위한 최소한의 지식만 알면 된다. 뭔가를 공부해야 할 때 이론가가 아닌 투자자의 시선에서 접근해야 한다. 그 최소한의 지식을 이용하여 개발 가능한 원석을 발견할 줄 아는 능력을 키워야 한다. 그리고 원석을 매입 후 토지개발을 통해 그것을 보석으로 만들면 되는 것이다.

내가 이 책에서 거론할 용어들은 법적 개념으로 보면 굉장히 복잡한 내용을 담고 있지만, 난 그 개념들을 아주 쉽게 정리해서 설명할 것이다. 토지개발의 개념과 용어들이 쉽게 정리되어야만 토지개발을 할 수 있고, 머릿속으로 전체적인 그림을 쉽게 그릴 수 있고, 그것이 토지개발을 할 수 있는 눈을 만들어주기 때문이다.

돈을 벌 수 있는
원석부터 잘 골라야 한다

사람들이 토지를 사는 이유는 그 토지 위에 건물을 짓거나 뭔가 토지를 이용할 목적이 있기 때문이다. 그렇다면 어떤 토지의 가치가 가장 높게 나올까? 우리가 쉽게 접할 수 있는 농사를 지을 수 있는 농지나 산림을 경영할 수 있는 임야는 그리 높지 않은 시세를 형성하고 있다. 반대로 지목이 농지나 임야일지라도 건물을 지을 수 있는 토지는 높은 가격에 거래된다. 그러니 현재 모습은 대지가 아니더라도 매입 후 건물을 지을 수 있는 토지로 바꿀 수만 있다면 원래 토지의 가치보다 훨씬 높은 가치의 대접을 받고 토지를 팔 수 있다는 뜻이 된다.

하지만 아무 토지나 다 건물을 지을 수 있는 것이 아니다. 주택을 짓기에 적당한 토지가 있고 공장을 지으면 안성맞춤인 토지가 있다. 토지마다 어떤 건물을 지어야 더 가치가 높아지는지 판별하는 것이 입지다. 그 토지가 속한 입지가 좋으면 그 토지의 가치는 자연스레 상승할 수밖에 없다. 흔히 집을 지을 수 있게 만들어놓은 부지를 주택 부지라고 하고 공장을 지을 수 있게 만들어놓은 부지를 공장 부지라 한다. 아무것도 없는 토지를 보고 주택을 지으면 참 좋겠다 라든지 공장을 지으면 좋겠다 하는 용도가 보인다면, 토지를 취득할 때 그 토지의 용도를 바꾸어 더 높은 가격에 팔 수 있을 것이다.

공장 부지로 조성된 토지
토지를 취득하고 그 용도를 바꾸기 위해서는 그리 오랜 시간이 걸리지 않는다. 그러니 토지를 취득할 때 용도를 볼 수 있는 눈을 가졌다면 비교적 짧은 시간에 수익을 낼 수 있다.

3
저렴하다는 이유만으로
좋은 투자대상이 될 수 없다

　토지시장 역시 철저하게 시장경제의 원리로 돌아간다. 즉, 토지를 거래한다는 것은 정찰제 물건을 사고 파는 것과 달리 수요와 공급에 의해 가격이 결정된다는 말이다. 토지를 팔려고 하는 사람이 많으면 가격은 떨어진다. 그런데 희한하게 토지 가격이 떨어지게 되면 그 매물들이 시장에서 사라지게 된다. 왜냐하면 토지는 여윳돈으로 투자하는 경우가 대부분이기에 굳이 매입했던 금액에서 손해를 감수하며 팔려는 사람은 없기 때문이다. 이런 이유로 토지시장에서 싼 물건을 찾기란 매우 힘든 일이다. 토지를 비싸게 주고 산 사람은 많지만 싸게 샀다고 말하는 사람이 적은 이유가 바로 여기에 있다.

　토지를 보려면 먼저 적정 시세부터 체크해야 한다. 그리고 시세보다 저렴한 물건들이 없다면 그 다음에는 토지의 용도를 확인해야 한다. 예를 들어보자. 가격은 싸지만 토지의 적당한 용도가 보이지 않는 경우와 가격은 비싸지만 활용가치가 높은 토지, 무엇을 지어도 괜찮을 것 같은 경우가 있다. 만약 당신에게 이 두 종류의 토지를 놓고 선택하라고 한다면 어떤 토지를 고르겠는가?

　앞에서 언급한 대로 토지는 여윳돈으로 거래하는 부동산이기에 이왕이면 돈을 조금 더 투자하더라도 쓰임새가 다양한 토지를 골라야 한다. 내가 잠재력(?)을 가진 토지를 사고 싶어한다면 다음 매수자도 그 토지를 사고 싶어한다는 것을 잊지 말아야 한다. 활용도가 높은 토지를 골라 보유하고 있으면 그 토지를 조금 비싸게 매입했더라도 최소한 손해를 안 볼 뿐 아니라 나중에 더 큰 수익을 안

겨주는 경우도 많다.

　최근 몇 년간 제주도 땅 매매가 붐이다. 그런데 제주도의 모든 땅이 인기가 있는 것이 아니다. 그 토지 중에서 개발 가능한 토지는 몇 배에서 수십 배 이상으로 가격이 상승하여 새로운 주인에게 매매되었지만 도저히 개발이 불가능한 토지는 가격도 오르지 않고 팔리지도 않아 원주민이 그대로 소유하고 있다. 이제는 설계사무소를 통해 그 토지의 개발(건축) 가능 여부를 확인 후 매입할 수 있기 때문에 예전처럼 감으로만 투자하는 사람들은 없다. 그러므로 토지에 투자하기 전 토지에 관해 개발 가능 여부를 확인하는 것은 무척 중요하다.

　따라서 토지를 볼 때 그 토지의 용도를 보고 매입하면 토지투자에 실패할 확률이 크게 줄어드는 것이다. 어찌 보면 토지의 용도를 체크하는 것이 토지개발이라고 할 수 있다. 토지를 매입할 때 딱 한 가지만 생각하라. 그 토지에 무엇을 하면 좋을지를. 토지를 보는 순간 여러 가지 건축물이 떠오른다면 좋은 투자대상이고, 만약 건축이 불가능한 토지라면 아무리 싸더라도 다시 생각해봐야 한다.

최종 소비자가 만족할 만한 개발을 해야 한다

　어떤 사람은 개발될 지역을 잘 골라서 투자해야 한다고 한다. 그 말이 틀린 것은 아니다. 개발될 곳에 투자하면 성공한다. 하지만 실전에서 개발될 곳에 투자를 하면 그 지역이 개발될 때까지 장기간 자금을 묶어둬야 하고 투자할 때 투입되는 돈 또한 대부분 현금이어야 한다. 실제 내 주위에 그렇게 토지를 사서 10년 넘게 가지고만 있는 사람도 있고 그 지역이 개발되었음에도 그 사람이 산 토지는 거래가 되지 않아 계속 보유하고 있는 경우를 보기도 한다. 왜 그런 일이 생기는 것일까? 답은 간단하다. 그 지역이 개발된다는 기대감으로 토지를 샀지만 그 토지는 길도 없고 건물을 지을 수도 없는 토지이기에 거래가 되지 않는 것이다.

사람들은 왜 토지를 살까? 토지의 최종 소비자 입장에서 생각해보라. 그 토지를 최종적으로 사는 사람이 왜 사는지 이유는 간단하다. 그 토지 위에 집을 지으려는 것일 수도 있고 상가를 지어 장사를 하려는 것일 수도 있다. 또 공장을

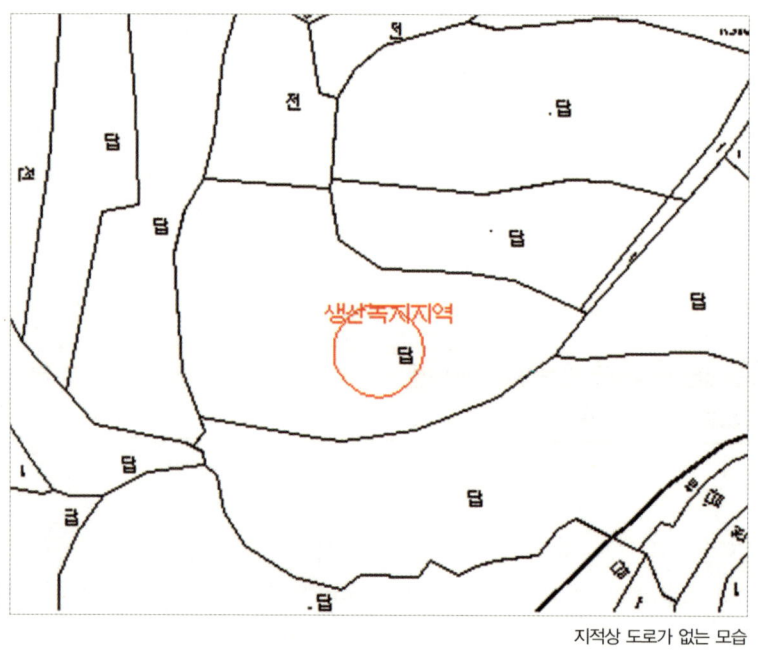

지적상 도로가 없는 모습

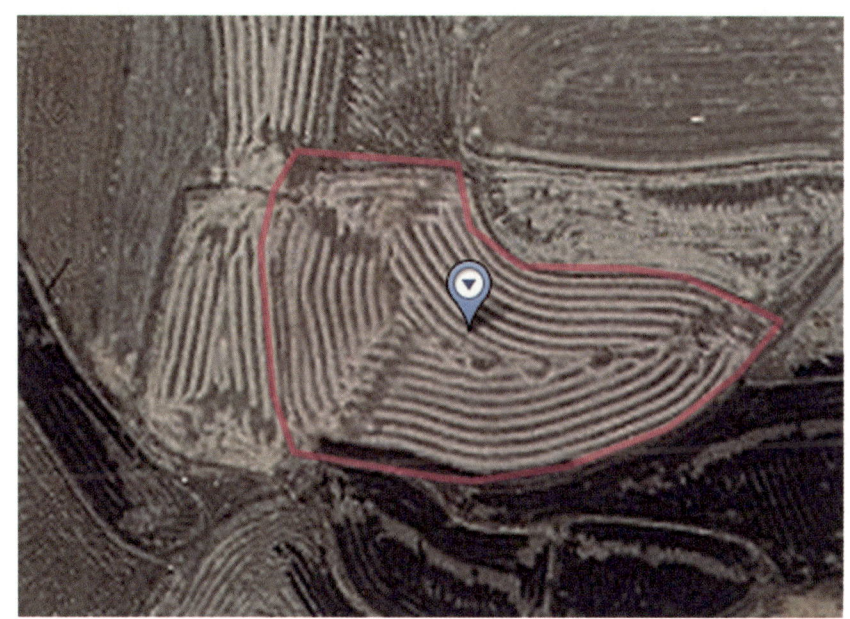

현장에도 길이 없어 건축물을 지을 수 없는 토지

짓고 싶은 사람도 있을 것이고 고물상을 하고 싶은 사람도 있을 것이다. 토지는 건물을 짓기 위한 상품이다. 하지만 사람들은 그렇게 생각하지 않는다. 농지는 농지일 뿐이고 임야는 임야라고만 생각한다.

 지목이 농지인 토지를 매입하여 그대로 농지로 팔면 단기간에 돈을 벌 수 없다는 걸 알아야 한다. 단기간에 매도가 가능하고, 충분한 수익을 남기려면 어떻게 해야 할까? 방법은 그 토지로 하여금 전원주택을 짓고 싶어하는 사람이나 공장을 짓고 싶어하는 사람, 고물상을 하고 싶어하는 사람들이 좋아할 만한 토지로 만들면 되는 것이다. 그렇게 하면 토지에 투자하여 단기간에 수익을 낼 수 있다.

토지투자를 하다보면 많은 토지를 접하게 된다. 주택을 지을 수 있는 토지, 상가를 지을 수 있는 토지, 공장을 지을 수 있는 토지 등 용도도 다양하다. 토지들의 용도가 다른 만큼 그들의 값어치도 모두 다르다.

우리가 토지개발을 통해 수익을 얻기 위해서는 많은 용도로 활용할 수 있고 좋은 입지를 가진 토지를 선정해야 토지 가치도 올라가 마진도 커질 것이다. 건물을 지을 수 있는 같은 토지라 해도 어떤 건물을 지을 수 있는지, 얼마나 지을 수 있는지에 따라 토지의 가치가 달라진다. 만약 건물을 많이 지을 수 없고 높이 지을 수도 없다면 상대적으로 좋은 토지가 못되고 가치가 한정되니 마진이 한정될 수밖에 없다.

그렇기 때문에 수많은 토지 중에서도 어떤 토지가 그 가치를 최대로 높일 수 있는 것인지 판단할 수 있어야 한다. 그러기 위해 우리는 용도지역에 따른 건폐율과 용적률을 알아야 하고 개발 관련 접도구역이나 완충녹지 등도 알아서 건물의 위치나 규모 등을 판단해야 한다. 여러 가지 상황을 모두 고려하여 최상의 부지가 될 만한 토지를 매입하여야 다음 매수자도 인정할 수 있는 개발을 할 수 있을 것이다.

다시 말해 우리가 토지에 투자하여 마진을 남기기 위해서는 매수자도 그 마진을 인정할 수 있어야 한다. 그러기 위해서는 정상적인 개발을 하면서도 일반인이 할 수 없는 일을 해야만 한다. 보통 투자자가 하는 일은 인허가를 득하고 토지에 관련된 민원을 처리하면서 공사를 마치고 부지를 조성하는 토지개발의 일반적인 일이다. 하지만 이 모든 과정을 자기만의 노하우 없이 다른 사람들이 늘 하던 방식으로 한다면 마진이 보통 이상으로 커질 수는 없을 것이다.

토지로 단기 차익을 노리는 사람들은 개발원가를 줄이기 위해 노력해야 한다. 원가를 줄이고 마진을 높이는 사람들이야말로 진정한 토지개발업자라 할 수 있다.

토지의 외모와 성격을
파악할 수 있어야 한다

토지에 투자하기 위해서는 대체 어떤 시각으로 바라봐야 하는 것일까? 쉽게 생각하면 된다. 토지를 볼 때는 애인을 고른다는 기분으로 보라. 우리가 이성을

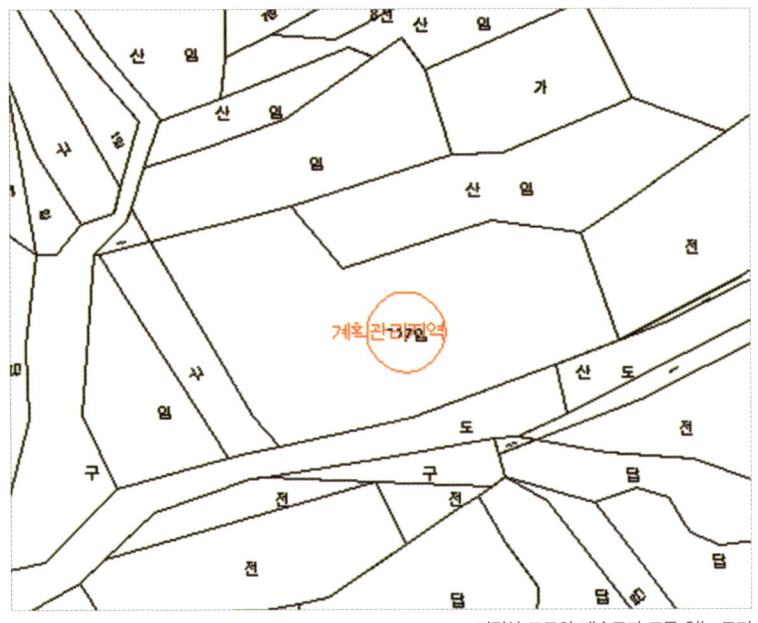

지적상 도로와 배수로가 모두 있는 토지

만나면 가장 먼저 그 사람의 외모를 보지 않는가? 이성의 외모가 정말 잘생겼다면 저절로 호감이 생기고 못생긴 사람보다 더 좋아하기 마련이다. 토지도 마찬가지다. 호감을 갖기 위해서는 가장 먼저 그 토지가 어떻게 생겼는지를 보면 된다. 네모 반듯하게 잘생겼으면 일단 호감을 가질 것이다.

토지를 볼 때 외모를 보는 이유는 토지를 수월하게 매도하기 위함이다. 아마 토지를 팔지 않고 자손 대대로 물려줄 생각으로 사는 사람은 거의 없을 것이다. 토지를 사는 순간 값이 오르면 팔아야지 하는 생각을 한다면, 팔 때 매수자에게 토지가 호감을 얻을 만한 외모이어야 한다는 생각을 당연하게 받아들일 것이다.

다음으로 토지를 볼 때는 성격을 봐야 한다. 내가 말하는 토지의 성격이라는 것은 그 토지 위에 다양한 건축물을 지을 수 있느냐는 것이다. 어떤 토지는 그 지역에 제한이 너무 많아서 주택밖에 건축하지 못하는 경우가 있고, 반면 어떤 토지는 아무런 제약이 없어서 다양한 건물들을 모두 지을 수 있는 경우도 있다. 그러니 토지를 볼 때는 그 토지의 성격도 꼼꼼하게 따져봐야 한다.

토지의 외모와 성격만 제대로 본다면 어떤 토지가 내게 수익을 안겨줄 토지인지 다 알아본 것과 같다.

포장되어 있는 구거 부지

앞의 지적도를 위성에서 본 모습
위 사진의 토지 모양이 직사각형 형태로 네모 반듯하게 생긴 것을 볼 수 있을 것이다.
게다가 이 토지의 가장자리에 도로가 형성되어 건물을 지을 만한 위치가 수월하게 머릿속으로
그려진다. 또한 현장이 밭으로 보이기에 공사량도 없어 보인다. 토지개발업자들 사이에서는
이런 토지를 잘생겼다고 표현한다.

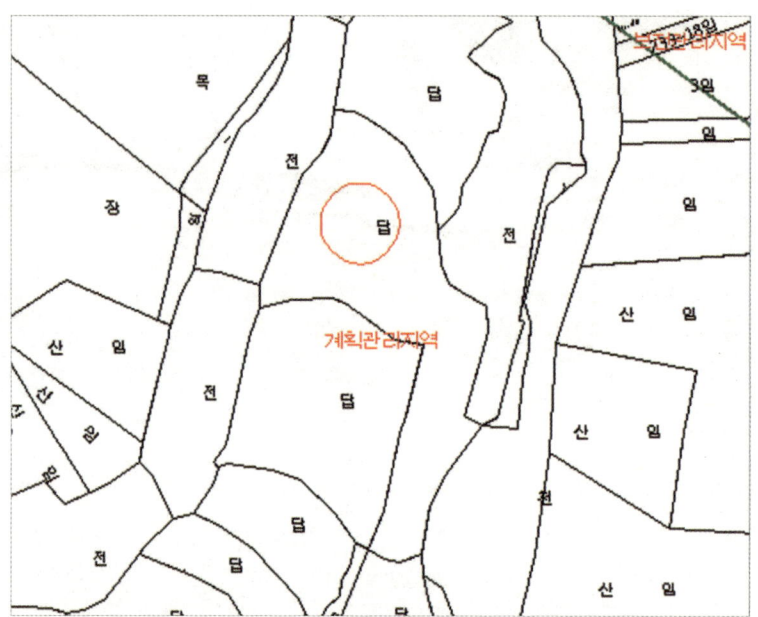
지적상 도로가 보이지 않고 토지 모양도 손전등 같이 생겼다.

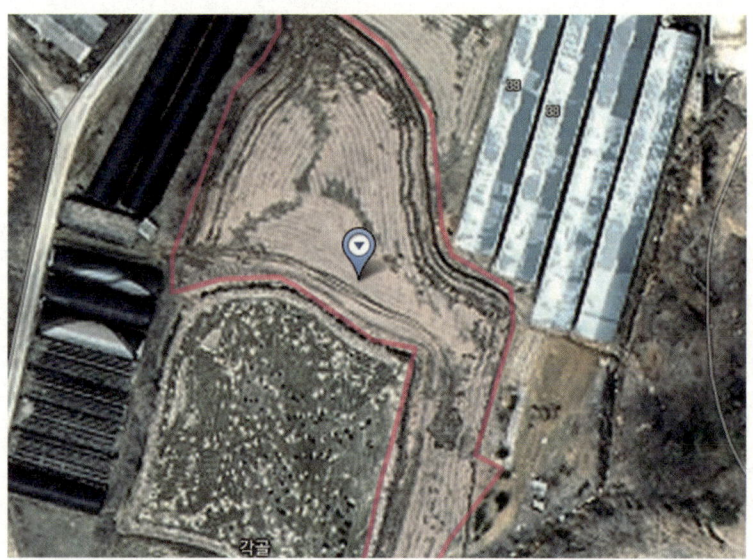
위성사진 모습으로도 토지가 길에 닿지 않고 모양도 좋지 않다. 이런 부지를 못생긴 토지라고 부른다.

토지투자의 기본은
토지이용계획확인원의 분석부터다

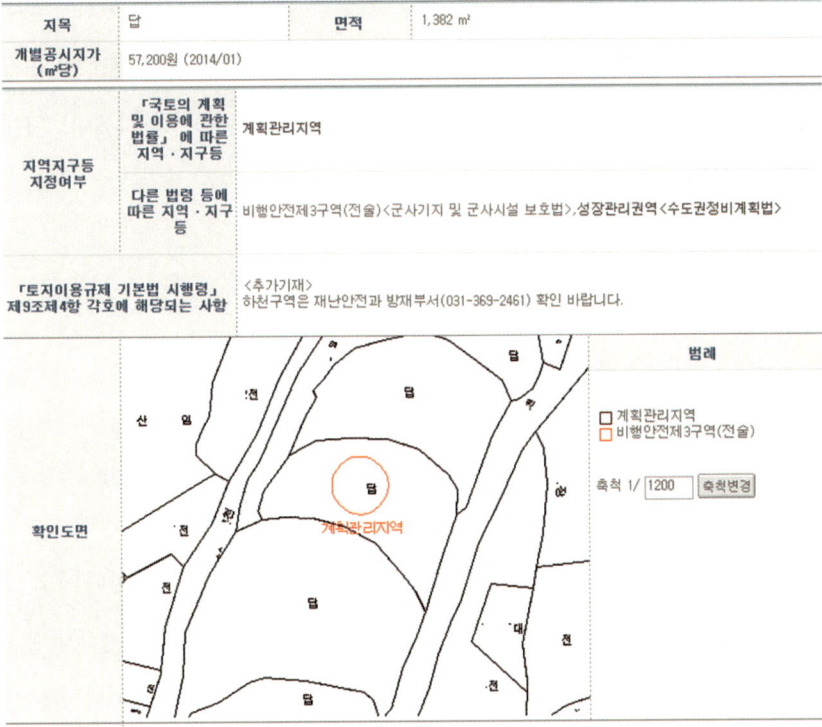

위에 나온 서류가 '토지이용계획확인원'이다. 이 서류 안에는 토지의 지목, 면적, 공시지가 등과 건축물의 행위 제한 사항들을 확인할 수 있다. 우리나라의 지목은 총 28가지로 구분하고 있는데, 위 서류상 이 토지는 '답' 즉, 논이라는 것을 알 수 있다. 이 토지의 용도지역은 '계획관리'이고, 면적은 1,382㎡, 개별공시지가는 ㎡당 57,200원이다.

서류의 아래쪽 도면에서 토지의 모양새나 도로의 여부 등을 확인할 수 있다. 또 용도지역과 다른 법령의 행위 제한으로 신축 가능한 건축물을 파악할 수 있다.

이렇듯 이 토지이용계획확인원이라는 서류를 통하여 토지의 용도를 파악할 수 있으니, 이 토지이용확인원을 분석하는 것이 토지투자의 시작인 동시에 끝이라는 것을 명심하면 된다. 토지투자를 하려 한다면 이 서류를 보고 개발할 수 있는 땅과 아닌 것을 구분할 줄 알아야 한다. 이 서류를 얼마나 잘 분석해내느냐에 따라 토지투자의 성공여부가 판가름 난다.

개발이 가능한
용도지역을 매입해야 한다

토지투자로 수익을 거두려면 토지를 어떻게 구분하는지 알아야 한다. 우리나라 토지는 국토의 계획 및 이용에 관한 법률로 용도지역, 용도지구, 용도구역으로 구분할 수 있다. 토지투자자가 용도지역으로 토지를 구분할 수 있다면 토지를 보는 시각이 확연하게 달라질 것이다.

용도지역은 총 4종류가 있는데 도시지역, 관리지역, 농림지역, 자연환경보전지역으로 나뉜다. 자연환경보전지역은 말 그대로 자연환경을 보전하라는 지역이다. 그렇기 때문에 단기간에 개발을 통한 수익을 기대할 수 없다. 따라서 이 책에서 자연환경보전지역은 다루지 않을 것이다. 마찬가지로 농림지역은 농업을 장려하는 지역이기에 이 지역 역시 개발을 통한 단기 차익을 기대할 수 없다. 건축에 제한이 많다보니 활용할 수 있는 방법이 극히 적다. 토지투자자로서는 농림지역이 있다는 정도만 알아두면 된다.

총 4개 중 도시지역과 관리지역 두 지역만 남았다. 도시지역에는 어떤 것들이 있을까? 도시지역에는 주거지역과 상업지역, 공업지역, 녹지지역이 있다. 말을 줄이면 주, 상, 공, 녹. 여기서 말하는 주거·상업지역은 대개 잘 알고 있다. 녹지지역에 관해서만 잘 모를 것이다. 녹지는 왜 만들어놓았을까? 녹지는 건폐율도 적어서 많은 건물을 짓지도 못하고 농지법 제한을 걸어 건축물도 규제하고 있다. 그런데 왜 도시지역에 묶어놓았을까?

조금만 생각하면 개념을 쉽게 이해할 수 있다.

녹지지역의 존재 이유는 우리나라의 국토가 주거지역, 상업지역, 공업지역 등이 현저하게 모자라게 될 때 수용하겠다는 뜻이다. 그래서 건물이 많으면 그것들에 대한 보상을 해주어야 하기 때문에 건물의 신축은 제한적으로 허용하거나 아예 건물을 못 짓게 하는 것이다. 그렇다면 이 녹지에 대한 투자는 단기 차익의 수단이 될 수 있을까?

우리는 원형지를 취득하여 개발행위허가를 거쳐 토지 가격의 상승을 유도하려 한다. 하지만 녹지에서는 건축물의 신축을 제한하기 때문에 녹지에 대한 투자는 장기 투자가 될 수밖에 없다. 다시 말해서 녹지는 언젠가는 주거, 상업, 공업지역이 될 땅이기에 충분한 투자 가치를 내포하고 있지만 언제 용도지역이 바뀔지 아무도 모르기 때문에 장기 투자대상이라고 판단하는 것이다. 따라서 단기 차익을 노리는 개발업자들에게 녹지는 투자대상에서 제외된다.

이제 관리지역이 남았다. 관리지역 또한 쉽게 이해할 수 있다. 관리지역은 국가에서 개발을 장려할 테니 마음놓고 개발하라고 정해놓은 지역이다. 그러니 사람들은 관리지역에 건물을 짓는다. 여기에 조금 짓고 저기에 조금 짓고. 건물을 들쭉날쭉 짓다보니 가끔씩 난개발이 되기도 한다. 그래서 관리지역을 다시 계획관리지역, 생산관리지역, 보전관리지역 세 가지로 구분하였다. 계획관리지역에는 계획적인 개발을 유도하기 위해 웬만한 건축물은 다 허용하면서 몇 가지 불가능한 것을 정해놓았고, 생산관리·보전관리지역에는 건물 신축을 제한하되 행위 가능한 건축물을 따로 지정해놓았다.

언뜻 봐도 계획관리지역의 토지가 투자를 통한 수익 창출의 가능성이 클 것이라는 생각이 들 것이다. 건폐율로 따져봐도 계획관리지역에서는 40%지만 생산관리·보전관리지역은 건폐율을 20%로만 지정하고 있다. 여러 상황을 살펴보아도 토지를 통하여 수익을 만들기 위해서는 투자대상이 계획관리지역이어야

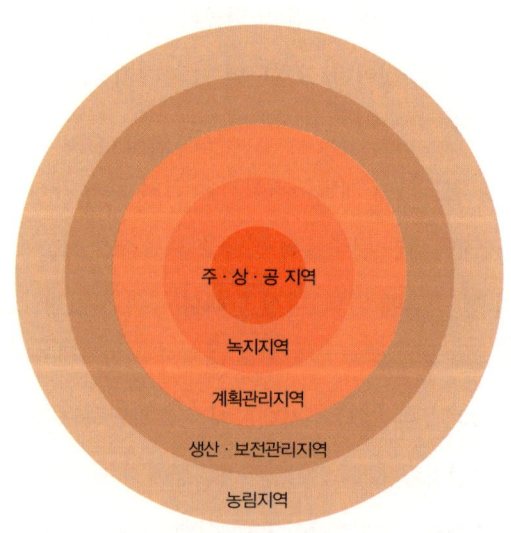

원을 그려서 용도지역을 구분한다.

한다는 것을 판단할 수 있다.

그렇다고 해서 생산관리, 보전관리지역의 토지가 투자대상이 절대 안 된다는 것이 아니다. 개발을 하다보면 계획관리가 아닌 생산관리나 보전관리지역의 토지가 매물로 나오는 경우가 있는데 이런 지역의 토지를 매수할 때 뭔가 특별한 이유가 있다면 그런 지역의 부지 매입도 충분한 투자 수단이 되기도 한다. 나도 실제로 생산관리지역의 전(田)을 매입하여 지목을 잡종지로 개발행위허가준공을 마친 후 단기간에 매도한 적이 있다. 아주 성공적으로 일이 처리되었기 때문에 무조건 계획관리지역만 고집하지는 않는다.

건물의 외형을 결정짓는
건폐율과 용적률

토지투자의 기본은 무엇보다 좋은 땅을 고를 수 있어야 한다는 것이다(너무 당연한 말인가). 그래서 그 토지 위에 건물을 얼마나 넓게 지을 수 있고 얼마나 높게 지을 수 있는지 파악해야 한다. 그런 것을 판단하게 해주는 것이 바로 건폐율과 용적률이다. 쉽게 말하면 건폐율은 1층짜리 건물을 얼만큼 지을 수 있느냐를 보는 것이고 용적률은 1층짜리 건물 면적만큼 몇 층까지 지을 수 있느냐를 판단하는 것이다.

건폐율이란 대지면적에 대한 바닥면적(1층 면적)의 비율이다. 예를 들어 대지가 100평이라고 가정하면 1층 면적으로 건물을 40평까지 지을 수 있다고 하자.

그러면 대지 100평에 대한 40평이기에 40%만큼 건물을 지을 수 있다는 뜻으로 건폐율 40%라고 하는 것이다. 대지면적 100평에 건물 1층 면적이 20평을 지을 수 있다면 건폐율이 20%인 것이다.

그렇다면 용적률은 무엇일까? 대지면적에 대한 연면적의 비율이다. 연면적이란 각 층의 바닥면적의 합계를 말하는 것이다. 예를 들어 1층 40평, 2층 40평, 3층 40평 이렇게 된 건물이 있다고 하자. 1층 바닥면적과 2층 바닥면적, 3층 바닥면적을 합하면 총 120평이 된다. 이것이 연면적이다.

그렇다면 대지면적이 100평일 때 용적률이 100%라면 무엇을 의미할까? 그렇다. 대지면적 100평에 대한 용적률이 100%이기 때문에 입체적으로 건물을 연면적 100평을 지을 수 있다는 뜻이다. 대지면적 100평에 건폐율 40%와 용적률 100%라고 가정하고 건물의 최대 면적을 만들어보자. 그렇게 되면 일단 대지면적 100평에 대한 40%이기에 1층 면적을 40평까지 지을 수 있다는 뜻이다. 1층에 40평, 2층에 40평, 3층에 20평. 이런 형태의 건물을 지을 수 있는 것이다.

건폐율과 용적률의 개념은 토지 시장에서 기본이기에 이것을 모르고 토지 시장을 이해할 수는 없다.

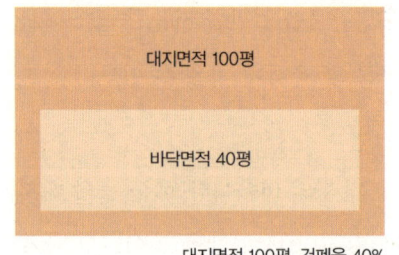

대지면적 100평, 건폐율 40%

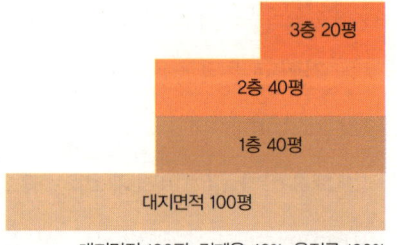

대지면적 100평, 건폐율 40%, 용적률 100%

용도지역별 건폐율과 용적률

용도지역 안에서 건폐율과 용적률은 다음의 표와 같다.

용도지역	건폐율	용적률	용도지역	건폐율	용적률
제1종전용주거지역	50% 이하	50% 이상 100% 이하	전용공업지역	70% 이하	150% 이상 300% 이하
제2종전용주거지역	50% 이하	100% 이상 150% 이하	일반공업지역	70% 이하	200% 이상 350% 이하
제1종일반주거지역	60% 이하	100% 이상 200% 이하	준공업지역	70% 이하	200% 이상 400% 이하
제2종일반주거지역	60% 이하	150% 이상 250% 이하	보전녹지지역	20% 이하	50% 이상 80% 이하
제3종일반주거지역	50% 이하	200% 이상 300% 이하	생산녹지지역	20% 이하	50% 이상 100% 이하
준주거지역	70% 이하	200% 이상 900% 이하	자연녹지지역	20% 이하	50% 이상 100% 이하
중심상업지역	90% 이하	400% 이상 1,500% 이하	보전관리지역	20% 이하	50% 이상 80% 이하
일반상업지역	80% 이하	300% 이상 1,300% 이하	생산관리지역	20% 이하	50% 이상 80% 이하
근린상업지역	70% 이하	200% 이상 900% 이하	계획관리지역	40% 이하	50% 이상 100% 이하
유통상업지역	80% 이하	200% 이상 1,100% 이하	농림지역	20% 이하	50% 이상 80% 이하
			지역환경보전지역	20% 이하	50% 이상 80% 이하

진정 돈 많은 친구,
은행을 활용하라

　보통 사람들은 대출을 받으면 어떻게 이자를 감당해낼지 걱정한다. 사실 아무 계획 없이 시간이 지나면 그저 오르겠지 하는 생각으로 토지를 매입했을 경우, 더군다나 융자를 받아 투자했다면 대출에 대한 이자 부담 때문에 무척 힘들어지게 된다. 지금 당장은 은행 이자를 부담할 능력이 되지만 오랜 시간이 지나도록 매매되지 않는다면 그로 인해 힘든 상황이 전개되기 때문이다. 잘 다니는 직장을 그만두게 될지도 모르는 일이고 잘 운영되던 사업체도 힘들어질 수 있기에 토지에 투자할 때는 웬만하면 대출을 받지 않으려고 한다. 어쩌면 이것이 토지 투자의 상식이다.

　하지만 이런 생각은 토지를 장기 투자의 수단으로 볼 때의 경우다. 이렇게 불안한 마음으로는 투자할 때 레버리지로 활용할 수 있는 은행을 내 친구로 만들 수 없다. 더욱이 꼬박꼬박 이자만 받아가는 은행이 자신에게 적이라는 생각마저 들게 된다.

　나는 대개 1년 정도의 보유 기간을 갖고 1년 후에는 매도할 계획을 세운다. 이런 계획이 합리적이라고 판단되었을 때 부지를 매입하기에, 대출을 적극 활용하고 대출 이자는 그냥 경비로 여긴다.

　예를 들어 부지를 매입하면서 대출이 1억 정도 필요하지만 1년 정도의 이자를 계산하여 1억 1천만 원을 대출받는다면 부지 매입비로 1억을 사용하고 이자 비용으로 1천만 원을 이자 통장에 계좌이체로 등록해놓는 것이다. 그렇게 하면 내가 토지를 보유할 기간은 1년이고 그 1년이라는 시간 동안 이자 걱정 없이 보유할 수 있게 된다. 그 후에 토지가 매도되면 간단하다. 매도한 금액에서 1억 1천만 원을 상환하면 된다. 그리고 남은 돈이 수익. 순수 현금으로만 수익을 내는 것이 아니라 적은 투자금으로 수익률을 몇 배 높일 수 있는 것이다.

은행 대출을 편하게 사용하고 계획한 기간 안에 갚는다는 것이 발상의 전환이라 할 수 있지만 실제로 이를 행동에 옮기기는 쉽지 않다. 그 이유는 우리가 단 한 번도 토지를 단기 차익의 수단이라고 생각해본 적이 없기 때문이다.

마음의 여유가 없는 사람은 토지를 팔 때도 힘든 경우가 많다. 부동산 시장은 심리전의 시장이다. 다음 달 이자를 생각하는 사람과 안 팔려도 그만이라고 생각하는 사람의 토지 중 어느 토지가 더 쉽고 좋은 가격에 팔릴까? 토지를 단기 차익의 수단으로 활용하기 위해서는 사고방식의 전환이 필요하다.

깐깐한 은행도
알고 보면 틈새가 있다

여기에서는 토지를 매입할 때 목돈이 필요하지 않다는 얘기를 하려고 한다. 앞에서 언급했지만 원형지(원석)를 매입하면서 원형지의 현황대로 이용한다면 은행에서는 그 담보 가치를 높게 봐주지 않는다. 예를 들어 농지 500평을 매입한다고 하자. 실거래가는 평당 50만 원으로 총 부지 매입비가 2억 5천만 원이다. 그렇게 하여 은행에 토지매입자금 대출을 신청하면 그 농지의 담보 가치가 없다고 판단하여 몇 천만 원 정도밖에 대출이 안 된다. 이렇게 토지를 매입하면 개발을 한 뒤 매도를 해도 투자원금이 엄청나게 된다. 이런 방식이라면 어떻게 하면 돈을 벌 수 있는지는 알지언정 실제로 가진 돈이 없다면 시도조차 못하는 것이다.

따라서 레버리지를 활용하기 위해 먼저 은행에서 보는 토지의 담보 가치 기준을 살펴볼 필요가 있다. 은행에서는 원형지는 담보 가치가 없다고 판단하지만 원형지가 개발행위허가를 득한 상황이라면 이야기가 달라진다. 개발행위허가를 득하였다 해도 지목이 대지가 되는 것은 아니지만 은행에서는 인허가를 득했다는 이유만으로 인근 지목인 대지를 기준으로 감정한다. 이 말은 실제 거래되는 가격이 감정가가 될 수 있다는 의미다. 물론 은행마다 감정가에 대한 담보비율이 다르지만 여러 종류의 은행을 비교하여 담보비율이 높은 곳에서 대출을 받으면 된다. 그러면 실거래가 2억 5천만 원의 농지를 매입하면서 많으면 2억 원까지 대출을 받을 수 있다.

여러분은 2억 5천만 원의 농지를 매입하면서 2억 원을 대출받을 수 있다면 이보다 더 좋을 수 없다고 생각할지 모르겠다. 하지만 나는 개발업자이기에 이 금액보다 대출을 더 받으려고 한다. 실제로 9억 7,500만 원짜리 토지를 취득하면서 10억 원을 대출받은 적이 있었다. 어떻게 그런 일이 가능할까? 은행이 어떤 기관인가? 정해진 규정대로 진행하는 곳이고 한 가지 틈만 있어도 대출을 거부하는 곳이지만 나는 오히려 이것을 이용하여 지극히 정상적으로 대출을 받았다.

방법은 간단하다. 내가 실수요자가 되는 것이다. 부지를 매입하여 매도할 계획이라면 나를 지원하는 은행은 없다. 하지만 내가 매입토지의 실수요자가 될 것임을 입증하면 시설자금 대출을 받을 수 있다. 즉, 부지매입에 대한 담보대출뿐 아니라 추가로 시설자금 대출까지 받을 수 있기에 토지매입가격보다 더 높은 수준의 레버리지를 활용한다는 것이다.

 방법을 알아보지도 않고 시도해보지도 않고 그건 안 될 거라고 생각하는 것은 어리석은 일이다. 나뿐 아니라 주위의 개발업자들은 모두 이런 방법으로 개발을 진행하고 있다. 여러분도 그 방법을 알게 된다면 토지가 단기 차익의 수단뿐 아니라 적은 돈으로도 투자가 가능하다는 것을 체감하게 될 것이다.

chapter

02

토지개발이란 무엇인가

토지개발(개발행위허가)이란
이런 것이다

　전, 답, 임야 등을 가리켜 원형지라 한다. 이런 원형지를 매입하여 원형지로 매도한다면 단기 차익은 어려울 수밖에 없다. 토지로 단기 투자가 아닌 장기 투자만 해야 한다면 나는 처음부터 토지라는 분야를 선택하지 않았을 것이다. 투자자로서 단기 차익을 위해 토지를 산다면, 토지를 매입할 최종 소비자들은 어떤 토지를 원할까? 토지의 최종 소비자는 대부분 건물을 지을 사람이다. 그렇기 때문에 우리가 매입한 원형지를 건물을 지을 수 있는 토지로 만들어놓는다면 토지를 사려는 사람이 더 많아질 것이고 매도 차액도 기대해 볼 수 있는 것이다. 나는 오랫동안 이 한 가지 생각을 기본으로 하여 토지를 연구한 것 같다. 과연 이 원형지를 어떻게 건축할 수 있는 토지로 바꿀까? 그 방법이 무엇일까? 그렇게 하려면 어떻게 해야 할까? 답은 개발행위허가였다. 전, 답, 임야와 같은 원형지를 원래의 목적대로 이용하지 않고 건물을 짓겠다고 신고하는 것, 그것이 개발행위허가다.

　그렇다면 이 개발행위허가라는 것은 모든 토지에 다 적용되는 것일까? 그렇지 않다. 개발행위허가에 있어 도로와 배수로는 엄청나게 중요한 역할을 한다. 다시 말하면 이런 원형지에 도로와 배수로가 없다면 건물을 지을 수 있는 토지로 만들 수 없다는 뜻이다. 그러니 투자를 위해 원형지를 매입할 때는 건물을 지을 수 있는지 여부를 꼭 확인해야 한다. 도로와 배수로 조건을 갖추고 있는 토지를 사야 한다는 말이다. 그렇게 되면 원형지를 매입하더라도 건물을 지을 수 있는 토지로 바꾸어놓을 수 있기에 단기 차익의 수단으로 활용할 수 있겠다는 생각을 할 수 있다는 것이다.

그래서 나는 이런 생각으로 토지를 매입하기 시작했고 매입한 토지를 건축 가능한 토지로 만들어놓게 되었다. 하지만 첫 매매에서는 수익이 생기지 않았다. 왜냐하면 이론적인 도로와 배수로만 확인했지 부가적으로 생기는 상황을 생각하지 못했던 것이다. 바로 민원과 공사비용이 그것이었다. 토지를 개발하는 비용이 많이 들었다고 해서 팔려고 시장에 내놓을 때 나 혼자서만 비싸게 내놓을 수는 없는 상황이었다. 그 동네의 시세라는 것이 있었기 때문이다. 하는 수 없이 시세에 맞게 내놓았고 그 결과 마진이 남지 않는 상황이 된 것이다. 그때 나는 개발이란 것이 쉬운 일이 아니라는 것을 깨달았다. 그 첫 개발을 통하여 계산할 수 없는 상황이 일어나기도 한다는 것을 알게 되었다. 그래서 두 번째 개발을 하게 되었을 때 나는 그런 비용을 미리 예상하게 되었고 그 결과 엄청난 이득을 남기게 되었다. 그런 경험이 나를 개발업에서 10년 이상 일을 하게 만든 원동력이 된 것 같다. 이 모든 것이 토지개발인 것이다.

> **TIP**
>
> **개발행위허가를 간단히 말하면**
>
> 개발행위허가는 쉽게 말해서 농지나 임야 등에 건물을 지을 수 있는 토지로 만들겠다고 시군구에 이야기하는 것이다. 시군구에서는 그 토지에 건물을 지을 경우 사람과 자동차가 다닐 수 있을지(건축법상 도로), 화장실을 만들어 쓸 수 있을지(배수로) 판단하여 모두 가능하다고 여겨지면 허가를 해주고 불가능하다고 보면 허가를 해주지 않는다. 법적으로는 개발행위허가의 대상이 6가지 경우를 정하고 있지만 이것만 알면 충분하다.

2 개발행위허가의 첫 번째 조건, 건축법상의 도로

내 관심은 늘 토지시장에 있다. 때문에 어느 지역의 토지 가격이 올랐다고 하면 왜 그러한지 늘 분석하고 고민한다. 다시 말해 그 지역이 발전하면서 토지 가격이 오른 것과 같은 당연한 이유 외에 토지 가격을 올리는 다른 이유가 있는지 찾아보려 애쓴다. 반대로 토지시장에 있다보면, 지역이 개발된다는 확실한 정보를 갖고 토지를 구입했고, 실제로 그 지역이 개발되었는데도 본인이 산 토지는 값이 오르지도 않고 매매조차 되지 않는 경우도 본다. 왜 그렇게 된 것일까?

우선 사람들이 토지를 사는 이유를 생각해보자. 사람들이 토지를 사는 이유는 그 지역이 개발이 되어 발전하면 내 토지의 가치도 올라갈 것이라는 기대를 갖기 때문이다. 하지만 모든 토지의 가치가 상승하는 것은 아니다. 설령 그 지역이 발전한다 해도 내 토지에 길이 없거나, 또는 길은 있어도 건물을 지을 수 없는 토지라면 이야기는 달라진다. 즉, 투자를 목적으로 토지를 살 때 적어도 건물이 들어설 수 있는지 여부는 확인해야 한다는 것이다. 다 똑같은 토지처럼 보여도 건물을 지을 수 있는 토지와 없는 토지가 따로 있다.

농지나 임야 등을 취득하면 농지전용이라는 말과 산지전용이라는 말을 들을 것이다. 무슨 의미일까? 농지라는 것은 '농사를 지을 땅'이란 뜻이므로 농지 취득 후 농사만 지어야 한다고 생각하기 쉽지만, 본래의 목적이 아닌 다른 목적 즉, 농지나 임야에 건물을 짓겠다고 신고하면 건물도 지을 수 있다. 하지만 모든 농지나 임야에 건물을 짓겠다고 신고만 하면 건물을 지을 수 있는 것은 아니다. 농지

1 고속도로는 사람이 다니지 않는 길로 건축법상 도로가 아니다.
2 시골 길은 자동차가 다닐 수 없는 길로 건축법상의 도로가 아니다.

나 임야 등에 건물을 짓겠다고 신고하는 것을 '개발행위허가를 득한다'는 표현을 쓰는데 개발행위허가를 득하기 위해서는 개발행위허가의 조건을 갖춰야 할 뿐 아니라 용도지역별로 가능한 건축물도 따로 있다.

개발행위허가의 첫 번째 조건은 도로를 갖추고 있는 토지여야 한다는 것이다. 도로는 여러 법으로 규정하고 있는데, 여기서 도로라는 것은 건축법상의 도로를 말한다. 건축법상의 도로란 자동차와 사람이 다닐 수 있는 폭 4m 이상의 길을 말한다. 예를 들어 고속도로는 건축법상 도로가 아니다. 건축법상의 도로란 자동차와 사람이 다니는 길로 정의하는데, 고속도로로 사람이 지나다니는 것을 본 적 있는가? 하여 고속도로는 건축법상 도로가 아니기 때문에 주변에 건물이 없는 것이다.

반대로 시골 동네의 마을 길을 생각해보자. 그런 길은 폭이 좁아 사람이 다닐 수는 있지만 자동차는 다닐 수 없다. 그래서 이 도로 또한 건축법상 도로가 아니며 건물을 지을 수가 없다.

이렇듯 토지를 구입할 때에는 도로가 붙어 있는 부지라 할 지라도 그 도로가

사람과 자동차가 다니는 4m 이상의 길이 건축법상 도로이다.

건축법상 도로로 건축물을 신축할 수 있는지 여부를 꼭 확인해야 한다. 이 건축법상 도로를 구분하는 것은 토지투자에 있어 그 부지를 보석으로 만들 수 있는지를 결정하는 중요한 요소이기 때문에, 토지를 매입하는 단계에서 건축물의 신축이 가능한지를 판단할 때 도로가 건축법상의 도로로 인정 받을 수 있는지의 여부는 굉장히 중요한 사항이 된다.

현황도로도 건축법상 도로가 될 수 있다

 개발행위허가의 첫 번째 조건은 도로를 들 수 있다. 앞에서 말했듯이 여기서 말하는 도로는 건축법상의 도로를 의미한다. 건축법상의 도로라는 것은 사람과 자동차가 다니는 4m 이상의 길이기 때문에 도로를 살펴볼 때 사람과 자동차가 다닐 수 있는지를 보면 간단하게 건축법상의 도로를 파악할 수 있다. 이론적으로는 지적도에 표시되어 있는 지적도상 도로를 보고 쉽게 판단할 수 있다. 지적도상 도로는 공로이고 이것은 건축법상 도로이기 때문에 건물을 지을 수 있겠다는 생각을 한다. 하지만 현실에서는 지적상 도로만 있는 것이 아니다. 현황도로라는 것이 있다. 원래는 길이 없는 사유지들로 이루어진 곳이었는데 마을에 집을 짓고 살다보니 길이 만들어진 경우이다. 이 길이 바로 현황도로다.

이 도로를 건축법상 도로로 인정받게 하기 위해서는 몇 가지 조건이 있는데 그 중 가장 중요한 것이 현황도로의 폭이 자동차와 사람이 다닐 수 있을 만큼의 너비를 갖추어야 한다는 것이다. 또한 오랜 기간 동안 공로로 사용되어서 그 길을 막으면 다른 진입로를 찾을 수 없을 때 행정담당자의 재량으로 그 길을 공로로 인정받을 수 있다. 반대로 현황도로라 할지라도 사람만 다니는 길이거나, 그 길을 막아도 다른 진입로를 확보할 수 있을 경우 공로로 인정받기가 어려워 개발행위허가를 득하기 힘들다. 도로는 여러 가지 법으로 규정짓고 있기 때문에 관련법은 그때그때 상황에 따라 해당 법을 참고하면 된다.

개발행위허가 두 번째 조건, 배수로

개발행위허가를 위한 두 번째 조건은 배수로이다. 배수로가 무엇인지 아는가? 도시는 하수구가 잘 되어 있어 배수로를 따로 생각해볼 필요가 없기 때문

에 도시에 사는 사람들은 이를 잘 모르는 것 같다. 배수로란 쉽게 말하면 도랑이다. 건축물을 지었을 때 그 건축물을 이용하려면 당연히 화장실이 있어야 한다. 화장실이 있다면 그곳에서 사용한 물은 어디로 가야 할까? 화장실 물이 흘러가야 하는 길, 그것이 바로 배수로이다. 화장실 물은 도랑으로 흘러 들어간다.

28개의 지목 종류 중 '구거'라는 것이 있는데 이 구거가 바로 도랑, 즉 배수로이다. 특히 시골 토지를 볼 때는 주변에 구거가 어디에 있는지 위치를 꼭 파악해야 한다. 토지는 네모 반듯하게 아주 잘생겼는데 근처에 도랑이 없다면 화장실을 만들 수가 없어서 건축허가가 나지 않는다. 나도 오래 전 구거가 없는 부지를 매수하는 바람에 쉽게 개발행위허가를 받을 수 없어 마음고생 했던 경험이 있다. 인근에 배수로가 없다는 것은 필요 없는 비용이 지출됨을 뜻한다. 그 비용은 적을 수도 있지만 감당할 수 없을 만큼 큰 비용이 들기도 하기 때문

에, 투자할 토지를 검토하면서 배수로를 안 보는 실수는 저지르지 않도록 해야 한다.

또 지적도상 구거라고 쓰여 있는 부지가 없다 하더라도 현황배수로가 있다면 괜찮다. 이것은 기존의 집을 지으면서 물길이 생긴 경우이다. 지목이 구거로 표시되지 않는 토지지만 그것을 현황배수로로 인정받을 수 있다면 충분히 개발행위허가가 가능하다. 다만 현황배수로를 발견했을 때는 그 배수로의 최종 배수지를 확인해야 한다. 토지 근처에는 분명히 물길이 만들어져 배수로 역할을 하고 있는 것처럼 보일 수 있지만 최종 방류지가 도랑이 아니고 남의 논에서 멈춰버리는 경우가 간혹 발생하기 때문이다.

위와 같은 경우 현황배수로라고 인정하지 않기 때문에 개발행위허가를 받기가 힘들다. 지적도에서 지목이 '구거'인 부지를 찾을 수 없어 현장에 들러 현황

배수로를 찾았다면 꼭 그 배수로의 최종 방류지까지 확인하여 낭패를 보는 일이 없도록 하자.

'토목'과 '건축' 공정을 구분하라

먼저 정확히 알아야 할 것은 토목과 건축이 별개라는 사실이다. 이것은 토목 사무실과 건축사 사무실에서 하는 일이 다르다는 것을 말한다. 농지나 임야 등을 보고 건물을 지을 수 있는 토지로 바꾸려면 우선 개발행위허가를 신청해야 한다. 개발행위허가는 국토의 계획 및 이용에 관한 법률로 개념을 정리하고 있는데 이 법률이 제정되기 전만 해도 농지는 농지법에서 산지는 산지법에서 관리하고 있었다. 당시에는 농지에 건물을 짓게 하는 허가가 농지전용허가였고 산지에 건물을 지을 수 있게 만드는 허가가 산지전용허가였다. 현재는 국토의 계획 및 이용에 관한 법률로 개발행위허가라고 부른다.

여기서 중요한 것은 개발행위허가는 토목허가라는 사실이다. 쉽게 말해서 토지에 관한 성질을 바꾼다고 할까? 정확한 표현은 아니지만 개발행위허가를 받는다는 것은 토지의 성질을 바꾸는 것이기에 토목에 관한 일이고 토목에 관한 일이기에 토목 사무실에서 일을 하는 것이다. 그래서 개발행위허가를 받고 난 뒤에는 토목공사가 가능해진다. 토지에 건물을 짓겠다고 신고했으니 건물을 지을 수 있도록 토지의 모양을 변경할 수 있다는 것이다. 건물을 지을 수 있도록 여러 가지 조건에 맞춰 토지 모양을 바꾸는 일 전체를 토목공사라고 이해하면 된다. 토지에 비가 내릴 때 빗물을 받기 위해 필요한 시설물 공사도 토목공사이고 화장실 물이 흘러가야 하는 배수로 관을 묻는 공사도 토목공사라고 본다.

개발행위허가에는 여러 가지 조건이 수반되며 공사를 어떻게 하라 하는 도면이 나오게 되는데 그것을 가리켜 '토지이용계획도면'이라 하고 그 도면대로 공사를 해야 한다. 개발행위허가에는 준공 절차가 있는데 허가 받은 대로 공사가 이루어졌는지 확인하고 도면대로 공사가 이루어졌다고 판단될 때 개발행위준공(토목준공)을 내준다. 건축허가는 건물을 어떻게 지을 것인지 신고하거나 허가를 받는 것이다. 여기에도 건물을 어떻게 짓겠다 하는 도면이 첨부된다. 그 도면을 건축도면이라 하고 그 도면대로 건물을 지은 뒤 그대로 건물을 지었는지 검사받아야 한다. 그 검사를 받고 나서야 건물을 사용 할 수 있는 건물준공을 득한다고 표현한다. 여기서 토목준공과 건물준공은 별개의 단어라는 것을 기억해야 한다.

개발행위허가의 절차를 살펴보면, 농지나 임야 등에 건물을 지으려 한다면 먼저 개발행위허가를 득해야 하고, 그 후 토목공사를 거쳐 부지를 조성한 뒤 건물을 어떻게 지을 것이지 건축신고나 건축허가를 통해 신고해야 한다. 건물을 지을 수 있다는 허가를 받게 되면 언제부터 지을 것인지 착공계 접수를 하여 신고하면 된다. 그런 후에 비로소 건물을 지을 수 있다. 그 다음으로 건물을 지을 수 있게 토목공사를 잘 했는지 검사받아 토목준공을 득해야 하고, 그런 다음으로 건물이 신고한 대로 잘 지어졌는지 검사를 받는 건축준공을 받아야 한다. 이렇게 개발행위허가와 건축허가를 거쳐 개발행위허가준공과 건축물준공을 거치면 건물을 새로 신축했으니 신축한 건물에 대하여 소유권 보존 등기를 하고 건물준공이 난 뒤에는 지목 변경을 신청해야 비로소 지목이 변경된다. 마지막으로 지목 변경에 대한 취득세를 납부하면 개발행위허가의 절차가 마무리된다.

여기서 주의할 것은 건축물을 지어야만 지목이 대지나 공장용지 등으로 변하는 것이지 개발행위허가나 건축허가를 득하였다 하여 지목이 바뀌는 것이 아니라는 사실이다. 또 한 가지, 토목허가와 건축허가는 엄연히 다른 말이며 토지에 투자함에 있어 토목과 건축을 구별하여 개발행위허가의 절차를 아는 것은 토지 개발을 하려는 우리에게 아주 중요한 일이라는 것이다. 다시 말하자면 토지의 성질을 바꾸는 것이 개발행위허가라고 한다면 개발행위허가는 토목이고 부지 조성이 다 끝난 뒤에 건물의 모습을 결정짓는 허가가 바로 건축허가이다. 토목과 건축은 다르기 때문에 토목준공과 건축준공은 별개로 받아야 하며 개발행위허가만 득하고 건물을 지어서는 안 된다는 것을 명심해야 한다.

지목이 농지나 임야가 아닌 대지 등에 건축물이 없는 경우가 있는데 지목이 대지이면서 건축물이 없는 토지가 나대지이다. 이런 나대지에 건물을 짓겠다고 신고할 때는 이미 지목이 대지이기 때문에 개발행위허가의 준공을 득했던 토지라고 판단하여야 한다. 이는 개발행위허가의 절차상 토목, 즉 개발행위허가가 필요 없다는 뜻이며 바로 건축물을 어떻게 짓겠다는 건축신고나 건축허가를 접수하면 된다. 이것은 실무에서 아주 중요하게 적용될 때가 있기에 꼭 알아두어야 한다.

토지이용계획확인원을 열람했을 때 분석하려는 토지 옆에 지목이 대지로 되어 있는 부지는 이미 토목준공과 건축준공 과정을 거쳤다는 것을 의미하므로 그 부지 옆으로 개발행위허가의 조건인 도로와 배수로가 확보되어 있다고 이해하면 된다.

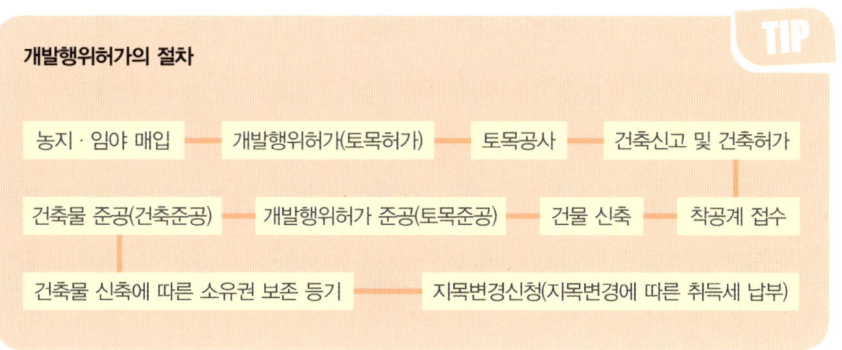

개발원가를 미리 계산하자

앞에서 원형지를 매입하여 건물을 지을 수 있는 토지로 만들 때 지목이 농지일 경우 농지전용허가라 하고 지목이 임야일 경우 산지전용허가라 했다. 원형지는 크게 두 가지, 농지와 임야가 있다. 농지를 관리하는 법이 농지법이고 임야를 관리하는 법이 산지법이다. 농지와 산지를 구분하여 설명하는 이유는 농지에 건물을 지으려 할 때 내는 세금과 임야에 건물을 지으려 할 때 내는 세금이 다르기 때문이다. 그렇기 때문에 개발원가를 산정할 때 농지와 임야를 구별하여야 한다. 예전에는 이렇게 농지법과 산지법으로 인해 농지전용허가와 산지전용허가라 불렀지만 국토의 계획 및 이용에 관한 법률이 제정되면서 이들을 개발행위 허가라 부르게 되었다. 즉, 산지전용허가도 개발행위허가이며 농지전용허가도 개발행위허가인 것이다.

농지전용과 산지전용을 구분하여 생각해볼 때 농지조성비나 산지조성비에 대해서는 어렵게 생각할 필요 없다. 농지를 농지로 사용하지 않고 건물을 지어 사용하려 하면 토지의 가치가 올라가기 때문에 나라에서도 토지 주인이 공짜로 이득을 취하지 말고 세금 좀 내라는 것인데, 농지를 건물 지을 수 있게 만들 때 내는 세금이 농지조성비이고, 임야를 건물 지을 수 있게 만들 때 내는 세금이 산지조성비라고 보면 된다. 현재는 농지조성비를 농지보전부담금이라 부르고 산지조성비를 대체산림자원조성비라고 부른다. 그렇다면 농지조성비로 얼만큼 내야 할까? 농지는 평당 공시지가의 30%를 세금으로 내고 임야는 공시지가를 생각하지 않고 제곱미터당 약 1만 원 정도의 세금을 낸다.

자를 할 때는 토지이용계획확인원의 지목을 보고 농지전용과 산지전용을 구분하고 거기에 적혀 있는 공시지가를 보고 세금을 어느 정도 내야 하는지 짐작하면 된다.

개발 원가라 함은 크게 인허가비용과 토목공사비 등을 가리키므로 이러한 인허가비용를 파악해야 개발 원가를 계산할 수 있다. 투자자는 개발 원가를 알아야 비용을 줄일 수 있기에 인허가비용의 계산은 아주 기본적인 일이다. 그럼 이런 세금 외에 또 어떤 비용이 들까? 이행보증금이라는 것도 내야 한다. 이것은 투자자가 구입한 토지에 건물을 지을 때 옆에 붙어 있는 토지에 피해를 주지 않게끔 공사해야 하는데 그 공사를 어떻게 할 것인지에 대한 피해방지도면을 첨부해서 관청에 신고해야 한다. 그러면 관할 관청에서는 그 도면을 보고 공사가 어떻게 진행될지를 파악하게 된다. 인허가를 득한 사람이 도면에만 피해방지시설을 그려놓고 실제 공사는 안 하면 안 되기 때문에 그에 대한 비용만큼 보증금 형식으로 받아두는데 이것을 이행보증금이라 한다. 이것은 보증금의 성격을 갖고 있기 때문에 추후 도면대로 공사한 뒤에는 이 금액을 돌려주게 되어 있다. 이런 이행보증금을 서울보증보험에서 보험상품으로 만들어 사용하게 하면서부터 보증보험으로 이행보증금을 대신하게 되었다. 즉, 인허가를 득한 사람은 현금으로 이행보증금을 관할 관청에 납부해야 하는데 보증보험에서 보험을 들어 보증보험증권으로 대체하는 것이다.

이렇게 토지 개발을 할 때 드는 비용은 개발행위허가를 득할 때 내는 세금, 농지보전부담금이나 대체산림자원조성비, 그리고 허가에 따른 면허세가 있고, 이행보증금과 산지복구비 등을 현금으로 내거나 보험을 들어야 하며 기타 토목설계에 따른 토목설계비가 있다. 토지이용계획확인원 하나만 보면 인허가비용과 토목설계비 등을 예상할 수 있으니 부지를 매입하기 전 개발원가를 미리 계산할 수 있다.

> **부지 조성 비용** **TIP**
> - 농지보전금 및 대체산림자원 조성비
> - 이행보증금 및 산지복구비
> - 평당 약 1만 원의 토목설계비
> - 토목공사비

chapter
03

개발을 하기 전에
이것만은
꼭 알아야 한다

1
토지를 파악하기 위한 서류

　토지를 파악하기 위해서는 먼저 4가지 서류를 볼 줄 알아야 한다. 첫 번째는 '대장'이라는 서류이고 두 번째는 '도면', 세 번째는 '토지이용계획확인원', 마지막으로 '등기부등본'을 볼 줄 알아야 한다. 이 4가지의 서류를 통하여 토지를 분석할 수 있다.

　하지만 실무에서 가장 중요하게 생각되는 서류는 토지이용계획확인원 하나다. 토지이용계획확인원으로 토지의 지목, 면적, 공시지가, 확인도면 그리고 용도지역과 기타 다른 법에 의한 저촉사항들을 볼 수 있다. 그러니 어떠한 토지를 보았을 때 제일 먼저 인터넷으로 토지이용계획확인원이라는 서류를 열람해야 한다. 인터넷 검색창에 '토지이용규제정보서비스'라고 검색하면 사이트가 하나 뜨는데, 거기 들어가서 토지이용계획열람을 선택하면 전국의 토지를 열람할 수 있다. 그렇게 토지이용계획확인원을 열람하여 토지를 매입해도 괜찮겠다는 생각이 들었을 때 등기부등본을 열람하여 소유권 관계나 기타 여러 가지를 분석하는 것이다.

　또한 계약 전 토지의 면적은 대장을 기준으로 하므로 토지대장도 꼭 확인해 보아야 한다. 면적은 대장을 기준으로 한다는 것은 등기부등본상 토지의 면적과 토지대장의 면적이 서로 다르면 등기부등본상의 면적이 잘못된 것이고 토지대장의 면적이 정확한 것이라고 판단하면 된다는 얘기이다. 한 가지 중요한 팁, 토지의 면적은 대장을 기준으로 하고 소유권에 관한 사항은 등기부등본을 기준으로 한다는 것을 꼭 명심해야 한다.

토지를 보았을 때 제일 먼저 해야 할 일은 토지이용계획확인원을 열람하여 토지의 특성을 파악하고, 그 다음으로 대장을 확인하여 면적을 확인하고, 그 후에 등기부등본을 열람하여 소유권 관계 및 기타사항을 확인하면 된다. 토지를 파악하는 순서를 잘 기억하자.

> **TIP** 토지의 면적은 대장을 기준으로 하고 소유권 관계는 등기부등본을 기준으로 한다.

면적을 확인할 수 있는 토지대장

지적도 등본

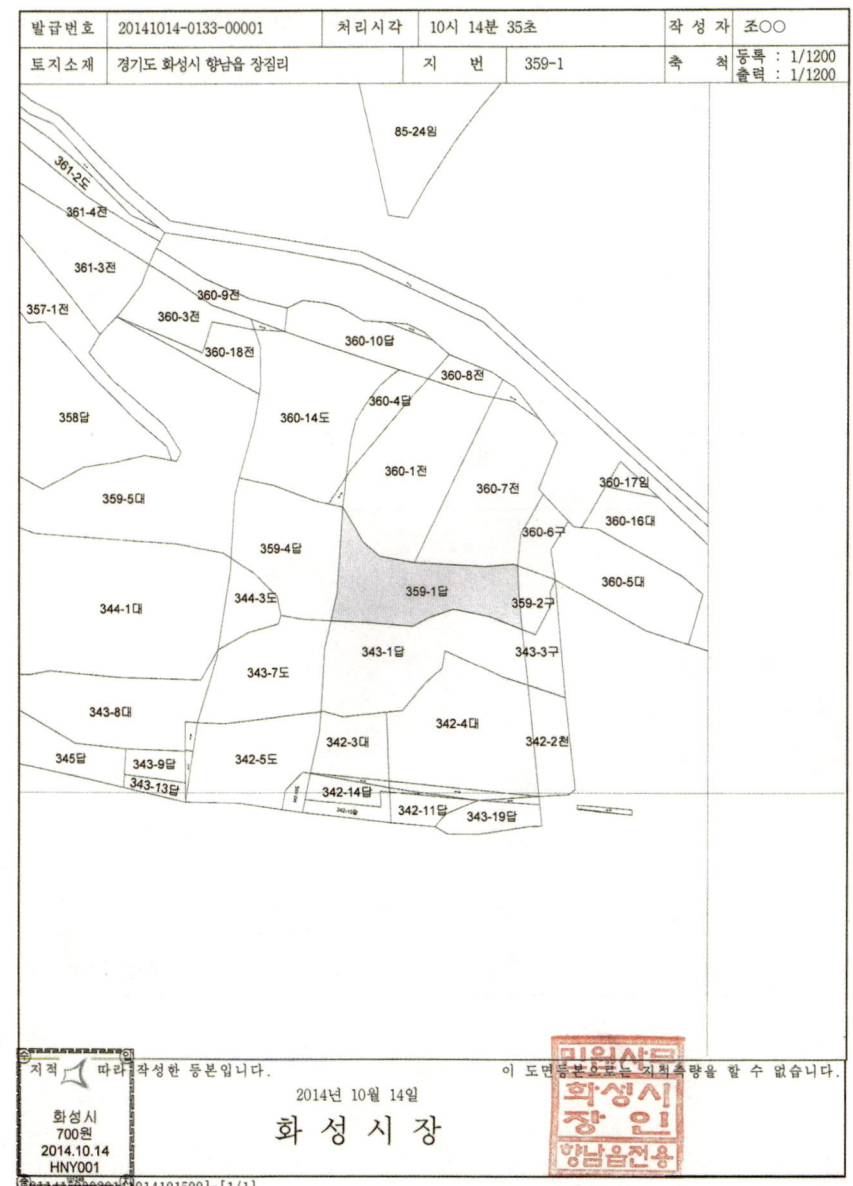

2014년 10월 14일

화 성 시 장

토지의 소재, 지번 등을 확인할 수 있는 지적도 등본

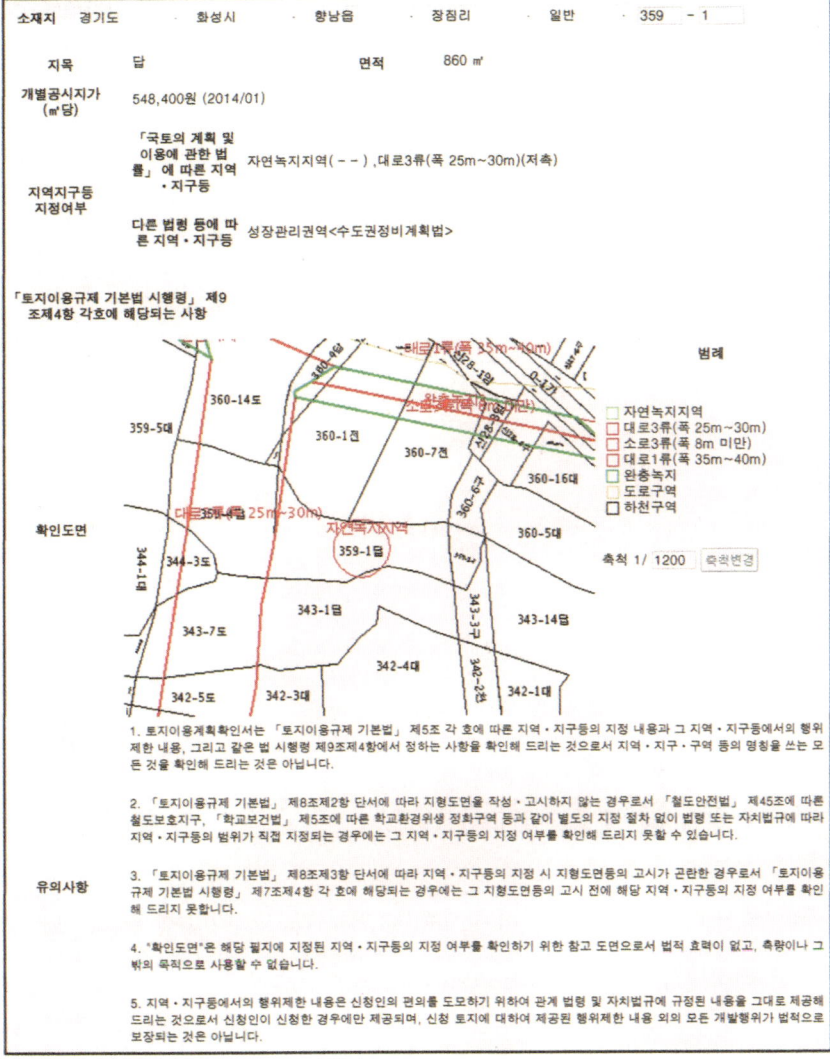

토지의 지목, 공시지가 등을 확인할 수 있는 토지이용계획확인원

03 개발을 하기 전에 이것만은 꼭 알아야 한다

등기사항전부증명서(말소사항 포함) - 토지

[토지] 경기도 화성시 향남읍 장짐리 359-1   고유번호 1348-1996-882295

【 표　제　부 】		(토지의 표시)			
표시번호	접　수	소　재　지　번	지목	면　적	등기원인 및 기타사항
~~1~~ ~~(전 4)~~	~~1993년3월19일~~	~~경기도 화성군 향남면 장짐리 359-1~~	~~답~~	~~860㎡~~	
					부동산등기법 제177조의 6 제1항의 규정에 의하여 2001년 01월 09일 전산이기
2		경기도 화성시 향남읍 장짐리 359-1	답	860㎡	2010년4월8일 행정구역명칭변경으로 인하여 2010년4월8일 등기

【 갑　　구 】			(소유권에 관한 사항)		
순위번호	등　기　목　적	접　　수	등　기　원　인	권리자 및 기타사항	
1 (전 7)	소유권이전	1999년12월28일 제89908호	1999년10월5일 매매	소유자 조○○ 740201-1****** 충남 예산군 광시면 구례리40	
				부동산등기법 제177조의 6 제1항의 규정에 의하여 2001년 01월 09일 전산이기	
2	소유권이전	2005년8월31일 제111717호	2005년8월16일 매매	소유자 ~~~~~~~~~~~~~~~~~~~~~~~~~~~~~~~~~~~~	

토지의 소유권 관계를 확인할 수 있는 등기부등본

오수와 우수를 구별하라

　개발행위허가를 받는 데 있어 중요한 조건 두 가지는 이미 잘 알 것이다. 첫 번째로 건축법상 도로가 확보되어야 하고, 두 번째로 배수로가 확보되어야 한다. 이중 배수로 조건에서 배수로로 흘러가는 물은 오수와 우수로 구분할 수 있다. 오수는 화장실물이라고 생각하면 된다. 사람들이 이용해야 하는 건축물에 당연히 화장실이 있을 테니 그것 때문에 정화조를 묻고 더러운 물을 정화하여 그 물을 도랑으로 방류하게 된다. 우수라는 것은 빗물이라고 생각하면 되는데,

내 건물이 있는 곳에도 당연히 비가 올 것이고 그 빗물도 도랑으로 흘러가는 것이다. 이는 본 부지 옆에 구거(도랑)가 존재할 경우에 가능한 일이다.

도심지의 도로에는 근처에 도랑이 존재하지 않는다. 그래서 도로 밑으로 오수관과 우수관을 시공하여 오수관으로 오수를 배출하면 종말처리장에서 정화를 한 뒤 도랑으로 배출하고, 비가 오면 빗물이 우수관을 통해 도랑으로 배출되게 만들어 놓은 것이다. 예전에는 오수와 우수가 구분되지 않아 섞여 배출되다보니 몇 년 전 폭우가 쏟아졌을 때 제주 시내 한 공동주택 주변으로 하수가 역류한 적이 있다. 문제의 공동주택을 조사한 결과 하나같이 오·우수 배출구가 분리되지 않은 채 공사가 마무리된 것으로 확인됐다.

이런 문제가 발생되다보니 오수관에 우수를 조인하는 것이 불가능하게 된 것이다. 내가 이런 얘기를 하는 이유는 시골에는 아직도 도로에 오수관만 묻혀 있는 경우가 있다. 이때는 우수가 방류되어야 하는 우수관이 따로 존재하거나 근처에 도랑이 존재하지 않으면 개발행위허가를 득할 수 없다는 것을 명심해야 한다. 토지를 매입함에 있어 개발행위허가의 조건인 배수로를 확인할 때는 오수와 우수를 꼭 확인해야 한다.

TIP
도로에 있는 오수관과 우수관은 맨홀뚜껑으로 확인이 가능하다.

오수의 맨홀뚜껑에는 '오수'라고 써 있다.   우수의 맨홀뚜껑에는 '우수'라고 써 있다.

③ 토지를 임차할 때 이것만은 알아야 한다

"김 이사, 지상물매수청구는 무조건 할 수 있는 거 아니야?"

"무슨 말씀이세요? 차근차근 얘기해주세요."

"내가 토지를 빌려서 토지임대차계약을 맺고 조그만 건물을 하나 지었거든. 계약할 때 기간 같은 거 없고 쓰고 싶을 때까지 쓰라고 해서 알겠다고 하고 계약을 했는데, 내가 사정이 있어서 계약을 종료하자고 했거든."

"네, 그런데요."

"계약 종료하면서 지상물을 매수하라고 얘기하니까 주인이 못 사겠다는 거야. 마음대로 하라는데 어떻게 해야 돼?"

"사장님, 토지임대차에 있어 기간이 정해지지 않은 임대차에 관하여 임대인과 임차인은 각각 해지통보를 할 수 있고 임대인은 계약해지 통보 후 6개월, 임차인은 1개월이 지나면 그 효력이 발생하게 됩니다. 그런데 여기서 중요한 사항이 하나 있습니다. 지상물매수청구는 임대인이 계약갱신청구를 받아들이지 않을 때 임차인이 매수청구할 수 있는 것입니다. 즉, 임대인의 계약해지통보 시에 적용된다는 얘기입니다. 반대로 말해서 임차인의 계약해지통보 시, 즉 계약갱신을 요구하지 않고 계약을 종료하려 할 때는 지상물매수청구를 할 수 없습니다."

토지임대차에 있어 임차인이 건물을 지은 경우, 미등기 건물이라 할지라도 계약기간의 종료시점에 계약갱신요구를 할 수 있는데, 임대인이 계약갱신요구를 받아들이지 않을 경우 임차인은 임차인이 지은 건물을 임대인에 매수하라고 청구할 수 있다. 이는 형성권으로 임차인의 이런 요구를 받은 임대인은 이 건물을 매수하여야 한다. 이 경우 계약서상 철거한다는 특약이 있다 하더라도 이 특약은 강행규정 위반으로 무효가 되기 때문에 임대인은 이 건물을 매수해야 하는 것이다.

하지만 모든 경우에 건물을 매수해야 하는 것은 아니다. 임차인이 차임을 2기 이상 연체한 경우에는 임차인의 지상물매수청구권을 인정하지 않고, 또한 기간이 없는 토지임대차에서 임차인이 계약해지를 통보한 경우에는 지상물매수청구를 할 수 없다. 지상물매수청구권이 임차인을 보호하는 조항이긴 하지만 잘못을 한 임차인까지 보호하지 않겠다는 내용이다.

하여 임차인이 필요해서 계약해지를 할 때는 지상물에 대한 매수청구를 할 수 없는 것이다. 토지임대차 시 내가 임차인 입장일 경우, 차임을 연체하거나 계약해지를 하여 계약이 종료될 때는 지상물매수청구권이 발생하지 않는다는 사실을 꼭 명심해야 한다.

> **TIP**
>
> **지상물매수청구권**
>
> 타인의 토지에 지상물을 짓고 용익하다가 그 기간이 만료되거나 기타 사유로 용익권이 소멸한 경우, 지상물을 용익권자가 수거하여 원상회복하는 것이 원칙이다. 하지만 국민경제상 손실이 되는 경우가 있기 때문에 이를 방지하기 위하여 민법이 특별히 규정하고 있는 제도이다. 이 매수청구권은 형성권이므로 청구권자의 청구가 있으면 정당한 이유가 없는 한, 상대방의 승낙을 요하지 않고 즉시 매매계약이 성립된 것과 같은 법률효과가 생긴다. 지상권 및 임대차의 경우에 인정된다.

4
지목이 도로인 부지도
동의서를 받아야 할 때가 있다

건물을 짓기 위해서는 건축법상 도로와 배수로가 존재해야만 한다. 그러니 부지를 고르면서 지목이 도로인 부지를 살펴보게 된다. 이때 지목이 도로라 할지라도 사유지가 있을 수 있다는 것을 알아두어야 한다. 지목이 도로인데 등기부등본을 열람한 결과 그 도로 부지의 소유권이 개인이라면 그 도로가 바로 사유지로 '사도'라고 부른다.

매입하려고 알아본 부지의 도로가 사도라면 문제가 하나 생긴다. 사도법상 사도가 개설이 되면 원칙적으로 일반인의 통행을 제한하거나 금지하지 못한다. 하지만 예외적으로 관할시·군수의 허가를 받은 사도권자는 사도를 이용하려는 자를 대상으로 사용료를 징수할 수 있다. 이는 도로를 그냥 쓸 수 있을 것이라고 생각하고 토지를 매입한 사람에게 굉장히 당황스러운 일이다.

토지를 매입할 때 건축법상 도로를 판단하면서 지목이 도로인 것을 확인하고 그 폭만을 감안하고 매수했는데 이 도로가 사유지에 속한다면, 시로부터 사도권자의 동의서를 첨부해야만 개발행위허가를 득할 수 있다는 얘기를 듣게 된다. 이런 경우는 개발사업에 엄청난 출혈을 가져온다. 물론 사도권자가 사도의 사용료를 아주 저렴하게 받는다면 크게 문제가 되지 않겠지만, 현실적으로 이런 동의서를 받으려 하면 대개의 사도권자는 엄청난 금액을 요구하는 것이 일반적이기 때문이다.

실제로 우리 법인도 개발을 진행하던 중 사유지의 도로에 대해 사용승낙을 받으면서 현금 5,000만 원을 지불한 적이 있다. 만약 이 비용이 들어가지 않았다면 평당 매도가를 더 낮게 내놓아 매매를 더 원활하게 진행할 수 있었을 것이다.

이렇듯 도로의 소유자를 확인하는 일은 개발을 함에 있어 아주 중요한 일이 된다.

TIP
지목이 도로이더라도 소유자가 누구인지 꼭 확인해야 한다.

사도 개설 현장

임야에 전원주택 개발은 소유권 취득이 선행되어야 한다

토지를 개발할 때 전원주택으로 개발하면 현금이 더 많이 필요한 경우가 있다. 보통 개발업자들은 토지를 매입하면서 계약금을 지불하고 토지사용승낙서를 받아 매수자 이름으로 인허가를 득하고 그 인허가증을 첨부하여 은행대출로 잔금을 납부하려는 생각을 한다. 대개 근린생활시설의 허가보다 전원주택으로 인허가를 득하기가 여러 가지 조건을 비교해봐도 더 수월하다는 것을 알고 있다. 그러니 보통의 개발업자들이라면 토지 매입시기부터 전원주택으로 인허가 가능 여부를 검토하는 사람들이 많다. 그들의 계획은 계약금 지불 후 전원주택으로 인허가를 득하여 그 인허가증으로 잔금 대출을 알아보려는 것이다.

하지만 여기서 놓치면 안 되는 한 가지가 있다. 그것은 지목이 임야인 부지를 매입하여 전원주택으로 개발을 하기 위해서는 먼저 그 땅의 소유권을 확보해야 한다는 것이다. 다시 말해서 전원주택으로 개발을 하려는 사람은 계약금지불 후 토지사용승낙서를 통하여 인허가를 득할 수 없다는 사실이다. 토지를 판단하는 기준에서 단순하게 생각했던 일이 나중에 엄청난 결과를 일으킨 경우다.

만약 어떤 사람이 임야를 보고 '이 산에 집을 지으면 정말 좋겠다'라는 생각을 하게 되어 건축법상 도로와 배수로를 모두 파악한 뒤 계약조건도 계약금 지불 후 토지사용승낙서에 의한 인허가를 득하는 조건으로 모든 과정을 아주 유리하게 만들어놓았다고 하자. 하지만 임야는 소유권을 이전해서 자기 소유로 만들지 않으면 인허가를 득할 수 없다는 사실 때문에 처음 계획했던 대로 안 되어 큰 곤란을 겪을 수밖에 없다.

이런 사실을 간과했을 때 토지가 전원주택으로밖에 허가가 나지 않는 경우라면 이미 계약을 해놓고 인허가를 득할 수 없는 상황이 발생하게 되는 것이다. 이는 개발을 하기 위해 토지를 매입했더라도 시작도 해보지 못하고 낭패를 보는 일이 된다.

구거라고 다 똑같은 구거가 아니다
: 용수로와 배수로

"김 이사, 구거는 다 배수로인 거 아니야? 왜 허가 안 난다는 거지?"

"무슨 말씀이세요?"

"내가 토지를 사서 공장을 지으려고 하는데 배수로가 있어야 한다고 하기에 지적에 '구거'라고 표시되어 있는 거 확인하고 현장 확인으로 물 지나가는 것까지 보고 계약했거든. 그런데 왜 토목 사무실에서 공장을 지을 수 없다는 거지?"

"토목 사무실에서 뭐라 하는데요?"

"구거가 용수로이기 때문에 연결할 수 없고 배수로가 없다는데, 맞는 말이야?"

"아~, 사장님. 구거에는 두 가지가 있습니다. 용수로가 있고요, 배수로가 있지요. 이 둘을 구분하는 이유는 용수로는 물을 받아 논농사를 지어야 해서 화장실 물을 받을 수 없기 때문입니다. 물론 화장실물이라고 해도 정화조로 정화를 시켜 나오는 물이지만 그래도 그 물을 '똥물'이라고 인식하기에 농사를 짓는 용수로에 똥물이 들어오는 걸 허락할 수 없다는 겁니다. 또 다른 구거에는 배수로가 있는데 이 배수로로 화장실물을 내보내는 것입니다. 이렇게 용도가 다름에도 불구하고 지목이 '구거'로 같기 때문에 일반인들은 헷갈릴 수 있는 겁니다. 만약 그 구거가 배수로가 아닌 용수로일 경우에는 건물을 지으실 수 없는 겁니다."

"김 이사, 무슨 방법 없을까?"

"근처에 배수로가 없을 경우에는 다른 방법이 없습니다. 다른 방법을 찾지 않는 이상 이 상태로는 건물 짓기 어려울 거 같습니다. 맹지와 같은 토지가 되어버렸어요."

그렇다. 공장을 짓기 위해 몇 억을 들여 토지를 산 이 사장님은 결국 맹지와 같은 토지를 산 꼴이 되었다.

지목이 '구거'라고 표시되어 있는 도랑은 용수로이거나 배수로일 수 있다. 그렇기 때문에 지적상 '구거'만을 보고 무조건 배수로라고 판단하면 안 된다. 꼭 현장확인을 하여 그 구거가 용수로인지 배수로인지를 파악해야 하는 것이다.

위에서 보았듯이 어렵게 산 토지가 아무짝에도 쓸모없는 토지가 될 수 있기에 토지를 판단할 때는 신중에 신중을 기해야 한다. 일단 현장에 들러 용수로인지 배수로인지를 예상하고 다시 한번 토목 사무실로 확인을 꼭 해야 한다.

> **TIP**
> 지목이 구거인 부지를 보았을 때는 그 구거가 용수로인지 배수로인지를 꼭 체크해야 한다.

농사를 짓는 데 사용하는 용수로

화장실물처럼 더러워진 물을 흘려보내는 배수로

행안부에서 관리하면 진입로를 낼 수 없다
:관리청 미지정 토지

어느 날 사무실로 전화가 한 통 왔다.

"김 이사, '관리청 미지정'이라고 써 있는 토지는 뭐야?"

"관리청 미지정이 뭐예요? 무슨 말씀이세요?"

"아니, 토지를 하나 사려고 하는데 이게 맹지거든. 근데 이 토지 앞에 다른 토지가 있어서 대장을 열람해보니 그냥 '관리청 미지정'이라고 씌여 있더라고. 이 토지하고 길이 붙어 있어서. 이거 점용허가 받아서 진입로로 쓸 수 있는 거지? 낼 계약하기로 해서 확인 차 김 이사한테 물어보는 거야."

"사장님, 그거 잘못하면 진입로로 못쓸 수도 있습니다."

"아니, 그게 뭔 소리야? 만약 나라 것이면 점용허가 받아서 진입로로 쓰면 되는 거 아니야?"

"사장님, 그 토지의 소유자가 미상으로 나온다면 그 토지의 관리청은 행정안전부가 됩니다. 근데 여기서 조심하여야 하는 것은 행정안전부에서 관리하는 토지는 진입로로 쓸 수 없다는 조항이 있습니다. 즉, 허가가 안 난다는 거에요. 꼭 확인하고 계약하셔야 합니다."

이 사장님도 개발업자였는데 맹지를 매입하여 길을 개설하려 하는 상황에 이런 일이 발생한 것이다. 여러 가지 물건을 살펴보던 중 맹지 바로 앞에 국유지가 접해 있는 토지를 발견했다. 그래서 그 국유지를 통하여 진입로를 개설하고 부지 개발을 진행하여 매도를 하려고 계획했던 것이다.

실무에서 토지를 보다보면 관리청이 미지정된 국·공유지를 볼 수 있는데 이런 토지는 행정안전부에서 관리를 한다. 행안부에서 관리하는 토지를 사용하여 수익을 내는 것이 '국·공유재산의 사용·수익허가'라는 것이다. 여기서 우리가 알아두어야 할 굉장히 중요한 것 한 가지가 있다. 행안부에서 관리하는 토지는 진입로를 개설할 목적으로는 사용·수익 허가를 내주지 않는다는 것이다. 즉, 맹지 탈출이 힘들다는 것이다. 많은 사람들은 그저 국유지를 보게 되면 당연히 사용·수익허가를 받거나 점용허가를 받아 사용할 수 있을 거라고 생각하지만, 행안부 토지, 즉 관리청이 미지정된 토지는 진입로의 목적으로 사용할 수 없다는 것을 꼭 명심해야 한다.

> **TIP**
> 관리청이 미지정된 토지는 행정안전부가 관리청이 되며, 이 토지는 진입로의 개설 등을 위한 사용·수익허가는 불가능하다.

맹지가 갖는 권리가 있다 : 주위토지통행권

토지는 길이 있는 토지와 길이 없는 토지, 두 가지로 구분할 수 있다. 이중 길이 없는 토지를 맹지라고 부른다. 맹지는 지적상 길이 없는 토지를 의미하고, 지적상 길은 없는데 현장에는 길이 있는 경우도 마찬가지로 맹지라고 부른다.

모든 맹지는 '주위토지통행권'이라는 권리를 갖게 된다. 아무리 맹지라 해도 토지 주인은 그 토지까지 걸어가야 하는데, 불가피하게 남의 토지를 밟고 지나갈 수밖에 없을 경우 그 토지를 밟고 지나갈 수 있게 해주는 권리가 바로 주위토지통행권이다. 이 권리는 맹지에 부여하는 권리지만 몇 가지 조건이 있다.

첫째, 맹지로 들어가는 길의 폭은 보행을 위한 길이기에 2m 이하의 폭이어야 한다.

둘째, 진입로를 개설할 때에는 토지의 소유자와 협의를 봐야지, 무단으로 진입로를 개설하면 손해배상을 청구당할 수 있다.

셋째, 주위토지통행권은 맹지의 권리이기에 사용료를 내는 것이 아니다. 다만, 나무나 경작물이 있을 시 법적 보상금 한도 내의 손해배상금을 책임지는 것이다.

넷째, 토지주와 협의하에 토지의 손실이 가장 적은 가장자리 쪽으로 진입로를 개설해야 할 것이며, 이에 들어가는 측량비와 도로 개설비는 개설을 하는 자가 부담해야 한다.

다섯째, 주위토지통행권은 차량의 진입을 위한 것이 아니고 보행자를 위한 통로의 개념이라 기억하면 된다. 또한 주위토지통행권은 '본래의 목적 그대로의 이용'일 경우에 한해 그 권리를 인정한다고 하였는 바, 농사를 짓다가 건축물의 신축을 목적으로 도로의 개설을 요구할 수는 없다.

> **TIP**
>
> **주위토지통행권**
>
> 어느 토지와 공로 사이에 그 토지의 용도에 필요한 통로가 없는 경우에, 그 토지소유자는 주위의 토지를 통행 또는 통로를 개설하지 않고서는 공로에 출입할 수 없거나 공로에 통하려면 과다한 비용을 요하는 때에, 그 토지소유자는 주위의 토지를 통행할 수 있고 필요한 경우에는 통로를 개설할 수 있는 권리이다(민법 제219조 1항). 그러나 이로 인한 손해가 가장 적은 장소와 방법을 선택하여야 한다(민법 제219조 1항단). 통행권자는 통행토지소유자의 손해를 보상하여야 한다(민법 제219조 2항).

9
선이 있으면 건물을 지을 수 없다
:완충녹지, 접도구역

　토지이용계획확인원을 보고 땅을 분석하면서 처음에는 어떤 도면에는 완충녹지가 있는데 어떤 도면에는 완충녹지가 없고, 또 어떤 도면에는 접도구역이 있는데 어떤 도면에는 접도구역이 없는 것이 혼란스러웠다. 차이를 알기 위해 여기저기 검색을 시작했다. 그렇게 해서 알게 된 완충녹지라는 것은 쉽게 말해서 도로 옆에 가느다란 실선으로 표시하는데 도시 미관을 증진시키기 위해 앞으로 가로수나 가로등을 설치할 지역으로 정해둔 곳이니 자동차의 진입은 불가하다는 표시였다.

　건축법상의 도로가 있어야만 개발행위허가가 가능한데 이 도로는 건축법상의 도로가 아니기에 개발행위허가가 불가하다는 뜻이다. 다시 말해서 내 토지와 도로가 붙어 있는 것처럼 보이지만 이 도로에는 완충녹지가 표시되어 있어서 자동차가 진입할 수 없으니 건축법상 도로가 아닌 것이다. 그러니 이 도로를 진입로로 활용하여 건축물을 지을 수 없게 된다. 내 토지 앞에 분명히 도로가 있지만 이 도로를 이용해서는 건축물을 지을 수 없으니 맹지와 같다고 볼 수 있다.

　완충녹지라는 선은 모든 도로에 다 있는 것일까? 나는 그것이 궁금했다. 완충녹지라는 것은 녹지의 일종이기에 도시계획시설이라는 것을 조사를 통해 알 수 있었다. 그러니 비도시지역, 즉 관리지역이나 농림지역에서는 이 녹지시설을 볼 수 없는 것이다. 다시 말해 완충녹지라는 선은 도시지역 내에서만 볼 수 있기 때문에 관리지역에서 도로 옆에 완충녹지가 있다는 말은 있을 수 없다.

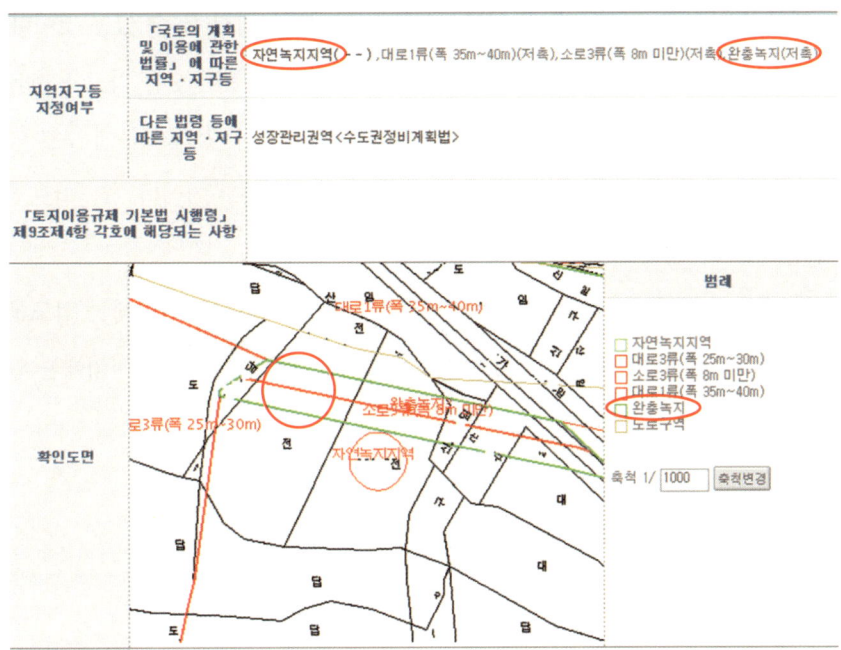

도시지역 자연녹지에 완충녹지가 저촉된 모습

완충녹지 현장 모습

03 개발을 하기 전에 이것만은 꼭 알아야 한다

접도구역이라는 것은 뭘까? 접도구역은 비도시지역에서 볼 수 있는 것이다. 이것은 시골 지역에 표시되어 있는데 그 이유는, 어떤 사람이 술을 먹고 운전을 하다가 도로 바로 옆에 있는 건물을 받아버리고 도망갈 수 있기 때문에 도로 옆에 선을 그어놓고 이 선을 넘어서는 건물을 짓지 말라 하는 것이다. 결론적으로 이 접도구역선 안쪽으로는 개발행위허가를 받을 수 없다.

이 내용을 정리하면 도시지역에는 완충녹지가 있고 비도시지역에는 접도구역이 있다는 것이다. 반대로 도시지역에는 접도구역이 없고 비도시지역에는 완충녹지가 없다.

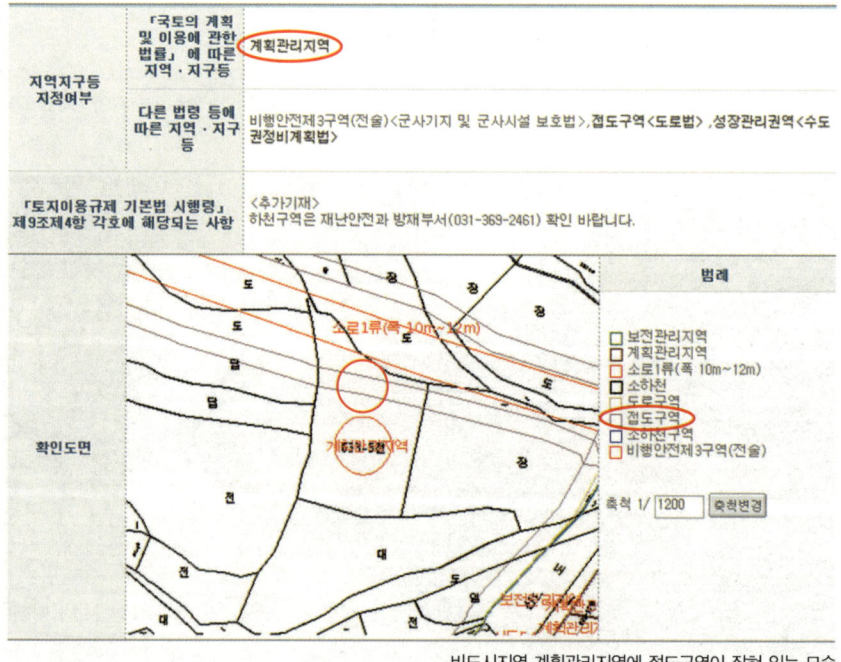

비도시지역 계획관리지역에 접도구역이 잡혀 있는 모습

> • 도시지역 – 주거, 상업, 공업, 녹지지역
> • 비도시지역 – 관리지역, 농림지역
>
> TIP

도랑이 길이 될 수 있다
: 목적 외 허가

2차선 도로변이 있다. 길 옆으로 큰 구거가 지나가고 있었고 그 건너편으로 토지가 하나 있었는데 언뜻 보면 길이 없는 듯 보였다. 큰길 옆에 토지가 보이기는 했지만 토지와 길 사이에 큰 도랑이 흐르고 있었기 때문에 이 토지는 도로와 붙지 않아서 길이 없는 토지인 줄로만 알았다.

지인이 이 토지를 보게 되었다. 그런데 이 분은 그 토지가 정말 마음에 든다고 한다. 나는 이 분이 왜 길도 없는 이 토지를 마음에 든다고 하는지 도저히 이해할 수 없었다. 지인은 그 토지가 아주 마음에 드니 어서 계약을 해달라고 졸라댔다. 어차피 매물로 나와 있던 토지였기 때문에 어렵지 않게 중개해드렸다.

시간이 지나고 나서 나는 깜짝 놀랄만한 사실을 알게 되었다. 길이 없는 토지에 길이 만들어진 것이다. 현장을 둘러보니 분명히 도랑이 지나가던 자리인데, 그 도랑에 박스로 된 관을 만들어놓고 다리를 만들고 그 위를 포장해서 길을 만든 것이다. 순식간에 길이 없던 토지에 길이 생기게 된 것이다. 정말 놀라웠다.

"아니, 사장님. 이 도랑에다 이렇게 다리 놓고 길 만들어도 괜찮은 건가요?"

"당연히 괜찮지. 자네 '목적 외 허가'라는 말 못 들어봤나?"

그랬다. 목적 외 허가. 구거의 목적은 배수를 목적으로 하지만 배수 목적에 피해를 주지 않는 시설물을 설치하여 배수에 지장만 주지 않으면 그 시설물 위를 내 토지로 들어가기 위한 진입로로 쓸 수 있도록 해주는 허가가 바로 목적 외 허가다.

이런 것이 있었던 것이다. 지인은 현장을 보자마자 도랑 위로 목적 외 허가를 득하여 진입로를 만들면 되겠다는 생각을 하고 매입했던 것이다. 그 분은 개발행위 허가를 득하기 위해 목적 외 허가를 통하여 길을 먼저 만들었고 바로 부지를 조성하여 그 토지를 매입한 값의 2배를 받고 매도했다.

그 경우를 직접 보고 도랑이 길이 될 수 있다는 것을 알게 되어 목적 외 허가에 대해서 연구하기 시작했다.

구거 부지에 다리를 놓은 모습

> TIP
> 지적도에 '구거'라고 표시되어 있으면 그 구거는 진입로가 될 수 있다.

눈에 보이지 않는 도로를 확인하라
: 도로점용허가

　도로점용허가라는 것을 다른 책에 있는 대로 설명하지 않고 쉽게 설명해보겠다. 토지이용계획확인원을 보면 토지가 도로에 붙어 있는 모습을 볼 때가 있다. 그래서 그 토지를 취득하면 앞에 있는 2차선도로를 그냥 쓰면 되는 줄 안다. 하지만 한 가지 모르는 것이 있다. 2차선 이상의 도로변에 내 토지가 붙어 있으면 개발행위허가를 득하려고 할 때 도로점용허가라는 것을 받아야 한다는 것이다.

　도로점용허가란 무엇일까? 토지이용계획확인원을 보면 '소로1류에 접함'이라든지 '대로3류에 접함'이라고 되어 있는 것을 보게 될 것이다. 말 그대로 내 토지가 도로에 붙어 있다는 뜻이다. 자세히 보면 소로1류에 접함 옆에 도로 폭이 적힌 것이 보인다. 도로 폭 10~12m라고. 하지만 현장에 가서 도로를 확인해보라. 그 폭은 2차선도로라 해도 6m 정도밖에 나오지 않을 것이다. 그럼 도로 폭을 10m로 표시하고 있다고 해도 4m의 도로가 더 있다는 뜻인데 이 4m는 어디에 있는 것일까?

　그렇다. 도로의 양 옆으로 2m씩 도로 부지가 더 있는 것이다. 눈으로 볼 때는 현장에 나 있는 길에서 내 토지로 바로 연결되는 것처럼 보이지만 실제로는 눈에 보이는 도로, 눈에 보이지 않는 도로를 거쳐 내 토지로 들어가고 있는 것이다. 이렇게 우리 눈에는 보이지 않는 도로를 사용해야 하기 때문에 이 도로 부지를 사용하겠다는 신청을 해야 한다. 이런 신청이 도로점용에 대한 신청이고 이것이 받아들여지면 도로점용허가를 받는 것이다.

도로점용허가를 받게 되면 가감속차선 공사를 해야 하는데 이 공사는 신청자가 직접 해야 한다. 물론 점용료를 받고 허가를 내주지만 그래도 공사는 토지 주인이 하라는 것이다. 공사를 멋대로 할 수도 있으니 점용허가신청 시 도면을 첨부하게 되어 있는데 허가가 나면 그 도면대로 공사해야 한다. 그 공사가 바로 가감속차선 공사인데 쉽게 이해할 수 있도록 예를 들겠다.

자동차를 타고 가다가 식당을 발견했을 때 보통 속도를 줄이면서 그 식당 건물로 들어간다. 그러려면 한 차선이 더 빠져 있어야 하고 속도를 줄이면서 옆으로 붙고 부드럽게 건물로 들어가야 한다. 이때 필요한 것이 감속차선이다. 또 밥을 다 먹고 나왔을 때 차가 처음부터 속력이 나지 않으니 슬슬 속력을 내게 하여 옆으로 끼어들어야 한다. 그래서 한 차선이 더 필요하게 되는데 이것이 바로 가속차선이다.

이 두 가지를 묶어 가감속차선이라 하고 이를 위한 공사를 본인이 직접 해야 한다. 도로 한 차선 더 만드는 것이 별 것 아닌 것처럼 생각될 수 있지만 실제로 이 공사를 하게 되면 적게는 몇 천만 원에서 많게는 몇 억 원까지 이르는 비용이 발생한다. 한 가지 더 알아야 할 것은 내 토지에 다른 진입로가 없고 앞에 있는 2차선도로뿐이라면 나는 무조건 가감속차선 공사를 해야 한다는 것이다. 하지만 내 토지에 2차선도로뿐 아니라 옆으로 들어가는 조그만 4m 도로가 있다면 인허가는 4m 도로를 통하여 득할 수 있고 그렇게 되면 도로점용허가가 필요

없게 된다.

이 도로점용허가라는 것을 알게 되면 토지를 볼 때 어떤 토지를 골라야 공사비가 적게 들어가게 되는지 알 수 있다.

가감속차선이 공사된 현장 모습

> **TIP**
> 2차선 이상의 도로에서는 도로점용허가와 가감속차선 공사를 해야 한다.
> 즉, 2차선 이상의 도로에서는 이런 공사 비용을 감안해야 하며, 이면도로 여부를 꼭 체크해야 한다.

직접 개발하지 않아도 세금이 나온다
: 개발부담금

　개발부담금이라는 말을 한 번쯤 들어봤을 것이다. 이것은 말 그대로 당신 토지를 당신이 개발하여 가치를 올렸으니 지가 차익에 대한 세금을 내라는 뜻이다. 토지를 매입할 당시 공시지가가 평당 10만 원이었고 건축물을 지어 지목이 대지로 변경되면서 공시지가가 평당 50만 원으로 상승했다면 개발 후의 지가에서 개발 전 지가를 빼 평당 40만 원 정도의 가치가 올랐다고 판단한다. 이는 토지의 개발로 인한 가치가 올라간 것이기 때문에 그 이득을 혼자 보지 말고 세금으로 나누자는 것인데 지가 차익의 25%가 내야 할 세금이다.

　이렇게 단순히 지가 차익의 25%를 세금으로 내라 하면 불만이 생긴다. 내가 개발하면서 들어간 공사비는 있고 눈에 보이는 것처럼 개발 이득이 다 생기지도 않았는데 경비는 인정 안 해주는 건가 하고 말이다. 그래서 지가 차익에서 필요 경비를 공제해주고 과표를 정하고 그 과표가 정해지면 거기에서 25%의 세금을 내기로 하는 것이다.

　그런데 여기서 한 가지 문제가 발생한다. 예를 들어 나는 공장을 운영하는 사람이고 토지에 대해서는 잘 모르기 때문에 실제 공장 부지로 개발되어 있는 토지를 사기로 한다. 이때 나는 개발을 하지 않았고 개발한 사람은 나에게 공장 부지를 판 분양업자이다. 그러면 이 개발부담금은 부지를 조성한 사람에게 나오는 것이 맞다 생각할 텐데, 개발부담금이 공장을 운영하려고 부지를 매입한 나에게 나오는 경우가 있다. 이게 맞는 일일까?

개발부담금 납부 의무는 건축물 준공 당시의 토지 소유자에게 있다. 내가 공장용으로 조성된 부지를 살 경우 계약이 끝나면 공장을 지으려 할 것이다. 그럴 경우 대개 부지를 공급해주는 사람이 건축 공사도 하기 때문에 그 사람에게 일을 맡기는 경우가 많다. 부지를 매입한 나나 공사를 하려는 사람이나 현금이 없기 때문에 은행에 대출을 받으려 한다. 은행으로부터 토지매입자금과 건축자금을 대출받는데 이 과정에서 토지의 소유권을 먼저 가져오게 된다.

그래서 개발부담금 납부 의무자는 건축물 준공 당시 토지소유자이기 때문에 부지 매수자인 내가 되는 것이다. 다시 말하면 개발부담금 고지서는 토지를 공장 부지로 개발한 개발업자에게 나오는 것이 아니고 바로 공장 부지를 산 사람에게 나온다. 이런 이유로 소송이 비일비재하게 일어나고 있으며 여러 가지 다툼의 실마리가 되곤 한다.

공장을 운영하는 사람으로서는 대출이 꼭 필요하기 때문에 준공 전에 토지소유권을 확보할 수밖에 없다. 부지를 매입하여 건물을 직접 짓는다는 것은 현실적으로 불가능하기 때문에 매입하기 전 개발업자와 개발부담금에 대한 협의를 꼭 해야 한다. 예를 들어 준공 후 나오는 개발부담금에 대해서는 절반씩 부담하기로 한다 하는 특약을 넣는 것이다.

이런 이유로 개발업자는 건축물의 준공을 마친 뒤 매매하는 것을 꺼리게 되어 있었으며 부지로 공급하면서 개발부담금을 염두에 두고 개발을 하게 된다. 개발부담금은 실제 부담이 되기 때문에 여러 방법을 연구해보아야 한다.

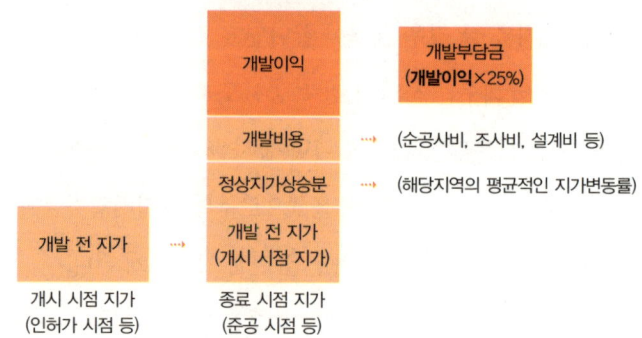

 TIP

1. 개발부담금의 납부의무자는 건축물 준공 당시의 토지 소유자이다.
2. 개발부담금은 용도지역별로 대상면적을 정하고 있는데, 2017년부터 2019년 말까지 한시적으로 도시지역의 개발행위허가 시 대상면적은 1,500㎡ 이상, 비도시지역은 2,500㎡ 이상으로 완화된다. 즉, 개발행위허가 면적이 1,500㎡ 미만인 도시지역 부지와 2,500㎡ 미만인 비도시지역 부지는 개발부담금 대상이 아니다.
다만, 완화 기간은 2019년 12월 31일까지였고 2020년부터 다시 도시지역은 990㎡, 비도시지역은 1,650㎡으로 변경되었으니 주의바란다.

개인이 개발할 수 있는 평수가 정해져 있다
: 개발업등록

몇 년 전부터 개발업등록이라는 법이 시행되고 있다. 이 법으로 인하여 많은 개인 개발업자들이 개발을 못하게 되었다. 개발업등록이라는 것이 어떤 것이냐 하면 앞으로 개발을 하는 사람들은 개발을 하기 전에 일정한 조건을 갖춰야 한다는 것이다. 개발의 전문 지식이 없는 사람들이 마구잡이 식으로 개발을 하다 보니 사람들끼리 자꾸 문제가 생기고 사회적인 문제가 되기 때문이다.

그리하여 부동산 개발을 하려는 사람은 일정한 자격을 갖추어야 되고 조건이 되면 개발업등록을 받아준다는 것이다. 등록만 하면 되는 것 아니냐고 쉽게 생각할 수도 있지만 개발업등록 기준을 살펴보면 조건이 상상 이상이라 간단한 문제가 아니다. 개발업등록을 하기 위해서는 전문인력 2명 이상이 상근 근무자로 있어야 하며 자본금 조건과 규모 조건 등 갖춰야 할 조건이 보통 까다로운 것이 아니다. 그래서 이 법이 시행되면서부터 일반 개인 개발업자들은 쉽게 개발을 할 수 없게 되었고 본인이 갖고 있는 토지도 혼자 힘으로는 개발할 수 없게 된 것이다.

일정 면적 이상의 토지를 매입하여 개발하려 할 때 시군구로부터 인허가의 목적이 자가 사용인지 개발 사업인지 여부를 알려야 하고 개발 사업일 경우 개발업등록증을 첨부해야만 인허가를 득할 수 있게 되었다. 그렇다면 이제 개발 사업을 하기 위해서는 무조건 개발업등록을 해야만 하는 것일까?

꼭 그렇지는 않다. 개발업등록업법이 제정되면서 일정 규모 이상일 때 개발업등록을 하라고 한 것은 반대로 말하면 일정 규모 이하일 때는 등록이 필요 없다는 뜻이기 때문이다. 물론 대규모 개발을 위해서는 개발업등록을 해야 하지만 소규모 개발을 하기 위해서는 그럴 필요가 없다.

법은 잘 해석해야 한다. 법에서는 토지를 개발하려 할 때 한 건의 경우 5,000㎡ 이상일 때와 연간 10,000㎡ 이상일 경우 개발업등록을 해야 한다고 정하고 있다. 그렇다. 최초 인허가를 5,000㎡ 미만으로 신청하고 다음 인허가를 나머지 부지로 신청하면 된다.

이렇게 해서 1년에 10,000㎡까지는 개발업등록 없이 개발을 할 수 있기 때문에 위와 같은 방법으로 개발업등록증을 첨부하지 않고도 개발을 할 수 있는 부지를 찾으면 된다. 그것이 개발 원가를 줄이는 방법이라는 것 또한 생각해보아야 한다.

> **TIP**
>
> **1. 개발업등록이 필요한 부지인지 아닌지를 정확히 파악하라.**
>
> **2. 부동산 개발의 정의와 개발업에 관한 법률**
> ▶부동산 개발업 개요(법 제1조, 제4조, 제36조)
>   ▷전문성이 부족한 개발업자의 난립, 소비자 피해 방지 및 개발업의 체계적 관리·육성 목적
>   ▷일정 규모 이상의 부동산 개발에 등록제 도입
>   ▷등록하지 않고 부동산 개발업을 하는 경우 3년 이하의 징역 또는 5천만 원 이하의 벌금
> ▶부동산 개발의 정의(법 제2조)
>   ▷타인에게 공급할 목적으로
>   ·토지를 건설공사의 수행 또는 형질변경의 방법으로 조성하거나
>   ·건축물을 건축·대수선·리모델링·용도변경 하거나 공작물을 설치하는 행위
> ▶부동산 개발업자(법 제2조)
>   ▷부동산 개발을 업으로 영위하는 자
>
> **3. 부동산 개발업 등록대상 사업(법 제4조, 법시행령 제3조)**
>
> | 건축물(연면적) | 주상복합(비주거용 연면적) | 토지(면적) |
> |---|---|---|
> | 3천㎡(연간 5천㎡) 이상 | 3천㎡(연간 5천㎡) 이상이고 비주거용 비율이 30% 이상인 경우에 한정 | 5천㎡(연간 1만㎡) 이상 |
>
> ※증축, 대수선, 리모델링, 용도변경은 인·허가된 면적만을 말함

4. 부동산 개발업의 등록요건(법 제4조제2항, 법시행령 제4조)

구 분		등록요건	비고
자본금	법인	자본금 3억 원 이상	• 주식회사 : 납입자본금 • 주식회사 이외의 회사 : 출자금 • 기타 법인 : 총자산에서 총부채를 뺀 금액 ※무자본 특수법인(국민연금공단 등)
	개인	영업용자산 평가액 6억 원 이상	개발대상인 소유 부동산, 기타 현물 등
부동산 개발 전문인력		상근 2명 이상	사전교육이수자
사무실			제2종근린생활시설, 업무시설, 판매시설

5. 부동산 개발 전문인력(자격+경력)

▶부동산 개발 전문인력의 범위를 법률 · 금융 · 개발실무 등의 분야로 세분하고 해당분야의 경력을 갖춘 자로 한정
▶부동산 개발 전문인력은 부동산 개발업 등록 전에 자격을 갖춘 교육기관이 실시하는 부동산 개발에 관한 교육과정을 이수하도록 함

부동산 개발 전문인력의 범위(법률 시행령 제9조 제1항)

구 분	부동산 개발 전문인력의 범위
법률	「변호사법」에 따른 변호사 자격이 있는 자로서 국가, 지방자치단체, 공공기관 및 그 밖의 법인 또는 개인사무소에서 법률에 관한 사무에 2년 이상 종사한 자
부동산 개발 금융	1. 공인회계사로서 3년 이상 경력자 2. 「부동산투자 회사법」에 따라 자산운용전문인력으로 국토해양부장관에게 등록된 자 3. 「은행법」에 따른 금융기관에서 10년 이상 근무한 자로서 부동산 개발금융 및 심사(PF)업무에 3년 이상 종사한 자

부동산 개발실무	1. 감정평가사로서 해당 분야에 3년 이상 종사한 자 2. 공인중개사로서 부동산 개발업을 하는 법인 또는 개인사무소에서 부동산 개발업무에 3년 이상 종사한 자 3. 부동산 관련분야의 학사학위 이상 소지자로서 부동산 개발업을 하는 법인 또는 개인사무소, 「부동산 투자회사법」에 따른 부동산투자회사·자산관리회사 및 그 밖에 이에 준하는 회사·기관에서 부동산의 취득·처분·관리·개발 또는 자문관련업무에 3년(부동산관련 분야의 석사학위 이상 소지자는 2년) 이상 종사한 자 4. 「건설기술관리법」 제2조8호에 따른 토목·건축·국토개발 분야의 고급기술자 이상인 자 5. 건축사 6. 다음 각 목의 어느 하나에 해당하는 기관 등에서 부동산의 취득·처분·관리·개발 또는 자문관련 업무에 종사한 자로서 국토해양부장관이 정하여 고시하는 기준에 해당하는 자 　가. 국가 　나. 지방자치단체 　다. 법 제4조항제1항 제2호에 따른 공공기관 　라. 법 제4조항제1항 제3호에 따른 지방공사 및 지방공단

농지는 한 평도 빠짐 없이 농지여야 한다
: 농지취득자격증명원

　시골에 농지를 사달라고 하는 고객이 있었다. 농사지을 생각은 아니고 투자로 사놓으려고 한다고. 그래서 농지를 취득하기 위해서는 농취증을 받아야 한다고 알려주었다. 이것은 별로 어려운 일이 아니고 농지를 계약한 뒤 인근 면사무소에서 농취발급신청만 하면 농취증을 받을 수 있다고 얘기했다. 그래서 순조롭게 농지를 계약하게 되었다.

그 고객은 우리가 미리 알려준 대로 면사무소에 농취 신청을 하게 되었고 담당공무원이 현장을 확인하고 아무 문제 없으면 농취를 발급해주기로 했다. 일이 잘 진행되는 줄 알고 우리는 사무실로 돌아왔다. 그런데 다음날 면사무소 직원에게 전화가 왔다.

"신청하신 농취승 발급이 힘들 것 같은데요."

"아니, 왜 힘들다는 건가요? 별 문제 없을 텐데요."

"그 농지 일부가 도로로 포장되어 있네요. 현황이 농지가 아니라서 농취를 발급해드릴 수 없겠어요."

"그래요? 도로로 포장되어 있는 곳이 얼마나 되는데요?"

"한 3평 정도 됩니다."

속으로 이런 생각이 들었다. '아니, 많은 평수가 도로로 되어 있는 것도 아니고 고작 3평이 도로로 물려 있다고 농취 발급이 안 된다니.'

"아니, 시골에서 동네 사람들이 길로 이용하려고 조금 포장한 것 같은데, 넓은 면적이 농지 상태니까 그 정도는 괜찮은 것 아닌가요?"

"아니요 안 됩니다. 몇 평이냐를 떠나서 한 필지 전체가 온전하게 농지 상태여야 하기 때문에 이 건으로는 농취가 발급이 안 됩니다."

"그럼 방법이 없나요?

"도로로 포장되어 있는 부분을 다 걷어내고 다시 신청하시면 그때 발급해드리겠습니다."

고작 3평인데 농취가 발급이 안 될 줄은 꿈에도 생각하지 못했다. 어쩔 수 없이 도로로 포장되어 있는 부분을 장비를 동원해 걷어냈다. 그러고 나서야 농취를 발급받을 수 있었다.

잊지 말아야 할 것은 비도시지역 내 농지를 취득할 때는 농취를 발급받아야 하며, 이 경우 그 농지가 현장에도 농지인지 꼭 확인하고 계약해야 한다는 것이다.

> **TIP**
> 비도시지역의 농지를 취득할 때는 그 농지의 전체 면적이 현황상 농지인지를 꼭 확인하라.

임야를 등록전환하면 면적이 줄어든다

한번은 임야를 사게 되었다. 기존에 물류창고로 허가를 득한 부지였기 때문에 인허가 명의변경만 하면 되는 상황이었다. 아직 아무런 공사도 되어 있지 않은 상황이었기 때문에 우리는 토지의 경계대로 구조물을 시공하고 토목공사를 하기 위해 등록전환 신청을 했다.

날짜가 잡히고 사인을 하기 위해 나는 현장으로 향했다. 현장에서는 측량을 시작하고 있었다. 산을 측량하여 말뚝을 박다보니 옷이 나무에 걸리기도 하면서 힘들게 작업했다. 마지막 측량 점에 말뚝을 박고 설명을 듣기 위해 컴퓨터 앞으로 갔다. 그런데 지적공사 직원이 내게 말을 건넨다.

"사장님, 등록 전환하시면 면적이 많이 줄어들 것 같은데요."

"아니 왜 면적이 줄어드나요?"

"등록전환이라는 것이 임야도에 있는 산을 지적도로 옮겨 그리는 것인데, 축척이 서로 다르다보니 등록전환을 하여 지적도에 다시 그리면 거의 대부분 면적이 줄어듭니다. 이건 어쩔 수 없는 일이라는 걸 알고 계셔야 합니다."

그랬다. 임야도에 있는 축척은 6,000분의 1이고 지적도에 있는 축척은 1,200분의 1이기 때문에 크레파스로 그린 그림을 연필로 다시 그리는 것과 다름 없으니 면적이 줄어드는 것이다.

다행히 잔금을 지불하기 전이어서 토지 주인에게 이런 사실을 알렸다. 토지의 면적이 등록전환을 통해 줄어들었기 때문에 줄어든 면적만큼 토지값도 깎아주셔야 할 것 같다고 말이다. 다행히 토지 주인은 그 소리를 이해했고 우리는 줄어든 면적만큼의 토지값은 지불하지 않기로 했다.

우리나라 임야는 등록전환을 하여 지적도로 옮겨 그리면 면적이 줄어들 수 있다는 것을 그때 알았다. 그러니 임야를 취득할 때는 면적으로 계약해야 하며 추후 등록전환으로 생기는 면적의 차이만큼 토지값도 조정할 수 있다는 특약을 꼭 써야 한다.

TIP

임야를 매입할 때는 임야의 등록전환 여부를 꼭 확인하라. 지번 앞에 '산'이라는 글자가 보이면 등록전환 전 임야이니, 계약서 특약 사항으로 '면적의 증감이 있을 때는 매매 금액도 면적의 증감에 비례하여 조정한다'는 특약 문구를 넣어야 하고, 측량도 잔금을 치르기 전에 해야 한다.

접도구역은 건폐율 산정이 안 된다

어느 날 한 고객이 우리 사무실로 들어왔다. 본인이 부지를 사서 공장을 지으려고 하는데 어디 저렴한 토지가 없느냐고 물었다. 마침 공장 부지가 아주 저렴한 가격에 나와 있었기에 주저 없이 토지가 있다고 얘기했다. 그 토지는 옆으로 고속도로가 지나가고 있었고 바로 옆에 철탑이 있었다. 단지를 쪼개서 분양하고 있던 필지인데 나는 아래쪽 700평 정도를 보여주었고 매수자는 본인이 절반을 쓰고 절반은 협력 업체에 매도할 것이라고 말했다. 용도지역이 계획관리지역이었고 큰 덩어리 중에 우리 토지만 접도구역이 걸려 있지 않았다. 근생2종으로 인허가를 득하였고 필지를 분할하여 반은 협력 업체에 매도하면서 반쪽만 가져오는 것으로 마무리가 되고 있었다. 그렇게 한창 건축을 진행하고 있을 때쯤 옆 부지 공장 사장님의 탄식 소리가 들려왔다.

"아, 이거 큰일났네."

"왜 그러세요, 사장님?"

내용인 즉, 그 사장님은 건물이 200평 필요해서 계획관리지역 토지를 500평 매수했는데 고속도로 옆이다보니 접도구역으로 빠지는 토지가 100평도 넘는다는 것이었다. 토목 사무실에 알아보니 접도구역의 부지만큼은 건폐율이 산정 안 된다고 했다는 것이다. 결국 건물 200평을 지을 수 없고 접도구역을 뺀 면적이 350평 정도여서 건폐율이 40%가 나와 140평 정도의 건물밖에 지을 수 없었다. 사장님은 탄식하며 내게도 무슨 방법이 없겠냐고 물었다. 우리 쪽 토목 사무실에 확인한 결과 역시 방법이 없었다. 아무리 해도 접도구역의 토지는 건폐율 산정이 안 된다는 것이다.

> **TIP**
> 1. 접도구역의 토지는 건폐율 산정이 안 되기에 건축의 면적을 미리 확인해야 한다.
> 2. 접도구역 안에서 금지된 행위(「도로법」제49조)
>   - 토지의 형질을 변경하는 행위
>   - 건축물 기타의 공작물을 신축, 개축 또는 증축하는 행위

개발부담금 미대상 업종을 찾아라

우리가 매입한 토지의 용도지역은 생산관리지역의 토지이다. 면적은 약 700평. 분뇨 및 쓰레기 처리 시설로 인허가를 득하여 건물을 조그맣게 지어서 지목을 잡종지로 변경하여 매도할 계획으로 이 토지를 매입하였다. 당연히 비도시지역에 개발부담금 대상 면적이었기에 사업계획서에 개발부담금을 예상해서 적어놓았다.

토지 매입과 동시에 인허가를 접수했고 1개월 정도 걸려서 인허가를 득할 수 있었다. 그리고 나서 공사 준비를 하고 있을 때쯤 시청으로부터 공문을 하나 받게 되었다. 제목이 개발부담금 미대상업종 통보서. 이것이 뭔가 하고 자세히 읽어보았다. 내용인 즉, 우리가 인허가를 득한 고물상 부지가 개발부담금 대상 면적임에도 불구하고 개발부담금 대상 업종이 아니기에 추후 준공을 득한 후 개발부담금을 납부할 의무가 없다는 것이다.

그때 당시 개발부담금을 안 내도 되는 업종이 있다는 것을 몰랐기 때문에 인근 토목 사무실과 시청에 전화를 걸어 이 공문 내용에 대해서 물어보았다. 하지만 토목 사무실에서도 고물상이 개발부담금 미대상업종인지는 잘 모르겠다 하고 시청 역시 모르는 눈치였다.

우리는 공문을 받아놓고도 이 내용을 확인할 만한 곳이 없어 일단 개발부담금을 납부할 준비를 했다. 준공을 득한 후 40일 이내에 개발부담금을 내야 하기 때문에 미리 개발부담금만 처리하는 업체와 상의를 했다. 그 업체에서도 우리가 고물상으로 허가를 득한 것을 알고 있었지만 개발부담금을 산출하고 있었다. 공문을 받았음에도 주위에서 이런 행동을 보였기에 당연히 세금을 내야 하는 줄 알고 있었다.

그런데 모든 공사가 끝나고 준공이 끝났음에도 개발부담금 고지서가 나오지 않았다. 그래서 시청에 다시 한 번 담당 공무원에게 개발부담금은 어떻게 되느냐고 물었더니 고물상은 개발부담금 대상업종이 아니라는 것이다. 세금을 안 내도 된다는 것이 확실해지는 순간이었다. 우리는 그 후에도 고물상 인허가를 득하여 준공을 한 경우가 많다.

개발업을 하면서 원가를 줄이는 것이 결국 개발 마진이니 개발부담금 미대상 업종이 무엇인지 알아보고 인허가 대상을 선정해도 좋을 것이다.

TIP

1. 분뇨 및 쓰레기 처리 시설(고물상)은 지목변경이 수반되는 사업이지만 대통령령으로 정하는 사업에 해당하지 않아 개발부담금 대상 사업이 아니다.

2. 개발부담금에 대한 법제처 조문

제2장 개발부담금

제 1절 통칙

제5조(대상 사업)
① 개발부담금의 부과 대상인 개발사업은 다음 각 호의 어느 하나에 해당하는 사업으로 한다.
〈개정 2014.1.14〉
   1. 택지개발사업(주택단지조성사업을 포함한다. 이하 같다)
   2. 산업단지개발사업
   3. 관광단지조성사업(온천 개발사업을 포함한다. 이하 같다)
   4. 도시개발사업, 지역개발사업 및 도시환경정비사업
   5. 교통시설 및 물류시설 용지조성사업
   6. 체육시설 부지조성사업(골프장 건설사업 및 경륜장, 경정장 설치사업을 포함한다.)
   7. 지목 변경이 수반되는 사업으로서 대통령령으로 정하는 사업
   8. 그 밖에 제1호부터 제6호까지의 사업과 유사한 사업으로서 대통령령으로 정하는 사업
② 동일인이 연접(連接)한 토지를 대통령령으로 정하는 기간 이내에 사실상 분할하여 개발사업을 시행한 경우에는 전체의 토지에 하나의 개발사업이 시행되는 것으로 본다.
③ 제1항 및 제2항에 따른 개발사업의 범위, 규모 및 동일인의 범위 등에 관하여 필요한 사항은 대통령령으로 정한다.

지목이 바뀌면 공시지가가 오른다

한창 개발업에 집중하고 있을 때 어떻게 하면 개발을 해놓고 쉽게 매도할 수 있을까를 매일 생각했다. 개발하는 것은 그리 어려운 일이 아니었지만 개발이 끝나고 부지 조성을 해놓았을 때 매도하는 일은 쉽지 않았다. 어떻게 하면 쉽게 매매할 수 있을까? 문득 농지의 공시지가가 얼마지? 그리고 준공을 득한 대지나 잡종지의 공시지가는 얼마지? 하는 생각이 머릿속을 스쳐 지나갔다. 공시지가가 낮은 농지를 취득해서 개발 원가를 줄이고 지목만 바꿀 수 있다면.

그렇다. 토지를 매입하여 누가 봐도 그 토지값이 비쌀 거라는 생각이 들게 만들어놓을 수 있다면. 다시 말해서 농지를 농지로 팔지 않고 준공을 득하여 지목을 바꿔 건물이 있는 토지로 팔 수만 있다면 쉽게 매매될 수도 있겠구나 하는 생각이 들었다. 그런데 한 가지 숙제가 있었다. 지목을 변경하기 위해서는 건물을 지어야 하는데 건물을 지으면 과연 개발 원가를 줄일 수 있을까?

나는 인허가의 종류를 살펴보기 시작했다. 어떤 허가를 받으면 건물이 필요 없을까? 한참 찾고 있던 중 고물상이 눈에 들어왔다. 업종상 토지가 필요한 시설이고 건물은 작은 사무실 정도만 있으면 되는 일이다.

토목 사무실에 전화를 해서 고물상 인허가를 득할 수 있는 지역이 어디냐고 물었다. 계획관리지역과 생산관리지역 안에서 고물상 허가를 득할 수 있다고 했다. 곧바로 실행에 들어갔다. 인근 부동산에 생산관리지역의 토지들을 물색하기 시작했고 얼마 지나지 않아 마땅한 토지를 보게 되었다.

토지는 약 600평 정도. 계획은 이랬다. 고물상 인허가를 득하고 나서 토목공사를 해야 하는데 우리는 밭을 매입했기 때문에 토목공사 비용이 거의 들지 않았다. 건축물도 대지 600평에 건물 10평. 건축사 사무실에서 무슨 화장실 짓느냐고 물을 정도였다. 우리 일이 참 웃긴 행동이라는 걸 그때는 생각하지 못했다. 나는 아주 진지한 상황이었기 때문에 오히려 이렇게 물었다.

"10평짜리 건물을 지으면 준공이 안 나나요?"

"아니, 뭐 그건 아니지만."

"그럼 10평으로 신고해주세요."

우리는 건축 신고를 10평으로 받고 바로 건물을 신축하기로 했다. 예상 공사비용은 1,000만 원. 물론 부대토목비용으로 조금 더 추가되었지만 1,000만 원에 공시지가를 올릴 수 있었다. 앞서 얘기했지만 고물상은 개발부담금 대상이 안되기 때문에 준공을 득하여 내는 세금도 없었다. 우리는 실제 아주 적은 비용으로 고물상 준공을 득했고 공시지가도 당연히 올랐다. 지목이 '전'이었을 때 공시지가가 m^2당 몇 만 원 정도 했던 것 같은데, 준공을 득하고 나니 20만 원대로 상승하는 것이 아닌가.

우리는 매수자를 만나서 가격을 제시하지 않았다. 매수자가 직접 가격을 판단하게 했다. 공시지가가 적혀 있는 토지이용계획확인원을 건네주고 얼마 정도면 적당할지 물었다. 당연히 공시지가를 보고 공시지가에 달라는 사람은 없었다. 공시지가가 평당 65만 원에 달했기 때문에 매수자는 스스로 알아서 가격을 제시하였고 우리는 그 부지를 쉽게 매도할 수 있었다.

개발업을 하면서 건폐율에 맞게 건물을 짓는 것도 괜찮은 방법이지만 최소한의 건물로 지목 변경을 하여 공시지가 상승을 일으키는 것도 괜찮은 방법이 된다. 나는 매수자에게 이렇게 얘기했던 것 같다.

"큰 건물이 필요하시다고요? 그럼 매입해서서 건물을 철거하고 다시 지으세요. 우리는 건물값을 받고 파는 게 아니기 때문에 괜찮습니다."

최소한의 비용으로 최대한의 효과를 보는 것. 바로 경제의 원칙이다. 조금만 생각을 바꾸면 건물을 철거하기 위해 지을 수도 있는 것이다. 그리고 그 건물값은 받지 않고 토지값만 받을 생각을 한다면, 또 서류상으로 공시지가를 높일 수만 있다면, 거기에 개발부담금까지 안 낼 수 있다면 그야말로 금상첨화.

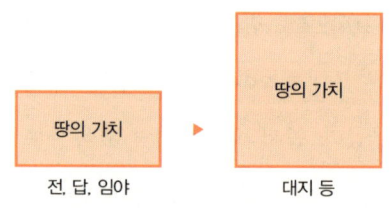

지목이 바뀌면 서류상 공시지가가 올라가기 때문에 매수자로 하여금 높은 토지 값을 생각하게 할 수 있다. 매매 시장이 심리전의 시장이라면 매수자로 하여금 높은 값을 상상하게 만드는 것은 좋은 매도의 기술이 된다.

공사를 3개월 동안 중단할 수도 있다

한번은 나지막한 임야를 하나 취득한 적이 있다. 전원주택지로 분양하기 위한 것이었다. 개발행위허가를 받아 인허가를 득하고 부지 조성을 위해 공사하는 일만 남아 있었다. 그리고 바로 장비를 동원하여 부지 조성 작업에 들어갔다. 한참 공사 중에 있는 것을 확인하고 잠시 사무실에 들어와 있는데 현장에서 전화가 걸려왔다.

"이거 큰일났는데."

"왜요? 무슨 일인데요?"

"해골이 나온 것 같아."

"해골이요? 무슨 해골이요? 제가 지금 그리로 갈게요."

전화를 끊고 바로 현장으로 달려갔다.

현장에 도착해서 산 위를 걸어 올라가고 있는데 무언가 때굴때굴 굴러오는 게 아닌가. 아무 생각 없이 돌이 굴러온다 생각하고 가볍게 차버렸다. 그러자 현장에 노동자로 나가 있던 동생이 이렇게 말한다.

"형, 그거 해골이야."

이게 무슨 일인가. 그땐 토지개발을 많이 해본 것도 아니고 토목공사를 하면서 해골이 나올 수 있다는 말을 들어보기는 했지만 그 일이 우리 현장에서 일어날 거라고는 생각도 못 했기 때문에 정말 큰일이 난 줄로만 알았다.

우리 토지에 무연고 묘가 있었던 것이다. 수소문을 해봐도 묘의 소유자는 찾을 수 없었고 묘의 형태도 남아 있지 않았기 때문에 우리는 무연고라고 판단할 수 있었다. 이런 경우가 처음이라 공사하시는 분들에게 어떻게 해야 하는 것이냐고 물었다. 이럴 경우 3개월간 공고를 하여 묘의 주인을 찾고 그 동안은 공사를 중단해야 한다고 했다. 3개월 뒤에도 주인이 나타나지 않으면 그때 무연고로 처리하고 공사를 다시 시작할 수 있다는 것이다. 우리는 어쩔 수 없이 공사를 중단하고 묘에 대한 공고를 한 뒤 주인이 나타나지 않자 무연고 처리했다.

시간 면에서나 비용 면에서 많은 손해를 볼 수밖에 없었다. 만약 그 임야를 취득하면서 분묘에 관한 특약을 적어두었더라면 시간적인 비용은 어쩔 수 없다 하더라도 비용적으로는 손해보는 일이 없었을 텐데 하는 생각이 들었다.

그 일 이후 나는 임야를 취득할 때는 꼭 분묘에 관한 특약을 넣거나 현장을 꼼꼼히 보고 있다.

> **TIP**
>
> **1. 임야를 취득할 때는 계약서상 분묘에 관한 특약을 꼭 적어야 한다.**
> '추후 본 번지 내에 분묘를 발견 시 매도인이 책임지기로 한다.' 정도로 하면 된다.
>
> **2. 분묘기지권**
>
> 분묘기지권은
> ① 토지 소유자의 승낙을 얻어 분묘를 설치한 경우
> ② 토지 소유자의 승낙을 받지 않았더라도 분묘를 설치하고 20년 동안 평온·공연하게 점유함으로써 시효로 인하여 취득한 경우
> ③ 자기 소유의 토지에 분묘를 설치한 자가 분묘에 관해서는 별도의 특약이 없이 토지만을 타인에게 처분한 경우
> 위 가운데 한 가지 요건만 갖추면 성립한다.
> 여기서 ③번 사항이 중요하다. 땅을 매도하면서 분묘가 있다는 특약 없이 땅을 매도하였고 매수인이 추후 공사를 하다 분묘를 발견하였을 경우 매도인에게 분묘기지권이 성립한다는 내용을 잊어서는 안 된다.
>
> • 유연고 : 주인이 있는 묘
> • 무연고 : 주인이 없는 묘

도로가 난다더니 고가도로가 났다

중개업을 시작한 지 얼마 안 되었을 때 동업자가 중개한 토지의 계약을 내가 진행한 적이 있다. 그 물건은 비도시지역의 농지였고 길이 예정되어 있는 부지였다. 나는 토지를 배우고 있던 중이었기 때문에 그 계약을 보고 예정도로가 잡혀 있는 농지는 무조건 길에 붙게 되어 아주 좋은 토지가 되는 줄로만 알았다.

그 뒤 나는 길이 예정되어 있는 부지를 중개하게 되었는데 토지를 판 사람이나 산 사람이나 모두 흡족해하는 중개가 이루어졌다. 시간이 흘러 예정되었던 도로 공사가 진행되기 시작했다. 그런데 공사가 내가 예상한 것과는 전혀 다르게 진행되고 있었다. 토지는 아래쪽에 있는데 길이 고가 형태로 나고 있었던 것이다.

설마설마했던 일이 현실로 이루어지고 말았다. 길이 나긴 났는데 고가도로가 난 것이다. 다행히 그 토지가 있는 지점에 방향을 바꾸기 위한 토끼굴이 생겼고 토끼굴로 내려가는 길이 생기면서 그 토지가 그 도로 옆으로 붙게 되었다. 만약 이 도로가 없었다면 그 토지는 진입로가 없는 맹지가 되었을 것이다. 하지만 천만다행으로 진입할 수 있는 길이 생기게 되었고 토지에 출입할 수 있게 되었다.

비도시지역의 부지를 매입했는데 도로가 예정되어 있다면 그 도로가 고가도로일 수도 있다는 것을 생각하고 다시 한번 확인해보아야 한다.

> **TIP**
> 비도시지역에 새로 생기는 도로는 고가도로일 확률이 크므로 공사를 맡은 현장 사무실에 들려 공사 도면을 꼭 확인하라.

농림지역에 농업진흥지역도 해제될 수 있다

　친하게 지내던 사장님이 한 분 계셨다. 사무실이 바로 옆에 있다보니 가끔 놀러와서 커피 한 잔 하고 담소 나누며 시간을 보내곤 했다. 어느 날 사장님이 이런 얘기를 하셨다.

"김 이사, 요 위에 내 땅이 조금 있는데 그게 농림지역이거든. 근데 그게 농지로서 가치가 없어졌어. 길이 사방으로 나가지고 한번 농사 지으러 가려고 하면 찻길을 막 건너다녀야 돼. 이거 농림지역에서 풀 수 있는 방법 없나?"

"에이~, 사장님 농림지역을 어떻게 풀어요. 그거 쉽지 않아요."

"그래? 하긴 일반인이 그걸 어떻게 하시겠어."

잘 안 될 것이라는 내 얘기에 대화는 다른 주제로 넘어갔다.

그리고 며칠쯤 지났을까. 평소에 친하게 지내던 토목 사무실 소장과 만나게 되었다.

"형님, 저기 위에 농림지역 토지가 있는데요. 이런 농림지역 토지들은 절대 안 풀리겠죠?"

"농림에 경지정리된 건가?"

"네, 농림에 경지정리된 거예요"

"그럼 아예 안 되는 건 아니고 풀 수 있는 조건이 몇 개 있어."

"그게 뭔데요?"

"지역의 변화로 농사를 짓기에 적합하지 않다고 판단하는 경우, 면적이 2만㎡ 이하인 경우는 시도지사에게 해제를 건의할 수 있지."

순간 그 사장님과 나눈 대화가 떠올랐다.

사방으로 길이 나서 농사를 지으러 가려면 찻길을 건너다녀야 한다는 말.

"형님, 그럼 내가 번지수 하나 줄 테니까, 한번 봐줄래요?"

"어, 그래. 지번 줘봐."

그 자리에서 나는 지번을 적어주었다.

다음날 그 형님에게서 전화가 왔다.

"김 이사, 이거 해제건의 할 수 있겠는데."

"정말요? 그럼 제가 그 사장님한테 의향 여쭤보고 전화 드릴게요."

그리고는 당장 그 사장님 사무실로 향했다.

"사장님, 사장님. 그 토지 제가 관리지역으로 풀어드릴게요."

"어? 정말? 풀어줘, 그럼."

"용역비는 생각하셔야 돼요."

그렇게 일을 진행한 지 한두 달이 지나가고 있었다. 가끔 전화하여 어떻게 되어가는지는 물어보았지만 그때마다 거의 다 됐다는 말만 들을 수 있었고, 시간이 지나면서 그 서류가 접수되어 있는 것조차도 잊어버리게 되었다. 그러던 어느 날 형님에게서 전화가 왔다.

"김 이사, 풀렸어."

"네? 뭐가 풀려요?"

"그거 농림지역, 관리지역으로 풀렸다고."

"정말이요? 이야~, 엄청 수고하셨어요."

그랬다. 진짜 풀렸다. 법 조항에 나와 있는 것을 확인할 수 있지만 그것이 진짜 현실에서 발생할 수도 있다는 것을 그때 알았다. 농림지역에 농업진흥지역은 해제될 수 있다.

TIP

1. 농림지역에 진흥지역인 토지를 보게 되면 해제 여부를 검토하여 매입을 검토하라.

2. 농업진흥지역 해제 조건

농업진흥지역은 국민 식량의 안정적인 공급기반을 유지하고 농지를 효율적으로 이용·보전하기 위하여 지정하고 있으며, 농지법 제31조 및 동법시행령 제28조에 따라 농업진흥지역을 해제할 수 있는 경우는 다음과 같음.
① 국토의계획및이용에관한법률 제6조의 규정에 의한 용도지역을 변경하는 경우(농지의 전용을 수반하는 경우에 한함)
② 농지법 제34조제2항제1호에 해당하는 경우로써 미리 농지의 전용에 관한 협의를 하는 경우, 당해 지역의 여건 변화로 농업진흥지역의 지정 요건에 적합하지 아니하게 된 경우. 이 경우 그 토지의 면적이 3만㎡ 이하인 때에 한함

토목공사비를 예상해야 한다

나는 토지를 매입하면 인허가비용을 예상할 수 있다. 부지를 조성할 때 토목공사비는 중요한 부분을 차지하는데, 부지가 있을 때마다 토목공사업자와 동행하는 것은 시간을 앞다투는 물건일 경우에는 판단이 느려질 수밖에 없는 단점이 된다. 그렇기 때문에 부지를 보게 되었을 때 대충의 토목공사비용을 예상할 수 있어야 한다. 토목공사의 중요한 부분인 구조물공사비용과 성·절토비용 등 몇 가지만 파악하면 대충 토목공사비용을 예상할 수 있다.

물론 현장 상황마다 견적은 달라지기 때문에 정확한 비용을 예상하기란 쉽지 않지만, 인근 토목업자와 유대관계를 통하여 미리 옹벽의 ㎡당 금액과 보강토 ㎡당 금액 정도만 알고 있으면 되고, 또 이 지역에 10㎥ 정도의 흙값을 알고 있으면 부지를 매입함에 있어 대충의 토목공사비용을 어림잡을 수 있을 것이다.

그럼 그 물량을 어떻게 계산하느냐고 물어보시는 분이 있을 텐데, 답은 간단하다. 부지의 면적은 ㎡로 표시된다. 다시 말해서 가로×세로라는 것이다. 이렇게 가로와 세로의 길이를 대충 예상할 수 있고 몇 m의 구조물이 필요한지가 눈으로 보이기 때문에 물량을 예상할 수 있게 되는 것이다.

부지를 매입하면서 공사 비용을 파악하는 것은 개발원가를 줄이려는 개발업자에게 아주 중요한 사항이다.

> **TIP** 현장을 확인할 때는 토목공사비를 예상하라.

민원발생비용을 예상하라

내가 첫 투자로 수익을 낼 수 없었던 가장 큰 이유는 민원에 대한 비용과 기간을 전혀 고려하지 않았기 때문이다. 우리는 토지개발을 시골에 할 것이기 때문에 이 민원에 대한 예상은 굉장히 중요한 부분을 차지한다. 도시처럼 길이 넓은 곳이 아니기에 한번 공사를 하게 되면 마을 길을 밟고 다닐 수밖에 없고 큰 공사 차량의 출입으로 시멘트포장이 되어 있는 마을 길이 부서지기도 한다. 그러니 민원이 발생하는 것이다.

민원이 들어올 것이라고 예상하고 이 민원에 대해 여유를 두고 기간과 비용을 예상하지 않는다면 생각지도 못한 출혈이 생기게 된다.

단순히 길만 가지고 설명을 했지만 시골에서 공사를 하게 되면 정말 생각지도 못한 민원들이 발생하기 때문에 부지 매입 전 사업계획을 잡을 때 민원에 대한 전략이 반드시 뒷받침되어 있어야 한다. 그렇지 않으면 엄청난 손실을 불러오게 될 수도 있기에 민원에 대한 준비는 늘 하는 것이 좋다. 다음 5장에서 민원을 예상하는 것이 얼마나 중요한 것인지 실제 사례를 들어 설명하겠다.

> **TIP**
> 개발의 성공과 실패를 결정하는 요인은 민원을 예상하고 비용을 마련해두었나 하는 것이다. 개발 전 진입로에 대한 문제와 공사하면서 생기는 소음에 대한 문제, 큰 차가 마을 길을 지나다니면서 생기는 도로 문제, 배수로 연결에 대한 문제 등을 머릿속에 그려보고 그 마을 이장과 꼭 상의하라.

중도금 치르러 갔더니 토지를 안 판다고?

우연히 알게 된 동네 이장 님이 토지가 1,350평이 있다고 매도를 의뢰했다. 살펴보니 계획관리지역의 토지였지만 진입도로가 지적상 도로가 아닌 현황도로 4m에 접하여 있고 배수로까지는 길을 횡단하여 200m 거리에 있었다. 먼저 진입도로가 도로로 인정받을 수 있는지의 여부를 확인하자 도로는 인정받을 수 있지만 인근 사유지의 주인으로부터 동의서를 받아야만 하는 상황이었다. 배수로도 마찬가지로 관을 매설하고 배수로까지 가야 하는 도중에 사유지 주인으로부터 동의서를 받아야 했다.

다행히 토지 주인이 동네 이장이었던 까닭에 인근 사유지 주인으로부터 동의서를 받고 그 토지를 계약했다. 인허가는 분뇨 및 쓰레기 처리시설로 인허가를 받을 계획이었고 당시 토지거래허가구역이었기 때문에 계약금 지불 후 개발행위허가를 먼저 받아야 하는 상황이었다. 그래서 계약금 지불 후 인허가신청을 했다. 한 달쯤 뒤에 인허가를 받고 토지거래허가신청 전 중도금을 치르기 위해 한자리에 모였다.

그런데 분위기가 심상치 않았다. 처음 보는 사람이 동네 이장 님과 함께 오는 것이었다. 표정까지 비장했기 때문에 설마 하는 생각이 순간 스쳤지만 별 문제야 있겠나 하고 자리에 앉았다. 그런데 아니나 다를까 이장 님이 이렇게 말문을 연다.

"저기 내가 이 토지를 팔아서 특별히 할 게 없어서 그러니까 이 계약은 없던 걸로 했으면 좋겠습니다. 어차피 토지거래허가구역에 허가신청 전이니까 그냥 받은 계약금만 돌려주면 되지요?"

이장 님이 영어를 한다.

"이장 님, 우리가 벌써 토지거래허가를 받기 위해 전용허가를 받아둔 상태입니다. 인허가를 받기 위해 국고세금도 납부했고 토목설계비도 들었는데 파기라니요. 진짜 계약파기를 하고자 하시면 지불한 계약금과 여기에 들어간 비용을 포함해서 전부 물어주시면 없던 걸로 하겠습니다."

"이 사람이 무슨 말을 하고 있어? 내가 왜 당신네들이 지불한 비용을 물어주나? 젊은 사람이 아무리 몰라도 그렇지. 말이 되는 소리를 해야지. 그냥 계약금만 돌려줄 테니 없던 걸로 합시다."

"이장 님, 그렇게는 못해드리고요. 저희가 쓴 비용까지 물어주실 거 아니면 토지거래허가 신청하겠습니다. 만약 불허가가 나오면 없던 걸로 해드리지만 허가가 나오고 정상적인 계약이 성립되면 그때는 계약금의 두 배와 손해배상을 해주셔야 합니다. 그러니까 토지거래허가신청 하기 위한 인감 1통 떼어주십시오."

옆에서 가만히 듣고 있던 함께 온 친구분이 거들고 나선다.

"이보세요. 이 친구가 토지를 팔면 그 돈을 쓸 데가 없으니 그냥 없던 걸로 합시다. 정 이렇게 나오면 법적으로 하는 수밖에 없어요. 좋게 얘기할 때 없던 걸로 합시다."

정말 욕이 목구멍까지 올라오는 걸 간신히 참았다. 막무가내도 이런 막무가내가 없다.

"사장님, 잘 모르시나본데 토지거래허가구역 내에서 계약은 유동적 무효상태이기 때문에 허가받기 전의 계약은 계약이 아니라는 것은 맞지만 그렇다고 일방적으로 계약을 철회하실 수도 없습니다. 법, 법 하시는데 진짜 나중에 후회하지 마시고 계약하신 대로 하시든지 아니면 그냥 저희가 쓴 돈만 받고 해지해드릴 테니 우리가 들인 비용만 물어주십시오."

그렇게 한 시간 이상 실랑이를 한 것 같다. 결론은 토지를 팔지 않겠다는 것이었고 지급받은 계약금만 돌려주겠다는 것. 나중에는 하도 어이가 없어 욕도 안 나왔다. 이 일을 어떻게 해야 하나? 정말 돌아버릴 것 같았다. 물론 법으로 해결할 수 있는 일이지만 그렇게 되면 시간이 걸릴 것이 불 보듯 뻔했고 그 시간 비용을 생각하지 않을 수 없었다.

아무리 생각해도 답이 안 나왔다. 똥이 무서워서 피하나 더러워서 피하지 하는 심정으로 일단 설득해보기로 했다. 몇 날 며칠을 이장 님 집에서 이장 님 오시기만을 기다려 만나면 그냥 팔아달라고 통사정을 하고 술도 사드려보고 어떻게든 마음을 바꾸어보려 노력했지만 결론은 토지를 안 판다였다. 부탁을 하면 할수록 자기네가 당연한 말을 하는 줄 알았다. 정말 화가 났다. 어디 두고 보자 하는 마음으로 변호사와 미팅 약속을 했다.

이후의 상황은 어떻게 되었을까? 우리 법인은 이 소송으로 인하여 우리가 지불했던 계약금의 2배와 손해배상금을 합친 금액을 배상하라는 판결을 받아냈다. 1년 반 정도 걸린 듯하다. 토지거래허가구역 내에서 계약을 진행할 때는 유동적 무효에 관한 내용을 반드시 숙지해야 한다.

> **TIP**
>
> **토지거래허가제와 유동적 무효**
>
> **1. 의의**
> 토지거래허가구역 내의 토지에 대해 허가 받을 것을 전제로 한 계약의 경우에, 허가권자(시장, 군수, 구청장)의 불허가처분이 확정되면 그 계약은 확정적 무효로 되지만, 허가를 받으면 소급하여 유효로 된다. 이런 경우 허가를 중심으로 이 계약의 효력은 유동적 무효의 상태에 있다. 그러나 처음부터 허가를 배제, 잠탈하려고 한 경우는 확정적 무효이다(대판1996.6.28 96다3982).
>
> **2. 효과**
> (1)원칙 : 무효
> 허가를 받기 전에는 그 계약의 효력은 발생하지 아니한다. 따라서 권리의 이전 또는 설정에 관한 어떠한 청구도 할 수 없으며(대판2000.1.28 99다40524), 채무불이행을 이유로 계약을 해제하거나 손해배상을 청구할 수도 없다(대판1997.7.25 97다4357).
> 또한 토지와 건물을 일괄하여 매매하였으나 토지거래허가를 얻지 못하여 토지거래계약이 무효로 된 경우(특별한 사정이 없는 한) 지상건물만의 이전등기청구는 인정되지 않는다(대판 1992.10.13 92다16836).

(2)협력의무
공동허가신청에 협력할 의무는 신의칙상 인정되는 의무로서(대판2009.4.23 2008다62427), 매수인은 협력의무의 이행을 소로서 구할 수 있다(대판[전]1991.12.24 90다12243). 협력의무의 이행을 청구함에 있어서 대금채무에 관하여 이행제공을 할 필요가 없고, 따라서 매도인은 매매대금의 이행제공이 없었음을 이유로 협력의무의 이행을 거절 할 수 없다(대판1996.10.25 96다23825).

협력의무를 불이행하고 매매계약을 일방적으로 철회하는 경우에는, 상대방에게 협력의무불이행과 인과관계에 있는 손해를 배상하여야 한다(대판1995.4.28 93다26397). 또한 협력의무를 불이행하는 경우 일정한 손해액을 배상하기로 하는 약정도 유효하게 체결할 수 있다(대판1997.2.28 96다49933). 그러나 협력의무 불이행을 이유로 유동적 무효의 상태에 있는 거래계약을 일방적으로 해제할 수는 없다(대판[전]1999.6.17 98다40459).

(3)가처분
매수인은 토지거래허가 신청절차청구권을 피 보전권리로 하여 매매목적물의 처분금지가처분을 구할 수 있으며, 그 후 이 토지를 낙찰 받은 제3자에게 이로써 대항할 수 있다(대판1998.12.22 98다44376).

(4)계약금
유동적 무효의 상태에 있는 한 매수인은 부당이득을 이유로 계약금의 반환을 구할 수 없고, 확정적 무효로 되어야 비로소 반환을 구할 수 있다(대판1993.7.27 91다33766).
또 매도인은 계약금의 배액을 상환하고 계약을 해제할 수 있다(대판1997.6.27 97다9369).

3. 확정적 무효 또는 유효로 되는 경우
(1)확정적 유효로 되는 경우
토지거래허가를 받지 않은 상태에서 토지거래허가구역의 지정이 해제되거나 허가구역 지정기간이 만료되었음에도 허가구역 재지정을 하지 않는 경우 토지매매계약은 허가를 받을 필요 없이 확정적으로 유효로 된다(대판[전]1999.6.17 98다40459).

(2)확정적 무효로 되는 경우
허가권자의 불허가처분이 있는 경우, 당사자 쌍방이 허가를 신청하지 않기로 의사표시를 명백히 한 경우에는 확정적으로 무효가 된다.
또한 유동적 무효 이외의 기타 무효, 취소사유가 있을 때에는 당사자는 이러한 사유를 주장하여 유동적 무효인 계약을 확정적으로 무효화시킬 수 있다(대판1996.11.8 96다35309). 뿐만 아니라 허가 전의 계약이 정지조건부 계약인 경우에 그 정지조건이 허가를 받기 전에 이미 불성취로 확정되었다면 그 계약관계는 확정적으로 무효로 된다(대판1998.3.27 97다36996).

그러나 매매계약 체결 당시 일정한 기간 안에 토지거래허가를 받기로 약정하였다고 하더라도, 그 약정된 기간 내에 토지거래허가를 받지 못할 경우 계약해제 등의 절차 없이 곧바로 매매계약을 무효로 하기로 약정한 취지라는 등의 특별한 사정이 없는 한, 위 약정기간이 경과하였다는 사정만으로 곧바로 매매계약이 확정적으로 무효가 된다고 할 수 없다(대판2009.4.23 2008다50615).

유동적 무효 상태의 토지거래계약이 확정적으로 무효가 된 경우에는 거래계약이 확정적으로 무효로 됨에 있어서 귀책사유가 있는 자라고 하더라도 그 계약의 무효를 주장할 수 있다(대판1997.7.25 97다4357).

(3)불허가 처분이 있더라도 확정적 무효로 되지 않는 경우

그 불허가의 취지가 미비된 요건의 보정을 명하는 데에 있고 그러한 흠결된 요건을 보정하는 것이 객관적으로 불가능하지도 아니한 경우(대판1998.12.22 98다44376), 단지 매매계약의 일방 당사자만이 임의로 토지거래허가신청에 대한 불허가처분을 유도할 의도로 허가신청서에 기재하도록 되어 있는 계약 내용과 토지의 이용계획 등에 관하여 사실과 다르게 또는 불성실하게 기재한 경우라면 실제로 토지거래허가신청에 대한 불허가처분이 있었다는 사유만으로 곧바로 매매계약이 확정적인 무효 상태에 이르렀다고 할 수 없다(대판1997.11.11 97다36972).

chapter
04

서류를
분석하는 법

도로가 고가도로인 토지

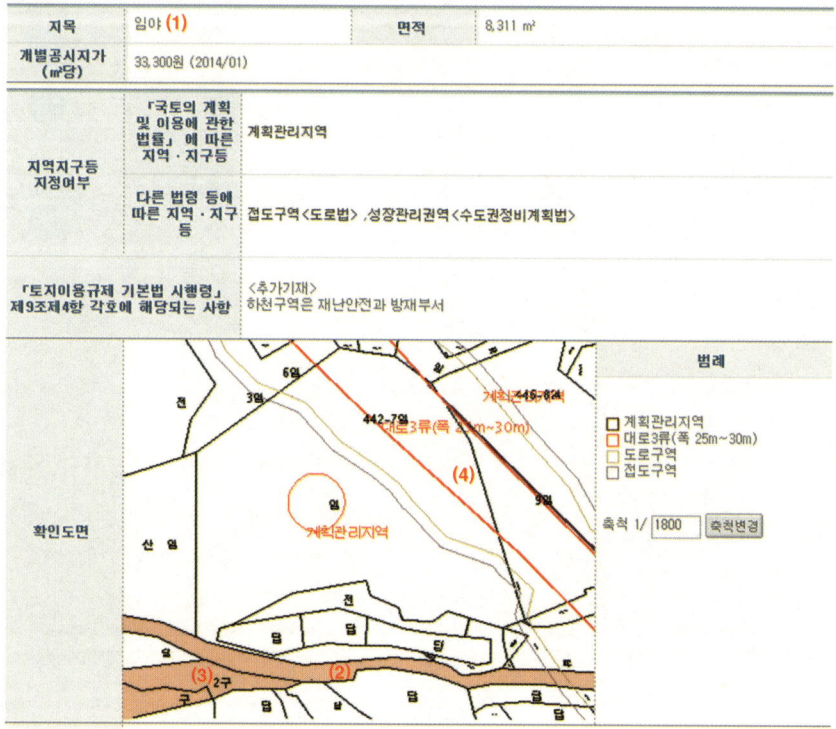

 이제부터는 토지이용계획확인원만을 보고 개발의 사업성을 분석해 보기로 하겠다.

 지목이 임야(1)이다. 이런 경우 산지전용허가를 받아야 한다. 면적을 보니 8,311㎡이다. 제곱미터로 표기된 면적을 평으로 계산하면 곱하기 0.3025를 해야 하지만 대충 평수를 보려면 나누기 3 하면 된다. 그럼 평수가 대략 2,700평 정도 되는 토지라는 것을 알 수 있다.

　일단 지목이 임야이기 때문에 산지조성비를 납부하면 되는데 산지는 조성비가 평당 약 1만 원 정도 들기 때문에 2,700평 곱하기 1만 원 하면 된다. 그러면 2,700만 원, 그리고 토목설계비가 있을 텐데 보통 토목 사무실에서는 설계비로 평당 1만 원 정도의 용역비를 받으니 토목설계비가 2,700만 원이 된다. 최종적으로 인허가를 득할 때 들어가는 비용은 5,400만 원 정도이다.

　본부지 및 앞으로 나오는 부지에 대하여 도시계획심의나 개발업등록에 대하여는 설명하지 않겠다.

　이렇게 개발행위허가를 득하려 할 때 들어가는 비용을 예상했다면 개발행위허가가 가능한지 봐야 한다. 개발행위허가의 조건인 도로와 배수로가 있는지 도면으로 보겠다. 왼쪽으로 내려오는 조그만 도로(2)가 보인다. 아마 도로 폭이 좁을 것으로 판단되고 건축법상 도로 4m가 확보될 수 있는지는 현장에 가서 파악해야 한다. 그리고 왼쪽 하단을 보면 지목이 '구'(3)라고 쓰여 있는 것이 보이는데 아마도 이것이 배수로일 것이다.

　위 사항으로 개발행위허가는 가능할 것으로 보이지만 이 토지를 무엇으로 개발할 수 있을까? 일단 좁은 길로 들어오다보니 도로 조건은 양호해보이지 않고 주변에 답들이 있는 것으로 보아 허허벌판일 것으로 예상되어 근생의 역할은 힘들 것이라 판단된다.

　그렇다면 주택지로 한번 생각해볼 수 있겠는데 밑에 보이는 좁은 길(2)을 기준으로 출입문의 방향이 남쪽을 바라보게 되니 일단 방향은 좋을 것 같다. 하지만 오른쪽으로 보면 빨간 도로 선(4)이 표시되어 있어 조만간 그쪽으로 도로가 개통될 것 같다. 그래도 위 도로가 이미 개통되어 있을 수도 있기 때문에 현장 확인은 꼭 해야 한다. 이 도로가 개통되었다고 가정하고 우리나라 사람들이 전원 주택지로 조용하고 한적한 곳을 찾는다고 했을 때, 이 토지는 방향은 좋으나 새로 도로가 개통되면서 시끄럽고 먼지가 날릴 테니 주택 부지로 개발을 하면 최적의 입지라고 판단하기는 힘들다.

이 토지는 오른쪽으로 도로(4)가 있기 때문에 만약 이 도로가 본 부지와 평행하게 붙는다면 이 토지는 도로변이니 근생 시설로 이용이 가능할 것이고 여러 가지 용도가 보이기 때문에 괜찮은 토지가 될 것이다. 하지만 지적을 자세히 보면 용도지역이 계획관리지역이다. 즉, 비도시지역이라는 얘기다. 그렇다면 상식적으로 생각했을 때 토지 주변의 지목들이 대지가 없는 것으로 보아 허허벌판일 듯 싶은데 큰 도로가 있다면 이 도로는 이 지역 주민들을 위한 도로일까, 아니면 자동차를 위한 도로일까? 내 생각에는 자동차를 위한 도로일 것 같다.

토지 오른쪽으로 나 있는 도로는 고가도로로 확인되었다.

여기까지 이해했다면 이 도로는 고가도로일 수도 있겠다는 생각이 들어야 한다. 만약 이 도로가 고가도로가 된다면 이 토지는 아무런 용도도 나오지 않는 토지이기에 매입할 가치가 떨어지게 된다. 그러니 이 도로가 고가도로인지를 파악할 필요가 있다. 만약 고가도로라고 한다면 이 토지는 아무 용도로도 활용할 수 없을 것이다. 부지 옆으로 나는 길(④)이 고가도로일 경우 이런 부지는 매입하지 않아야 하는 땅이라고 판단하면 된다.

> **TIP**
>
> **대체산림자원조성비**
>
> 지목이 임야인 경우 임야를 건물을 지을 수 있는 땅으로 만들고 싶을 때, 산지전용허가 및 개발행위허가를 득하게 되어 있다. 임야는 공시지가를 기준으로 산지조성비, 즉 대체산림자원조성비를 납부하는 것이 아니라 산지법으로 산지를 보전산지와 준보전산지 등으로 구분하여 그 금액을 정하고 있다. 토지이용확인원상 보전산지로 표시되지 않은 임야는 준보전산지로 보며, 보전산지에 개발하는 것은 보전하라고 하는 임야를 개발한 경우이기에 평당 1만 몇 천 원 정도의 조성비를 납부하여야 한다. 준보전산지는 개발하라고 정해놓은 지역이기에 보전산지보다는 적은 금액인 평당 1만 원 정도의 조성비가 소요된다.

❷ 개발할 용도가 보이지 않는 토지

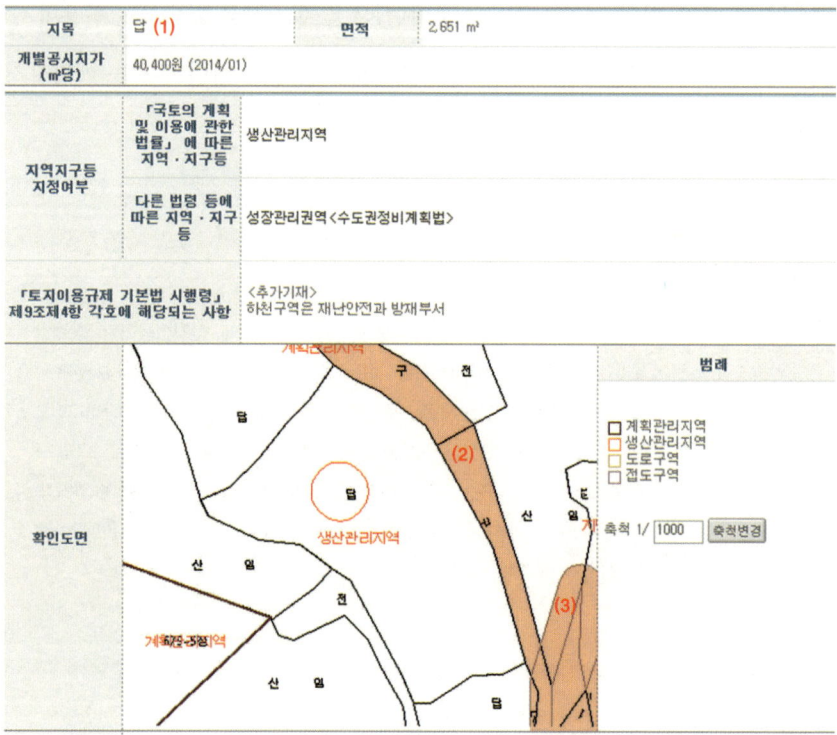

먼저 지목을 보면 '답'(1)이란 것을 알 수 있다. 지목이 답인 것을 보니 논농사를 짓고 있을 것이라 판단된다. 면적을 보니 2,651㎡, 대충 3으로 나누면 약 850평 정도가 된다. 앞에서 농지는 개발행위허가를 득할 때 농지보전분담금(농지조성비)을 납부하게 되어 있다고 말했다. 얼마를 내라고 했는지 기억하는가? 그렇다. 평당 공시지가의 30%이다. 계산해보니 대략 850평에 약 3만5천 원 정도가 농지

조성비가 된다고 보면 된다.

　모두 계산해보니 약 3,000만 원 정도 들어가는 것 같다. 그리고 또 들어가는 돈은 토목설계용역비, 지역마다 다르고 사무실마다 다르지만 평균적으로 평당 1만 원이라고 보면 된다. 만약 건축물의 용도에 따른 도시계획심의를 받게 된다면 심의 비용은 별도로 납부해야 한다. 하지만 위 부지는 도시계획심의를 받지 않는다는 전제하에 토목설계비 850만 원이 들 테니 조성비와 설계비를 합쳐서 3,850만 원이 들어가야 인허가를 득할 수 있다고 판단하면 된다.

　이제 이 토지가 개발행위허가를 득할 수 있는지 여부를 따져보겠다. 먼저 개발행위허가의 조건인 도로와 배수로 중 도로를 먼저 보자. 지적을 자세히 보니 지목이 도로인 것이 보이지 않는다. 다만 본 부지 앞으로 구거 부지(2)가 있는 것

이 보일 뿐이다. 오른쪽 하단을 보면 보라색 선으로 접도구역선(3)이 보인다. 접도구역은 비도시지역 도로변에 표시하기 때문이 이 토지 바로 옆에 큰 도로가 있을 것으로 예상할 수 있다. 그렇다면 이 구거 부지(2)는 잘 하면 도로로 포장되어 있을 가능성이 있는 것이다. 사람들은 농사를 짓기 위해 길이 필요했을 테고 구거는 흄관을 묻고 길로 사용할 수 있기 때문이다.

하지만 위 구거 부지를 건축법상 도로로 인정받기 위해서는 목적 외 허가를 받아야 한다. 다음으로 배수로 조건인데, 구거 부지가 당연히 존재하기 때문에 배수로를 확보하는 데는 문제가 없다. 그리하여 위 부지는 개발행위허가가 가능한 토지로 판단된다.

이제 이 부지는 어떤 용도를 가지고 있는지 보아야 한다. 여기는 용도지역상 생산관리지역으로 건폐율이 20%인 지역이다. 생산관리지역에는 토지이용계획확인원에 건축 가능한 건축물을 열거해놓기 때문에 웬만한 건축물은 다 안 되어 여러 가지 용도의 건축물은 불가능할 것으로 봐야 한다.

주택 부지로는 어떨지 살펴보면 진입로(2)를 기준으로 건축물을 남동향을 바라보게 앉힐 수 있을 것 같아 방향은 괜찮은 편이다. 하지만 단기 차익을 내야 하는 우리로서는 위에서 말한 큰 도로가 바로 옆에 있을 것이라 판단하기 때문에 한적하고 조용한 전원주택지를 고르는 사람들에게는 분양하기 힘들 것으로 보인다.

큰 도로변 용도지역으로 인한 식당도 할 수 없고 공장도 할 수 없으며 주택 부지로도 괜찮은 입지라 볼 수 없기 때문에 이 부지는 개발 부지로 적합하지 않다고 판단된다. 이런 부지는 매입하지 않는 것이 좋다.

TIP

구거점용허가와 목적 외 허가

내 토지와 도로 사이에 구거가 있어 다리를 놓아 진입도로를 만들고자 하는 경우에는 구거를 관리하는 기관으로부터 구거점용허가 혹은 목적 외 허가를 받아야 한다.

- 구거 : 하천보다 규모가 작은 폭의 개울(도랑)을 의미한다.

- 농지보전부담금

농지보전부담금이란 전, 답 같은 농지를 건물을 지을 수 있는 땅으로 만들기 위해 시군구에 개발행위허가를 신청하면, 가만히 앉아 자기 토지의 가치를 올리게 할 수 없으니 국가와 수익을 좀 나누자는 뜻으로 내라고 하는 세금이다.

얼마나 내는 것이냐 하면 평당 공시지가의 30%를 평수에 곱하여 나온 금액만큼이다.

이것이 농지보전부담금이며 농지조성비라는 용어가 농지보전부담금이라는 용어로 바뀌었을 뿐 같은 말이다.

③ 공장 부지로 개발 가능성이 보이는 토지

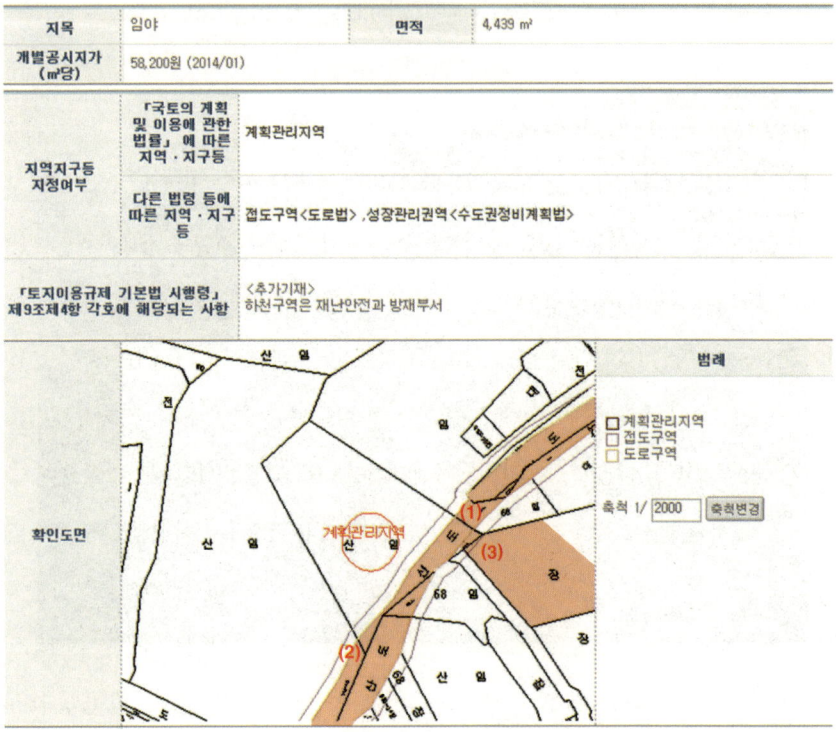

위 도면의 지목은 임야이다. 산이라는 말이다. 면적을 보면 4,439㎡로 대충 3으로 나누면 약 1,300평 정도가 된다. 지목이 임야이기 때문에 개발행위허가를 득할 시 산지전용비(대체산림자원조성비)를 납부해야 하는데 용도지역이 계획관리지역이고 보전산지라는 표시가 없기 때문에 준보전산지로 판단해야 한다. 개발업자라면 평당 1만 원 정도의 산지조성비가 들어가겠다는 생각이 들어야 한다. 그러면 1,300평 정도이니 1,300만 원 정도가 들 것이다. 토목설계비도 예상할 수 있는데 평당 1만 원 정도 들어간다고 하면 설계비도 1,300만 원 정도 된다. 조성비와 설계비를 합치면 인허가를 득하는 데 드는 비용은 2,600만 원 정도 소요된다.

이번에는 이 토지가 개발행위허가가 가능한지를 살펴보자. 개발행위허가의 조건인 도로와 배수로에서 먼저 도로 조건을 보면 부지 앞에 지목이 도로인 부지(1)가 보일 것이다. 도로 옆으로 접도구역선(2)도 보이기에 이 도로가 2차선 이상의 도로이겠구나 하는 생각이 들어야 한다. 접도구역의 폭을 보아 하니 2차선 도로일 것이라 판단하는 것이다.

다른 이면도로 여부를 살펴보자. 다른 이면도로는 존재하지 않는 것으로 보이니 개발행위허가 시 도로 점용허가의 대상이 된다. 위 부지는 도로 점용허가를 받아야 하는 상황이지만 일단 도로 조건은 만족이다.

이번에는 배수로 조건을 봐야 하는데 지적을 자세히 보면 지목이 구거라고 표시되어 있는 부지를 찾을 수 없다. 이런 경우 부지 앞에 도로변으로 배수관이 묻혀 있는지 맨홀 등으로 확인하면 된다.

기타 다른 시내 지역에는 당연히 맨홀이 묻혀 있지만 시골 지역에서는 간혹 배수관이 없는 경우가 있기 때문에 꼭 확인해야 한다.

반대편 지목을 보면 장(3)이 있는데 장이라는 것은 공장을 가리킨다. 도로 맞은편이 개발행위준공을 마친 상태이기 때문에 이 도로에 배수관이 있을 것이라고 예상할 수 있다.

이제 본 부지의 용도를 봐야 하는데 용도지역이 계획관리지역이고 기타 다른 건축물의 제한이 없으므로 계획관리지역 안에서 행위제한을 받으면 된다. 계획관리지역은 웬만한 건축물은 다 지을 수 있는데 서류에 적혀 있는 것만 하지 말라는 지역이기에 위 부지는 인허가를 득하는 비용도 저렴하고 진입조건이 양호하니 공장으로 개발하면 되겠다는 용도가 보이는 토지이다. 단기 차익을 노리는 개발업자는 바로 매입을 검토해야 하는 토지이다.

> **TIP**
>
> **지목의 구분 기준**
>
> 1. 전(田) : 물을 상시적으로 이용하지 아니하고 곡물·원예작물(과수류는 제외한다)·약초·뽕나무·닥나무·묘목·관상수 등의 식물을 주로 재배하는 토지와 식용을 위하여 죽순을 재배하는 토지.
> 2. 답(畓) : 물을 상시적으로 직접 이용하여 벼·연·미나리·왕골 등의 식물을 주로 재배하는 토지.
> 3. 과수원(果樹園) : 사과·배·밤·호도·귤나무 등 과수류를 집단적으로 재배하는 토지와 이에 접속된 저장고 등 부속시설물의 부지(다만, 주거용 건축물의 부지는 "대"로 한다).
> 4. 목장용지(牧場用地) : 다음 각목의 토지는 "목장용지"로 한다(다만, 주거용 건축물의 부지는 "대"로 한다).
>   (가) 축산업 및 낙농업을 하기 위하여 초지를 조성한 토지
>   (나) 축산법 제2조제1호의 규정에 의한 가축을 사육하는 축사 등의 부지
>   (다) 가목 및 나목의 토지와 접속된 부속시설물의 부지
> 5. 임야(林野) : 산림 및 원야(原野)를 이루고 있는 수림지·죽림지·암석지·자갈땅·모래땅·습지·황무지 등의 토지.
> 6. 광천지(鑛泉地) : 지하에서 온수·약수·석유류 등이 용출되는 용출구와 그 유지(維持)에 사용되는 부지(다만, 온수·약수·석유류 등을 일정한 장소로 운송하는 송수관·송유관 및 저장시설의 부지를 제외).
> 7. 염전(鹽田) : 바닷물을 끌어들여 소금을 채취하기 위하여 조성된 토지와 이에 접속된 제염장 등 부속시설물의 부지(다만, 천일제염방식에 의하지 아니하고 동력에 의하여 바닷물을 끌어들여 소금을 제조하는 공장시설물의 부지를 제외).
> 8. 대(垈)

(가) 영구적 건축물 중 주거·사무실·점포와 박물관·극장·미술관 등 문화시설과 이에 접속된 정원 및 부속시설물의 부지

(나) 국토의 계획 및 이용에 관한 법률 등 관계법령에 의한 택지조성공사가 준공된 토지

9. 공장용지

(가) 제조업을 하고 있는 공장시설물의 부지

(나) 산업집적활성화 및 공장설립에 관한 법률 등 관계법령에 의한 공장부지조성공사가 준공된 토지

(다) 위의 토지와 같은 구역 안에 있는 의료시설 등 부속시설물의 부지

10. 학교용지 : 학교의 교사와 이에 접속된 체육장 등 부속시설물의 부지.

11. 주차장 : 자동차 등의 주차에 필요한 독립적인 시설을 갖춘 부지와 주차전용 건축물 및 이에 접속된 부속시설물의 부지. 다만, 다음에 해당하는 시설의 부지를 제외.

(가) 주차장법 제2조제1호 가목 및 다목의 규정에 의한 노상주차장 및 부설주차장(시설물의 부지 인근에 설치된 부설주차장을 제외)

(나) 자동차 등의 판매 목적으로 설치된 물류장 및 야외전시장

12. 주유소용지 : 석유·석유제품 또는 액화석유가스 등의 판매를 위하여 일정한 설비를 갖춘 시설물의 부지, 저유소 및 원유저장소의 부지와 이에 접속된 부속시설물의 부지(다만, 자동차·선박·기차 등의 제작 또는 정비공장 안에 설치된 급유·송유시설 등의 부지를 제외).

13. 창고용지 : 물건 등을 보관 또는 저장하기 위하여 독립적으로 설치된 보관시설물의 부지와 이에 접속된 부속시설물의 부지.

14. 도로 : 다음에 해당하는 토지를 '도로'로 분류한다(다만, 아파트·공장 등 단일 용도의 일정한 단지 안에 설치된 통로 등을 제외).

(가) 일반공중의 교통운수를 위하여 보행 또는 차량운행에 필요한 일정한 설비 또는 형태를 갖추어 이용되는 토지

(나) 도로법 등 관계법령에 의하여 도로로 개설된 토지

(다) 고속도로 안의 휴게소 부지, 2필지 이상에 진입하는 통로로 이용되는 토지

15. 철도용지 : 교통운수를 위하여 일정한 궤도 등의 설비와 형태를 갖추어 이용되는 토지와 이에 접속된 역사·차고·발전시설 및 공작창 등 부속시설물의 부지.

16. 제방 : 조수·자연유수·모래·바람 등을 막기 위하여 설치된 방조제·방수제·방사제·방파제 등의 부지.

17. 하천 : 자연의 유수(流水)가 있거나 있을 것으로 예상되는 토지.

18. 구거 : 용수 또는 배수를 위하여 일정한 형태를 갖춘 인공적인 수로·둑 및 그 부속시설물의 부지와 자연의 유수(流水)가 있거나 있을 것으로 예상되는 소규모 수로부지.
19. 유지 : 물이 고이거나 상시적으로 물을 저장하고 있는 댐·저수지·소류지·호수·연못 등의 토지와 연·왕골 등이 자생하는 배수가 잘 되지 아니하는 토지.
20. 양어장 : 육상에 인공으로 조성된 수산생물의 번식 또는 양식을 위한 시설을 갖춘 부지와 이에 접속된 부속시설물의 부지.
21. 수도용지 : 물을 정수하여 공급하기 위한 취수·저수·도수(導水)·정수·송수 및 배수시설의 부지 및 이에 접속된 부속시설물의 부지.
22. 공원 : 일반공중의 보건·휴양 및 정서생활에 이용하기 위한 시설을 갖춘 토지로서 국토의 계획 및 이용에 관한 법률에 의하여 공원 또는 녹지로 결정·고시된 토지.
23. 체육용지 : 국민의 건강증진 등을 위한 체육활동에 적합한 시설과 형태를 갖춘 종합운동장·실내체육관·야구장·골프장·스키장·승마장·경륜장 등 체육시설의 토지와 이에 접속된 부속시설물의 부지(다만, 체육시설로서의 영속성과 독립성이 미흡한 정구장·골프연습장·실내수영장 및 체육도장, 유수(流水)를 이용한 요트장 및 카누, 산림 안의 야영장 등의 토지를 제외).
24. 유원지 : 일반공중의 위락·휴양 등에 적합한 시설물을 종합적으로 갖춘 수영장·유선장·낚시터·어린이놀이터·동물원·식물원·민속촌·경마장 등의 토지와 이에 접속된 부속 시설물의 부지(다만, 이들 시설과의 거리 등으로 보아 독립적인 것으로 인정되는 숙식시설 및 유기장(遊技場)의 부지와 하천·구거 또는 유지(遺地)[공유(公有)의 것에 한한다]로 분류되는 것을 제외).
25. 종교용지 : 일반공중의 종교의식을 위하여 예배·법요·설교·제사 등을 하기 위한 교회·사찰·향교 등 건축물의 부지와 이에 접속된 부속시설물의 부지.
26. 사적지 : 문화재로 지정된 역사적인 유적·고적·기념물 등을 보존하기 위하여 구획된 토지(다만, 학교용지·공원·종교용지 등 다른 지목으로 된 토지 안에 있는 유적·고적·기념물 등을 보호하기 위하여 구획된 토지를 제외).
27. 묘지 : 사람의 시체나 유골이 매장된 토지, 도시공원 및 녹지 등에 관한 법률에 의한 묘지공원으로 결정·고시된 토지 및 장사 등에 관한 법률에 의한 봉안시설과 이에 접속된 부속시설물의 부지(다만, 묘지의 관리를 위한 건축물의 부지는 "대"로 함).
28. 잡종지(雜種地) : 다음에 해당하는 토지를 "잡종지"로 분류한다(다만, 원상회복을 조건으로 돌을 캐내는 곳 또는 흙을 파내는 곳으로 허가된 토지를 제외).
　(가) 갈대밭, 실외에 물건을 쌓아두는 곳, 돌을 캐내는 곳, 흙을 파내는 곳, 야외시장, 비행장,

공동우물
(나) 영구적 건축물 중 변전소, 송신소, 수신소, 송유시설, 도축장, 자동차운전학원, 쓰레기 및 오물처리장 등의 부지
(다) 다른 지목에 속하지 아니하는 토지

개발을 할 수도 있고 안 할 수도 있는 토지

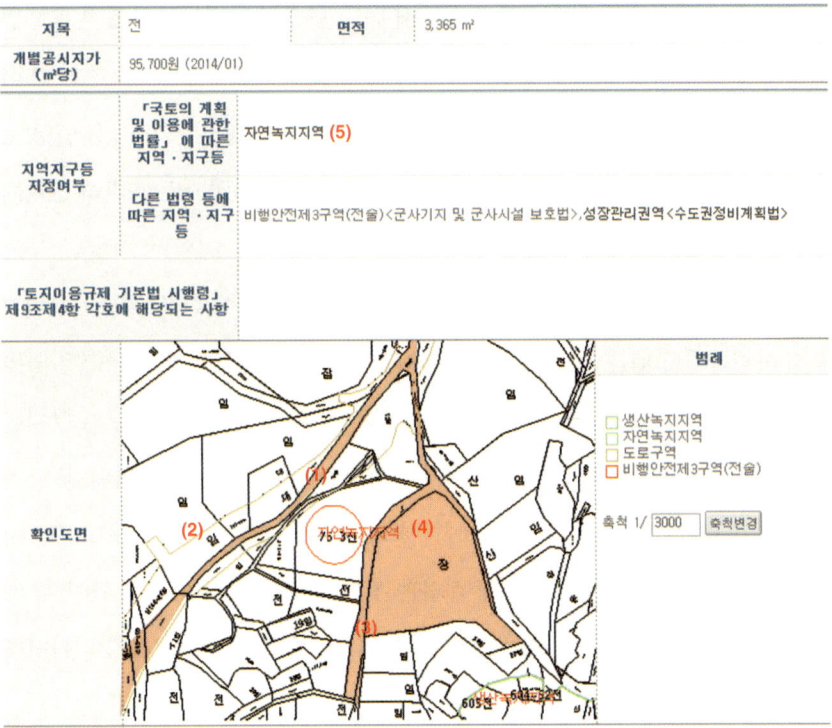

지목은 전, 그러니까 밭이다. 일단 지목이 전이기 때문에 현장은 편평할 것이라 예상된다. 면적을 보면 3,365㎡ 약 1,000평 정도가 된다. 지목이 농지라서 개발행위허가를 득할 때 농지조성비를 납부해야 하며 농지조성비는 평당 공시지가의 30%이니 평당 약 10만 원의 비용이 소요될 것이다.

토목설계비 또한 약 1,000만 원이 소요될 것이다. 그래서 이 부지는 인허가를 득하면서 필요한 비용이 국고세금 약 1억 원과 토목설계비 1,000만 원을 합하여 1억 1천만 원의 인허가 비용이 소요된다.

개발행위허가가 가능한지의 여부는, 먼저 도로 조건에서는 본 부지 위쪽으로 도로(1)가 있는 듯 보이고 노란색 선(2)이 보인다. 이 선은 도로를 확장하겠다는 표시를 도면에 그려놓은 것인데, 지적에서 이런 노란 도로구역선(2)을 보게 되면 현장 확인을 하여 도로로 확장이 이미 되었는지를 확인해야 한다. 또 본 부지 아래쪽에 지적상 도로(3)가 존재하는 것을 볼 수 있다. 맞은편 지목이 장(4)인 것으로 보아 공장의 개발행위허가 조건 중 도로 폭이 넓어야 한다는 조건이 있기에 아래 보이는 도로(3)의 폭은 넓을 것이라 예상할 수 있다.

일단 부지 위쪽으로는 넓은 도로(1)이거나 도로의 확장이 이루어질 듯 보이고 부지 아래쪽에도 넓은 도로(3)가 있을 것이라 판단되기 때문에 도로 조건은 양호한 것으로 판단된다. 이제 배수로를 봐야 하는데 위 지적상으로는 구거 부지를 찾아볼 수 없다. 하지만 맞은편 장인 부지(4)로 이미 개발행위허가의 준공을 마친 토지가 보이기 때문에 개발행위허가가 가능했다는 것은 배수로가 있다는 것을 역으로 설명하기에 배수로도 존재하는 것으로 보인다. 다만 현장 확인 시 배수로까지 공사를 감안해야 하기 때문에 본 부지로부터 배수 연결까지의 거리를 확인해야 한다.

위 부지는 개발행위허가가 가능한 부지임을 알았고, 이제 어떤 용도를 가지고 있는지를 보면 된다. 위 부지의 용도지역은 자연녹지지역(5)이다. 건폐율이 20% 인 지역이다. 일단 위 부지 위로 넓은 도로(2)가 생길 것이라 판단되고 맞은편 부지가 공장(4)이기에 주택 부지로서는 위치가 좋지 않다고 본다. 다른 용도를 생각해봐야 하는데 공장을 생각해본다면 건물을 많이 지어야 좋다고 생각하는 공장주들의 시각으로는 건폐율이 20% 지역이기 때문에 1순위로 자연녹지보다는 계획관리지역을 선호할 것이라 예상된다. 인근에 공장으로 개발된 부지가 적다면 개발할 수도 있겠지만 주변에 계획관리지역으로 조성되어 있는 공장 부지가 많이 나와 있다면 공장으로 경쟁력이 있다고 판단할 수 없다.

위 부지는 대로변(2)이지만 다른 이면 도로(3)가 있기에 인허가는 도로점용과 가감속차선공사의 배제를 위하여 위 지적 아래로 보이는 도로(3)를 이용하여 인허가를 득해야 하고 용도로는 대로변(2)을 이용할 수 있을 것이기 때문에 식당이나 사무실 용도로는 괜찮을 것이라 판단된다. 이 경우 이미 도로가 확장되어 있어야 한다는 전제가 있기 때문에 단기 차익을 노리는 우리 개발업자들은 도로가 넓다는 전제하에 근생 용도로 개발을 추진하면 된다.

그래서 위 부지는 도로변일 때 근생 용도로 개발이 가능하지만 매입 가격에 의하여 판단할 수 있을 것 같다. 인허가비용도 부담이 되는 요소이기 때문에 저렴하게 매입할 수 있다면 개발을 생각해볼 수 있겠지만 만약 매입가격이 부담되는 가격이라면 매입하지 않아야 한다. 결론적으로 위 부지는 매입가격에 따라 개발 여부를 판단해야 한다.

> **TIP**
> 도로구역은 도로 노선이 지정되거나 도로 노선의 인정 또는 변경 공고가 된 경우 도로관리청이 도로법에 따라 결정하고 고시한 구역을 말한다. 도로구역을 결정하거나 변경하는 경우에 그 도로가 있는 지역의 적정하고 합리적인 토지 이용을 촉진하기 위하여 필요하다고 인정하면 지상이나 지하 공간에 상하의 범위를 정한 구역으로 도로구역을 정할 수 있다.

가감속차선이 설치된 모습

맹지와 같은 토지

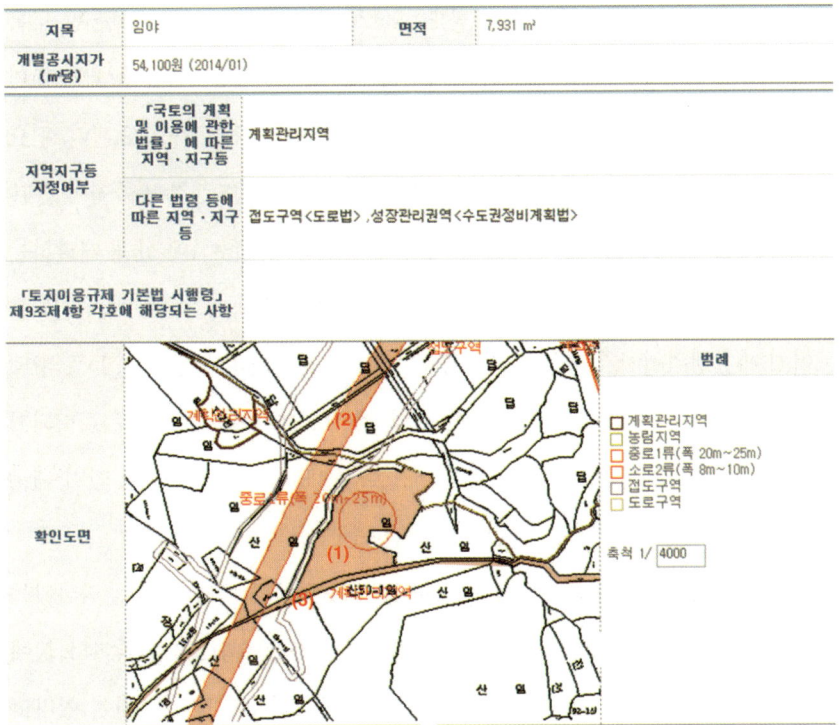

지목은 임야, 산이다. 그런데 그림을 보니 산 번지가 아니라 일반 번지(1)로 표시되면서 뒤에 임이라고 적혀 있다. 이런 토지를 무엇이라고 부르는지 아는가? 토임이라고 부른다. 토임은 등록전환이 된 임야를 가리킨다.

면적을 보면 7,931㎡로 약 2,600평이다. 개발하기에 적당한 평수의 부지이다. 공시지가는 ㎡당 약 5만 원 정도인데 임야는 개발행위허가를 득할 때 공시지가를 기준으로 세금을 납부하는 것이 아니라고 했던 것 기억하는가? 임야는 산지 조성비를 보전산지냐 준보전산지냐로 구분하여 세금을 납부한다. 용도지역이 계획관리지역이고 보전산지의 표시가 없기에 우리는 준보전산지로 이해하면 되고 산지조성비는 평당 약 1만 원 정도 예상하면 된다. 그러니 2,600만 원. 토목 설계비는 평당 약 1만 원 생각하면 되니까 설계비도 2,600만 원, 합해서 5,200만 원. 대충 이 산을 개발하게 되면 인허가비로 5,200만 원 정도가 소요된다. 평으로 계산하면 평당 2만 원 정도의 원가가 들어가겠구나 하는 생각이 들어야 한다. 굉장히 저렴하다는 것을 알 수 있다. 이것으로 개발업자들이 왜 산을 개발하는지 알 수 있게 되었을 것이다.

이제 개발행위허가가 가능한지 도면을 보자. 개발행위허가의 조건, 도로와 배수로. 도로를 보면 빨간색 도로선(2)이 보일 것이다. 이 빨간색 도로로 표시되어 있는 도로는 예정도로일 수도 있고 이미 도로가 개통되어 있을 수도 있기 때문에 현장 확인이 꼭 필요하다.

만약 위 도로가 개통이 된 도로라고 한다면 이 도로는 과연 평지로 지나가는 도로일까? 지적을 잘 보면 용도지역이 계획관리지역으로 비도시지역이다. 앞에서 뭐라고 했는가? 비도시지역에 생기는 도로는 고가도로일 가능성이 있다고 했다. 그러니 유심히 살펴보고 주변 상황을 생각해보자. 주변이 모두 논인데 큰 도로가 지나간다? 이런 때는 현장 확인을 하는 것이 가장 빠른 길이지만 지금까지 경험으로 판단했을 때 이 도로는 고가도로로 판단된다.

현장 확인 후 이 도로가 고가도로가 분명하다면 논은 도로 아래에 있다는 뜻이다. 평지는 도로 아래에 있다는 말이고 이 산의 밑바닥은 도로 아래에 있다는 말과 같은 것이다. 즉, 도로보다 아래에 있는 산이라는 것이고 고가도로이기에

토지 위로 지나가는 고가도로

진입할 수도 없는 토지이다. 일단 아래쪽으로 길이 있다(3)고 할지라도 좁은 길이라 판단이 되고 고가 옆에 있는 경우이기 때문에 가치 있는 용도가 보이지 않기에 이런 토지는 용도가 보이지 않는 토지로 봐야 한다. 단기 차익을 노리는 개발업자들에게 이런 토지는 검토 대상이 되지 않는다.

⑥ 무조건 매입해야 하는 토지

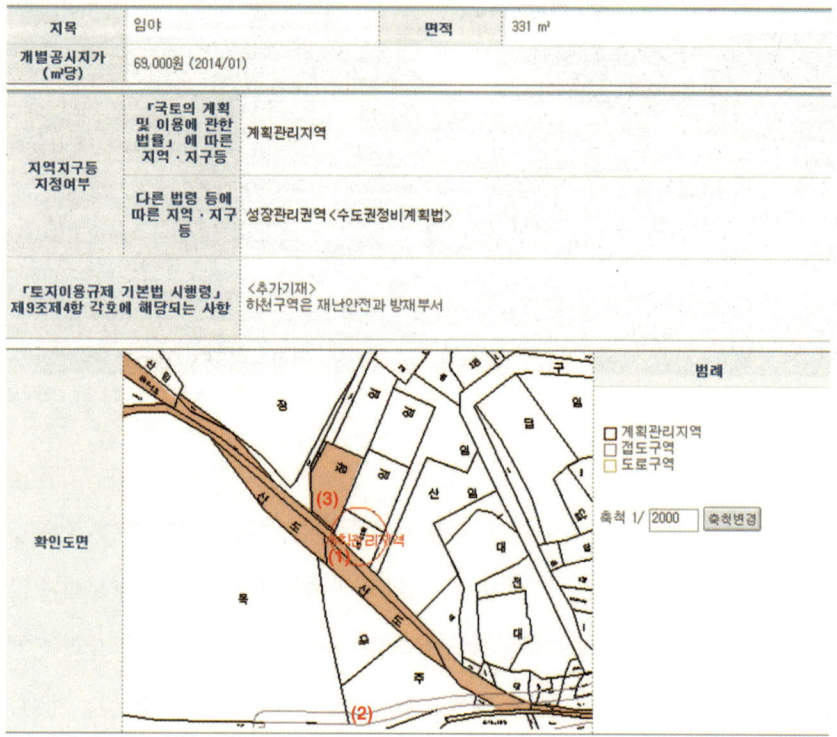

 지목은 임야이다. 면적이 100평 정도 된다. 한번 생각해보자. 임야가 100평이라는 것은 투자용으로 적합해 보이지 않는가? 투자자가 마진을 챙기고 이 토지를 매도할 생각으로 매입했을 것 같다는 생각이 들지 않는가? 다시 말해 투자자로서 사업계획이 선다면 이 토지는 충분히 매입할 수 있는 토지라는 것이다.
 이 토지는 임야이기에 산지전용허가를 득해야 하는데, 인허가를 득하면 인허

가비용으로 토목설계비 및 세금으로 평당 약 2만 원 정도 든다. 비용은 200만 원 정도, 허가를 득하는 데 200만 원 정도밖에 안 든다.

개발행위허가 가능 여부는 어떤가? 도로와 배수로를 확인해보자. 도로는 이 토지 앞으로 도로(1)가 개설되어 있는 듯이 보인다. 도로선의 폭을 보아 도로가 넓을 것 같기에 일단 여러 가지 용도를 생각해볼 수 있다. 또 지적 아래쪽을 보면 보라색의 접도구역선(2)을 볼 수 있는데 접도구역선은 2차선 이상의 도로에서 볼 수 있기 때문에 큰 도로와 접근성도 훌륭할 것으로 판단할 수 있다.

다음으로 배수로 조건. 인근 필지의 지목이 장(3)으로 되어 있는 것으로 보아 바로 옆에 공장이 들어서 있는 것으로 보인다. 그러니 개발행위허가의 준공을 마치고 공장이 들어와 있다면 배수로가 있다는 것을 유추할 수 있기에 배수로에도 문제가 없다고 판단된다. 다만 배수로가 멀리 있을 수도 있으니 현장 확인 후 배수로의 위치를 파악해야 한다.

위 상황으로 보아 이 토지는 개발행위허가가 가능하고 인허가비용도 비교적 저렴하게 들 것이라 예상되기 때문에 어떤 종류의 개발이 가능할지를 판단해보면 된다.

용도지역을 보면 계획관리지역이다. 여러 가지 건축물이 가능한 지역이다. 또 다른 법으로도 건축물을 제한하지 않고 있는 토지이기에 용도가 다양한 토지로 판단된다. 일단 앞 도로(1) 폭이 넓을 듯 보여 진짜 여러 가지 용도로 활용할 수 있을 것 같다. 하지만 대지면적이 약 100평이고 건폐율이 40%여서 건물의 신축이 40평 정도밖에 안 되기 때문에 공장을 지어 활용하기는 힘들 것이라 판단된다. 공장을 제외하고 큰 도로로부터 접근성이 용이하며 앞 도로(1) 폭이 넓을 것으로 예상되어 위 부지는 다른 용도로서 활용가치가 충분할 것이라 판단된다.

이 부지는 용도를 정하여 무조건 매입해서 토목공사까지만 한 뒤 매도하면 될 것이다.

도로가 사도인 토지

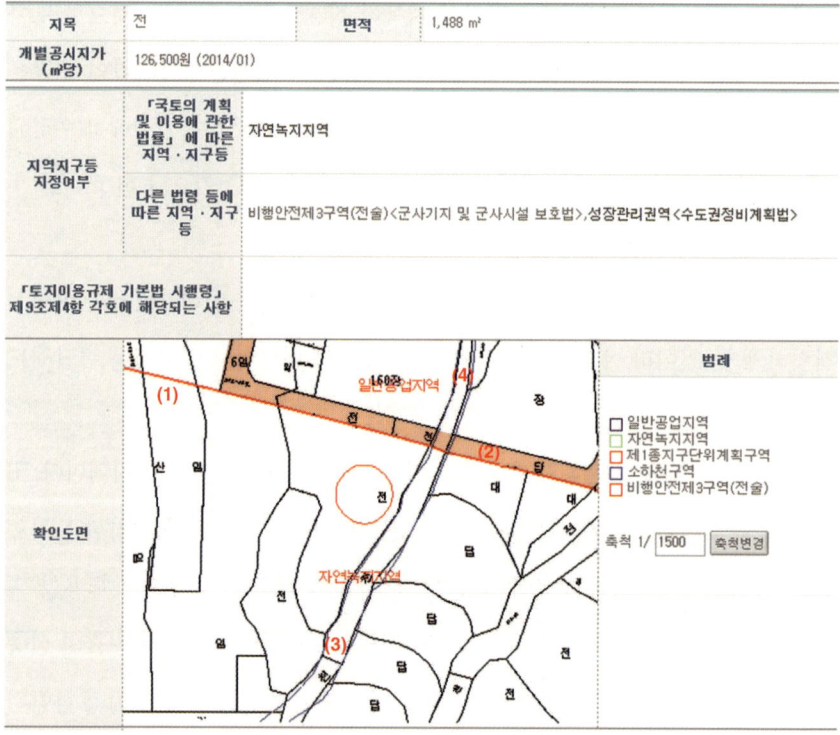

지목이 전이다. 밭으로 보인다. 면적을 보니 1,488㎡ 나누기 3 하면 약 500평

정도가 되는 토지이다. 농지이기 때문에 건물을 지을 수 있는 토지로 만들려고 하면 농지전용허가 및 개발행위허가를 득해야 한다. 이때 농지보전분담금을 납부해야 하는데 그 금액이 평당 공시지가의 30%라고 앞에서 말했다. 그러니 평당 12만 원의 비용이 소요될 것이다. 그러면 6,000만 원. 토목설계용역비가 평당 1만 원이라 했을 때 500만 원. 즉 개발행위허가를 득하면서 납부해야 하는 금액은 6,500만 원 정도이다.

위 부지가 개발행위허가가 가능할까? 도로와 배수로를 보자. 도로 조건을 보면 본 부지 위쪽으로 빨간 선(1)이 보일 것이고 그 빨간 선 안쪽으로 긴 두 가닥의 선이 보일 것이다. 아마 이 두 가닥의 선이 도로인 것 같다. 그런데 잘 보면 지목이 도로(2)가 아니다. 지목이 전이고 답이다. 이 경우는 현장에 도로로 포장되어 있다 하더라도 사유지인 것으로 보인다. 즉 사도(2)라는 것이다. 사도는 도로를 쓰는 데 있어 어떤 문제도 없지만 본 부지에 개발행위허가를 득하려 할 때 사도권자의 동의를 얻어야 한다.

사도라 할지라도 시군구에서 도로지정공고가 된 경우에는 동의서를 첨부하지 않아도 되기 때문에 시군구로 도로지정공고 여부를 확인해야 한다. 일단 본 번지 위에 있는 도로(2)의 도로지정공고 여부를 따져보고 만약 지정공고되어 있지 않을 때는 사도권자의 동의를 얻을 수 있는지 확인해야 한다. 내 경험으로 비추어볼 때 도시지역은 거의 공로 수준이기 때문에 도로지정공고는 당연히 했을 듯 보여 크게 문제 없을 것으로 판단된다. 배수로 조건은 본 부지 바로 옆에 하천(3)이 흐르고 있는 것 같아 배수로도 전혀 문제가 안 될 것이다. 그러니 위 부지는 개발행위허가를 득하는 데 어떠한 문제도 발생하지 않을 것으로 본다.

용도를 보자. 용도지역이 자연녹지이다. 도시지역이면서 건폐율이 20%인 지역, 하지만 지적을 잘 보면 빨간 선 맞은편 쪽의 용도지역이 일반공업지역(4)이란 것을 확인할 수 있을 것이다. 이것은 아마도 산업단지 외부 테두리에 붙어 있는 토지로 판단되며 지목이 전이기에 도로와 평행할 것으로 보인다. 맞은편 공업지역의 토지는 분명히 매가가 비쌀 것이고 그에 반해 자연녹지의 토지는 매우 저렴할 것이기 때문에 일단 시세를 먼저 확인해야 한다. 일반공업지역의 토지들과 같은 인프라를 공유할 수 있는 입지이기에 공장을 대상으로 하는 시설군, 즉 카센터나 고물상 등 여러 가지 건축물이 머릿속으로 그려지는 물건이기에 본 부지는 무한한 개발 가치를 갖고 있는 것으로 판단된다. 도로도 넓지만 사유지이기에 도로점용과 가감속이 필요 없고 인허가비용을 제외하고 토목공사 비용도 그리 많지 않을 것으로 판단된다. 건폐율의 약점은 있지만 입지적인 장점이 그 단점을 무시하게 만들기에 충분하여 단기 차익의 수단으로 활용할 수 있을 것이다.

TIP

사도

사도는 개인의 토지에 길을 낸 것을 말한다. 사도라는 것은 국가 소유의 도로를 얘기하는 것이 아니고 사유지를 얘기하는 것이며, 일반 개인이 사도를 개설하였을 경우에는 기타 다른 사람들의 통행에 어떠한 제한도 할 수 없으나 사도를 통하여 개발행위허가를 득하려 할 경우 사도권자의 동의를 꼭 얻어야 한다.

8 개발 가치가 정말 많은 토지

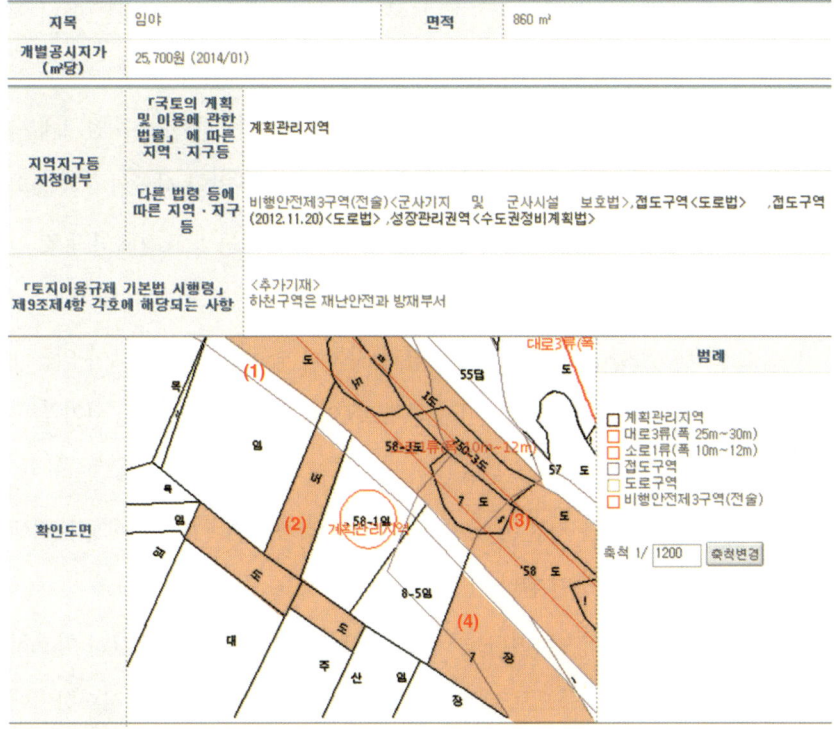

지목은 임야이다. 면적은 약 250평 정도로 보인다. 임야이기 때문에 개발행위 허가를 득할 때 산지조성비를 납부해야 한다. 토목설계비도 평당 1만 원 정도 소요되므로 세금 및 설계비로 평당 2만 원 정도 들 것이다. 인허가를 득하기 위한 예상 비용으로 약 500만 원 정도 예상하면 될 것이다.

이제 이 토지가 개발행위허가가 가능한지 여부를 알아봐야 하는데, 먼저 도로 조건을 보면 위 토지는 큰 도로변에 붙어 있는 것으로 판단된다. 접도구역(1)이 설정되어 있는 것으로 보아 위 도로는 2차선 이상일 것으로 보이고, 위 지적상 본 부지 왼쪽으로 도로 부지(2)가 존재하는 듯하다. 또 옆에 있는 도로 부지는 뒤 토지까지만 연결되어 있는 것으로 보아 사도일 것이라 판단된다. 그러니 옆에 있는 도로 부지를 활용하여 진입로를 확보할 수 있을 것이다.

하지만 한 가지, 사도의 주인에게 동의서를 받아야 하는 상황일 수 있기에 사도권자의 동의가 가능한지 여부는 확인이 필요해 보인다. 만약 사도권자의 동의를 받을 수 있다고 하면 2차선 도로(3)를 사용하면서 생기는 도로점용허가 및 가감속차선공사는 없어도 될 것이고 개발의 원가를 줄일 수 있게 된다.

다음으로 배수로를 봐야 한다. 옆의 필지 지목이 장(4)인 것으로 보아 인근에 배수로가 있는 듯 보이며, 앞에 보이는 큰 도로(3) 밑 쪽으로 배수관 공사가 끝나 있는 것으로 예상할 수 있을 것 같다.

일단 개발행위허가는 가능할 것 같고 가능한 건축물이 어떤 것이 있는지에 따라 개발 부지를 판단하면 된다.

용도지역은 계획관리지역이다. 큰 대로변(3)이다보니 진입로 조건이 양호하여 공장 및 주유소 부지 등으로 개발이 가능할 것 같고 전용비 또한 저렴하기에 개발 가치가 충분하다고 판단된다. 위 부지는 공장 및 카센터 부지 등 여러 가지 용도가 보이는 토지이므로 매입을 검토해야 하는 토지라 판단된다.

⑨ 2차선 변이지만 용도가 보이지 않는 토지

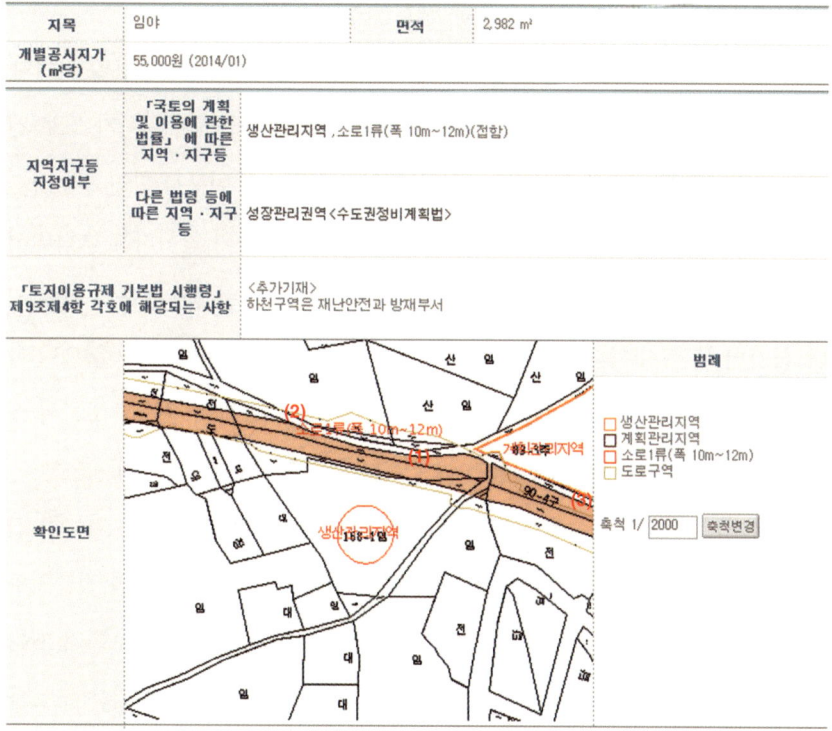

지적도를 보아 지목은 임야임을 알 수 있다. 면적은 2,982㎡로 약 900평 정도 된다. 임야이기에 산지전용허가를 득해야 하고 인허가에 있어 산지조성비는 평당 1만 원 정도로 보아 국고세금 1만 원과 토목설계비 1만 원, 합하여 평당 2만 원 정도의 비용이 든다. 계산하면 약 1,800만 원 정도이다.

위 부지가 개발행위허가가 가능한지 알아보자. 개발행위허가의 조건 중 도로 조건에서는 일단 위 부지 위에 길(1)이 있는 듯 보이고 그 도로의 폭은 상당히 넓은 것 같다. 또 노란색 선으로 도로구역(2)이 표시되어 있어 위 도로가 확장되었거나 앞으로 확장될 것이라는 사실도 알 수 있다. 도로가 넓으니 여러 가지 용도의 건축물이 들어와도 진입로 조건은 양호할 듯 보인다.

이제 배수로를 보자. 우측 상단을 보면 구(3)라고 적혀 있는 것이 보일 것이다. 아무래도 도로 옆으로 구거가 존재하는 듯하다. 하지만 구거의 위치가 도로 건너편이기 때문에 현장에 들러 도로를 횡단하는 관의 매설 여부를 확인해야 하겠다. 만약 도로를 횡단하는 관이 보이지 않는다면 위 부지의 인허가를 득하면서 관을 매설해야 하는 상황이 생길 수도 있기 때문에 개발 원가의 상승 요인이 된다. 하지만 본 부지 아래로 대지가 많이 보이고 다른 배수로가 보이지 않으니 아마도 도로를 횡단하는 관이 있을 것 같다. 이런 사실로 보아 위 부지는 도로와 배수로 조건에 문제가 없다고 판단되어 개발행위허가는 가능할 것 같다.

위 부지의 용도지역은 생산관리지역이다. 건폐율이 20%이고 행위 가능한 건축물이 많지 않은 용도지역이다. 일단 주택으로서 개발을 생각해보면 진출입로 (1)가 북쪽에 있기에 북향을 바라보게 되는데 주변에 집이 많이 안 보이기 때문에 전원주택으로 개발하는 것은 수익성이 없을 듯하다. 그렇다면 넓은 도로를 활용할 수 있는 다른 건축물을 생각해봐야 하는데, 생산관리지역에서는 다양한 건축물이 불가능하기 때문에 용도지역의 행위제한으로 인해 식당이나 제조장 등도 지을 수 없어 단기 차익을 노리는 개발업자에게는 개발할 수 있는 용도가 보이지 않는 토지이다.

그리하여 본 부지는 개발행위의 조건은 모두 갖추고 있고 도로 조건도 양호해 보이지만 용도지역상으로 다양한 건축물의 신축이 불가능한 지역으로 판단되어 개발 가치는 많이 떨어진다고 본다. 위 부지와 같은 토지는 용도가 보이지 않는 토지로 매입하지 않는 것이 좋다.

가감속차선공사 시 동의서가 필요한 토지

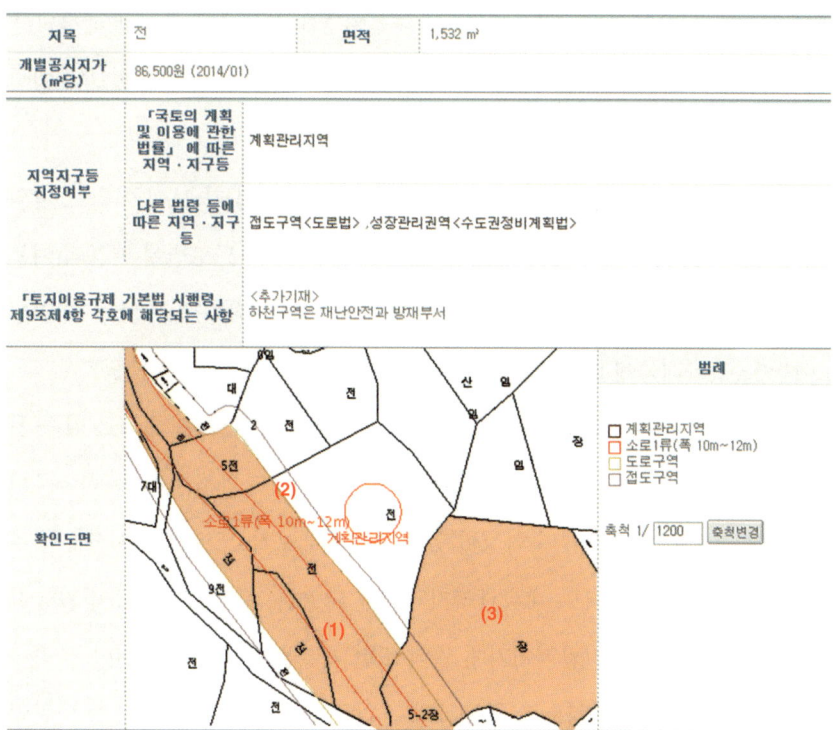

지목에 전이라는 글자가 보인다. 현장이 밭으로 되어 있을 것이다. 면적을 보면 1,532㎡로 약 500평 정도가 된다. 공시지가는 ㎡당 86,500원이다. 농지는 개발행위허가를 득하기 위해 농지전용허가를 받아야 하는데, 농지조성비로 평당 공시지가의 30%를 국고세금으로 납부해야 하고 인허가에 따른 토목설계비를 평당 1만 원 정도 예상해야 한다. 그러면 국고세금이 평당 약 8만 원으로 약 4,000만 원, 토목설계비가 약 500만 원, 이것을 합하면 약 4,500만 원 정도 들 것이다. 평당가로 계산하면 약 9만 원 정도이다.

개발행위허가가 가능한지 여부를 살펴보자. 도로 조건을 보면 본 부지 앞에 2차선도로(1)가 있는 것 같고 도로구역으로 인하여 도로확장계획을 갖고 있는 듯 보인다. 또한 접도구역선(2)이 보이니 앞 도로가 2차선 이상일 것이라 예상된다. 다른 이면도로의 여부를 살펴보면 앞의 도로를 제외하고 다른 진출입로는 없어 보이기에 도로점용허가와 가감속차선공사를 예상해야 한다.

다음으로 배수로 조건이다. 인근 지목으로 장인 부지(3)가 보여 아마도 앞의 큰 도로변에 맨홀이 묻혀 있을 것이다. 현장 확인을 할 때 도로변에 맨홀의 여부를 살펴봐야 하겠지만 인근 지목으로 보아 배수로는 존재하는 듯 보인다. 앞에 보이는 도로 아래쪽에 배수관이 묻혀 있을 것 같다.

위 사항으로 개발행위허가에 있어서 두 가지 조건을 모두 만족하고 있는 듯하니 인허가를 득하는 데는 문제가 없어 보인다.

이제 무엇으로 개발하면 수익성이 있을지 판단해보자. 도로변이니 진출입 조건이 양호하고 용도지역도 계획관리지역이니 다양한 건축물의 신축이 가능한 곳이다. 권역상 성장관리권역이기에 권역 또한 개발을 유도하는 곳이다. 우리나라 수도권은 세 가지 권역으로 구분하여 관리하는데 이 지역이 바로 수도권일 것 같고 성장관리지역이기에 수도권의 서부지역일 것이라 판단된다. 지목이 전이기에 도로와 평행할 것이라 예상되지만 현장 확인 시 도로가 평지인지 아닌지는 확인을 해야 한다.

또 옆 필지가 공장으로 개발행위준공을 득하였기 때문에 옆 부지도 가감속차선이 공사되어 있을 것이고 추후 내 가감속차선공사 시에 인근 필지의 동의서가 필요할 것으로 보이므로 설계사무실에 미리 검토를 해서 동의서가 필요하면 협의가 가능한지 여부도 미리 확인해야 한다.

현재 도로변에 위치한 토지로 계획관리지역이기에 다양한 건축물이 가능한 지역이어서 개발의 가치가 클 듯 보이지만 도로점용과 가감속차선공사에 따른 비용도 생각해봐야 하고 옆 필지의 동의서 여부도 확인해야 한다.

여러 제반 사항을 검토한 뒤 개발 비용을 예상하여 개발 여부를 판단하면 될 것이다.

> **TIP**
>
> **1. 수도권정비계획법**
>
> 수도권정비계획법은 우리나라 수도권을 경기도라 판단하고 이 법에 의해 3가지 권역으로 구분하여 체계적으로 관리하기 위한 법이다. 3가지 권역 중 첫 번째는 과밀억제권역으로 이 권역은 인구가 밀집되어 있기 때문에 더 이상의 인구 유발 시설을 짓지 말라고 하는 곳이며, 두 번째는 성장관리권역으로 인구 유발 시설을 과밀억제권역이 아닌 이쪽 성장관리권역에 지을 수 있게 유도하라는 권역이다. 즉 개발을 장려하는 권역이다. 마지막으로 세 번째는 자연환경보전권역으로 말 그대로 자연환경을 보전하라는 권역이다. 자연환경에 해를 끼치는 시설물은 짓지 말라는 곳이다. 이곳은 여러 가지 용도의 개발을 제한하는 권역이다.

2. 도로점용

앞에서도 한번 얘기했지만 도로점용이라는 것은 관리청이 있는 도로일 경우에 눈에 보이지 않는 도로 부지가 더 있으므로 그 눈에 보이지 않는 도로를 사용하겠다고 허가를 신청하는 것이다. 이때 점용료를 납부해야 하며 허가를 신청한 사람이 눈에 보이지 않는 도로 면적에 한 차선을 더 확보하는 가감속차선공사를 해야 한다.

가감속차선 공사가 되어 있는 현장 모습

잘생겼지만 입지가 좋지 않은 토지

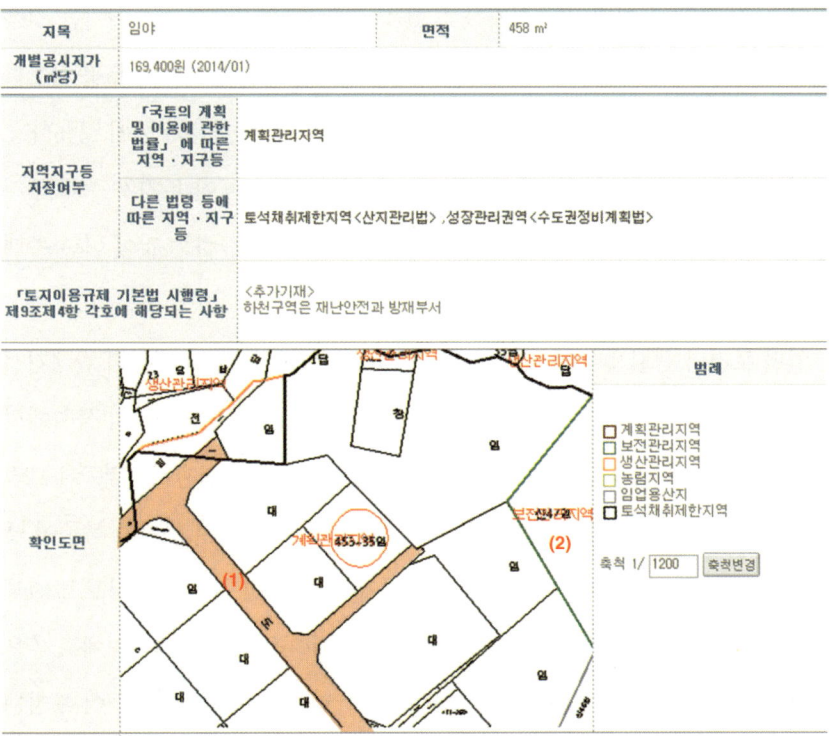

제일 먼저 봐야 할 것은 지목이다. 지목은 임야로 산이라는 말이다. 다음으로 면적을 보면 458㎡로 약 152평 정도 된다. 이 부지는 개발행위허가를 득할 때 산지조성비를 납부해야 하는데 그 비용이 평당 1만 원 정도며 토목설계비 또한 평당 1만 원 정도이기에 인허가 비용으로 평당 2만 원 정도의 비용이 들 것이다. 평당 2만 원 정도면 총액은 약 300만 원 정도이다. 인허가 비용은 굉장히 저렴한 물건이다.

　개발행위의 조건인 도로와 배수로를 보자. 이 지적을 보면 네모 반듯하게 쪼개진 것으로 보아 개발업자가 전원주택지로 조성하여 분양했을 것으로 판단이 된다. 다시 말해서 이미 전용허가를 득했을 것이고 단지 안으로 들어가는 길을 만들어 지목을 도로(1)로 바꾸고 그 도로 아래로 배수관을 묻어 배수로를 확보한 것으로 보인다. 그러니 개발행위허가에 있어 문제가 될 사항은 보이지 않는다.

　이 부지는 주택 부지로 조성된 것으로 보이므로 우리는 이 토지가 주택 부지로 최적인지를 판단하면 될 듯하다. 본 부지는 개발을 판단하는 것이 아닌 주택지를 판단하는 경우가 될 것이다.

　일단 토지의 생김새나 면적을 보면 평수가 적당하고 모양이 굉장히 잘생겨서 매력적으로 보인다. 하지만 지적을 잘 보면 본 부지로 향하는 길(1)이 북쪽에서 남쪽으로 올라오는 것을 알 수 있다. 지적에는 동쪽으로 보전관리지역(2)이 보인다. 더 넓은 반경의 지적을 살펴보니 동남쪽에 산이 위치하여 부지가 북쪽이 낮고 남쪽이 높을 것이라 확인되었다. 즉 건물을 짓게 되면 북쪽을 바라보고 건물을 지어야 하고 진입로도 건물을 등지고 나 있기에 차량이 진출입하기에도 좋은 조건이 아니다. 우리나라 사람들은 전원주택지로 남향을 선호하기에 이 부지는 매도를 염두에 두고 투자를 하는 투자자에게 그리 좋은 입지라 판단되지 않는다.

　또 진입로가 북쪽에 있고 실제로 북쪽이 낮고 남쪽이 높은 경우라면 진입로의 개설도 평탄하게 조성될 것이라 보이지 않기에 주택 부지로서 이 토지는 최적의 조건이라 보기 힘들다. 물론 현장 상황을 파악해야 하지만 이 지적만으로도 이 토지는 북향일 것이란 것, 진입로도 평지로 형성되지 않을 것이란 것 때문에 주택지로는 최적의 입지가 아니라고 판단된다.

TIP

최소토지분할면적

다음 표는 최소분할면적으로 표시된 면적 미만으로는 분할하지 말라는 뜻이다.

	용도지역	최소분할면적
1	주거지역	60㎡
2	상업지역	150㎡
3	공업지역	150㎡
4	녹지지역	200㎡
5	기타지역(비도시지역)	60㎡
6	농림지역(경지정리)	2,000㎡

매매가 쉽지 않아 보이는 토지

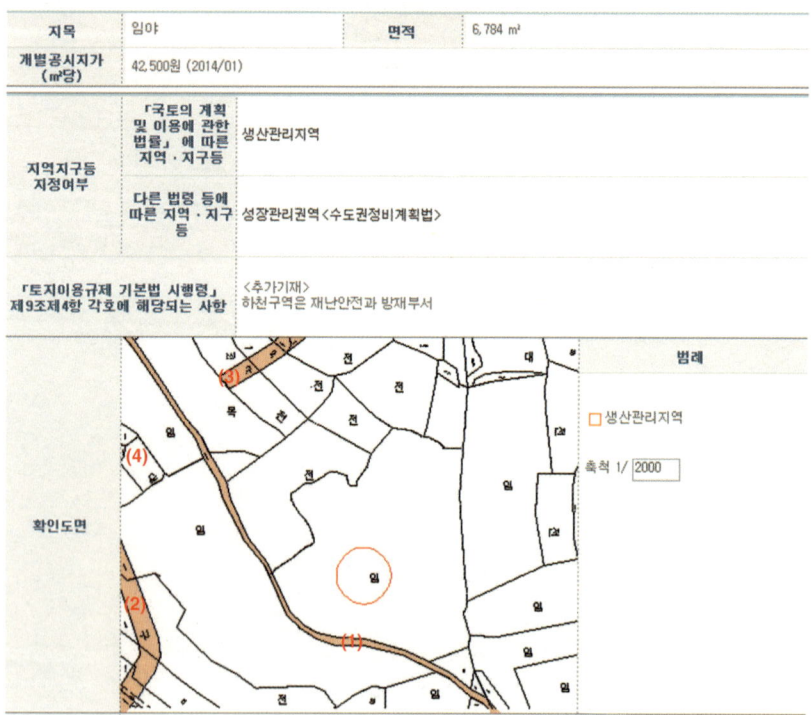

먼저 지목을 보자. 임야이다. 산이라는 말이다. 하지만 지적을 보면 산이라는 글자가 보이지 않는다. 이미 등록전환을 한 임야라고 보면 될 듯하다. 이런 임야를 가리켜 토임이라고 부른다 하였다. 다음으로 면적을 보면 6,784m²이다. 약 2,200평이 될 것 같다. 임야이기에 개발행위허가를 득할 시에 산지조성비를 납부해야 하므로 평당 1만 원 정도 세금을 예상해야 한다. 또 전용에 따른 토목설계비도 평당 1만 원 정도 예상하면 세금과 설계비를 합하여 평당 2만 원 정도의 비용이 들 것이다. 2,200평 정도이니 비용이 약 4,400만 원 정도가 된다.

개발행위허가가 가능한지를 살펴보자. 먼저 도로 조건을 보면 본 부지 아래쪽으로 좁은 길(1)이 나 있는 것이 보인다. 건축법상 도로 폭을 갖추어야 허가를 득할 수 있는데 이 도로는 현재 폭이 나올 듯 보이지 않는다. 현장에서 도로 폭을 확인하여 토목 사무실로 도로 조건을 만족하는지 확인해볼 필요가 있다.

다음으로 배수로를 보자. 지적에서 보면 왼쪽 하단에 구거(2)가 보일 것이고 왼쪽 상단에도 구거(3)가 보일 것이다. 구거 부지가 이렇게 곡선을 그리는 경우 용수로일 확률이 높기 때문에 위 두 구거 부지는 배수로가 아닌 용수로일 수 있다고 생각해야 한다. 만약 구거가 용수로일 경우에는 허가가 나지 않는다. 자세한 사항은 시군구에 확인해야 한다.

만약 지적상으로 보이는 구거 부지가 용수로라면 다른 구거 부지를 찾을 수 없기에 현황배수로의 여부를 살펴봐야 하는데, 인근 지목을 둘러본 바로는 왼쪽 상단에 대지(4)가 달랑 하나 있는 것으로 보아 현장에 현황배수로로 인정할 수 없는 배수로가 있을 수 있으니 현장 확인이 꼭 필요하다.

만약 대지가 오래 전에 건축한 건물이라면 배수로가 최종적으로 구거로 흘러가는 것이 아니라 중간 정도에서 남의 논으로 흘러들어갈 수 있다. 만약 그와 같은 상황이 생긴다면 개발행위허가를 득할 수 없기 때문에 본 부지는 아무 용도도 없는 땅이 되고 만다.

그러므로 이와 같은 부지를 보게 되었을 때는 법적 배수로를 찾아보고 만약 법적 배수로가 없다면 현장에서 현황배수로를 찾아야 한다. 현황배수로가 있다면 그 현황배수로의 끝을 가본 뒤 구거 부지로 흘러가는 것을 확인한 뒤에야 개발행위가의 여부를 따져야 할 것이다.

용도지역을 보면 생산관리지역이다. 용도지역의 행위제한으로 주택 정도의 용도 밖에 보이지 않는 토지이다. 만약 본 부지를 주택지로 개발한다고 하면 도로의 폭과 배수로 조건 등이 맞지 않아 개발행위허가가 불가능한 상황이다. 지목이 임야여서 개발 원가는 낮겠지만 인근 지목으로 주변환경을 볼 때 시골이기 때문에 전원주택지로 개발할 수 있다 하더라도 주택지로 분양되기는 힘들 것이라 판단된다.

다시 말해서 개발이 가능하다는 전제하에 개발 원가는 낮을 것이지만 인근 환경을 검토해볼 때 주택지로는 쉽게 매매할 수 없을 것으로 보여 단기 차익을 노리는 개발업자는 이런 토지를 매입하지 않는 것이 좋겠다. 개발할 때 개발비를 감안하는 것은 맞지만 인근 환경도 단기 매매에 엄청난 영향을 주기에 단기 차익을 위해서는 많은 것을 판단해야 한다.

용수로와 배수로의 구분

용수로라는 것은 지목이 구거이면서 물을 받기 위한 시설물이다. 즉 구거는 용수로와 배수로를 구분해야 하는데, 용수로는 물을 받기 위한 수로이기 때문에 보통 논보다 높은 위치에 있고 배수로는 물을 배수해야 하는 수로이기 때문에 논보다 낮게 되어 있는 것이 보통이다. 구거를 보고 용수로와 배수로를 구분하는 것은 허가가 나느냐 안 나느냐의 문제로 이어지기 때문에 아주 중요한 요소가 된다.

나홀로 집이 될 것 같은 토지

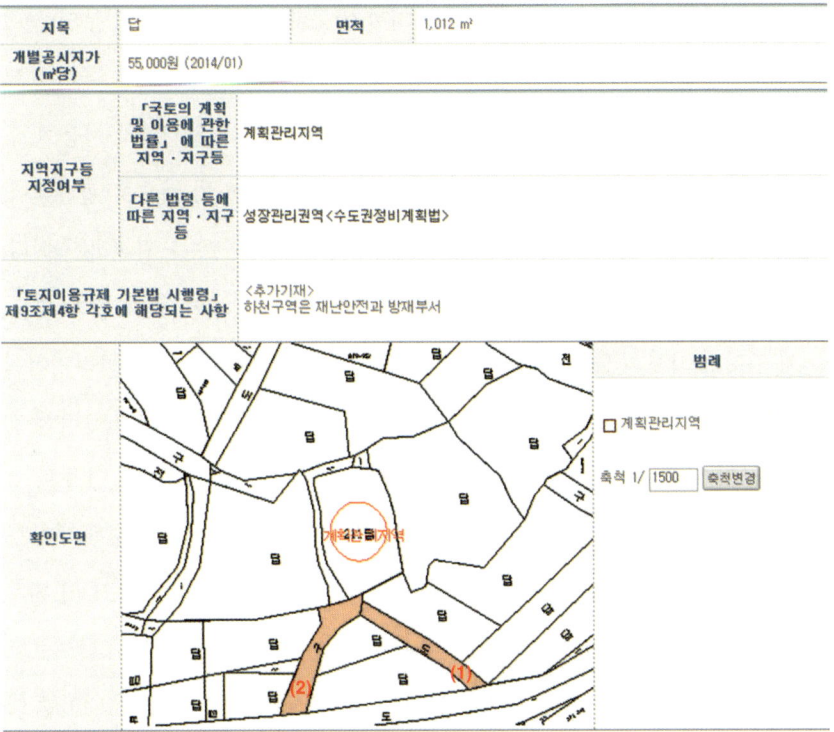

지목은 답이다. 논이라는 말이다. 지목이 논이기에 논농사를 짓고 있을 것이고 지대가 낮을 수도 있겠다 하는 생각이 들어야 한다. 면적을 보니 1,012㎡로 약 300평 정도가 된다. 개발행위허가를 받으려면 농지는 인허가비용으로 농지조성비를 납부해야 하는데 평당 공시지가의 30%가 국고세금이므로 약 5만 5천 원 정도이며 그에 따른 토목설계비도 300만 원 정도 예상할 수 있다. 이 부지에 개발행위허가를 받으려면 약 2,000만 원 정도의 인허가비용이 든다. 평당 약 7만 원 정도이다.

개발행위허가 가능 여부를 보기 위해 도로 조건을 보자. 본 부지 아래쪽으로 길(1)이 있는 듯 보이고 그 길에서 본 부지까지 도로로 연결되다가 일부만 구거 부지(2)에 연결되어 있는 것을 볼 수 있다. 여기서 보이는 구거 부지는 구거 부지의 목적에 피해가 가지 않는 범위에서 목적외허가를 받아 진입로로 사용할 수 있기 때문에 구거 부지를 점용하여 진출입로로 활용하면 될 것으로 판단된다. 배수로 조건도 구거 부지가 존재하므로 구거 부지로 배수로를 연결하면 된다. 그러니 개발행위허가를 받는 데 문제가 되지 않을 것으로 보인다.

이 부지가 어떤 용도를 가지고 있는지 보자. 일단 용도지역상 계획관리지역이다. 여러 가지 건축물이 가능한 지역인 것이다. 하지만 진입로 조건이 그리 양호할 것 같지 않고 주변을 돌아보니 전부 논뿐이라서 근생이나 공장의 용도로 보이지는 않는다. 한 가지의 용도, 주택 부지로만 볼 수 있을 것 같다. 주택의 용도로 보기 위해서는 이 부지의 방향 파악을 먼저 해야 하는데 진출입로(1)의 위치가 남쪽에서 올라가기 때문에 남쪽을 바라보게 건축물을 앉힐 수 있어 남향으로 지을 수 있을 것으로 판단된다. 주택 부지로서는 방향이 가장 중요하고 그 중 남향이 가장 좋기 때문에 이 부분은 좋아 보인다. 하지만 주위 환경이 허허벌판에 나 홀로 집이 세워지는 경우가 될 것이기 때문에 단기 차익을 노리는 개발업자들은 이 부지를 매입하여 의도한 바를 얻기는 힘들어 보인다. 따라서 이 부지는 개발업자들이 매입하지 않는 토지라 할 수 있다.

> **구거점용허가와 목적 외 허가**
>
> 내 토지와 도로 사이에 구거가 있어 다리를 놓아 진입도로를 만들고자 하는 경우에는 구거를 관리하는 기관으로부터 구거점용허가 혹은 목적 외 허가를 받아야 한다.

도로변이지만 용도가 보이지 않는 토지

지목	전	면적	3,739 m²
개별공시지가 (㎡당)	59,800원 (2014/01)		
지역지구등 지정여부	「국토의 계획 및 이용에 관한 법률」에 따른 지역·지구등	생산관리지역, 소로1류(폭 10m~12m)(접함)	
	다른 법령 등에 따른 지역·지구 등	성장관리권역〈수도권정비계획법〉	
「토지이용규제 기본법 시행령」 제9조제4항 각호에 해당되는 사항		〈추가기재〉 하천구역은 재난안전과 방재부서	

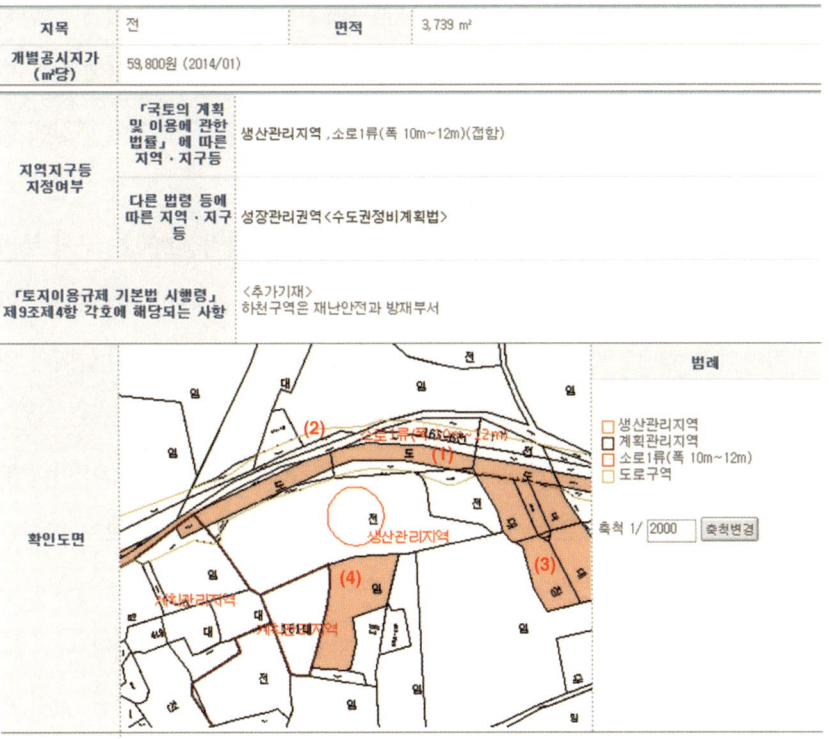

지목은 전, 밭이다. 면적은 3,739㎡로 약 1,200평 정도이다. 농지는 개발행위허가를 득하게 될 때 농지조성비를 납부해야 하는데 평당 공시지가의 30%, 즉 대략 6만 원 정도의 비용을 국고세금으로 납부해야 한다. 또 토목설계비가 평당 1만 원이라고 가정한다면 국고세금 7,200만 원과 토목설계비 1,200만 원을 합하여 인허가를 득하는 데 필요한 비용으로 8,400만 원 정도가 소요될 것이다. 개발 원가를 줄여서 개발마진을 높여야 하는 개발업자에게는 이 인허가비용이 상당히 많게 느껴지므로 부담으로 작용할 것이다.

이제 개발행위허가가 가능한지 보겠다. 도로 조건을 보면 본 부지 위로 도로(1)가 있는 것으로 보인다. 노란색 선의 도로구역(2)을 볼 수 있는데, 이 선은 위에 있는 도로가 확장 계획을 갖고 있다는 것을 표시하고 있기 때문에 위에 있는 도로가 확장을 예정하고 있든지 아니면 이미 확장된 것으로 볼 수 있어 현장에 들러 도로 관계를 꼭 확인해야 한다.

다음으로 배수로, 즉 구거 부지를 찾아야 하는데 이 지적상으로는 구거 부지를 찾을 수 없다. 이는 현장에 현황배수로가 있는지 여부를 확인해야 하지만 인근 필지의 지목(3)으로 판단해 볼 때 이미 대지나 공장 등의 시설물이 들어와 있으므로 배수로가 현장에 있다는 것을 말해준다.

배수로가 있다는 것은 아무래도 저 노란색으로 표시된 도로구역(2)이 이미 도로로 확장되었다는 뜻으로 보이며 확장공사를 하면서 도로 아래쪽으로 배수관을 매설한 것이라 판단된다. 그렇기에 이 부지는 도로와 배수로의 조건을 갖추었기 때문에 개발행위허가를 득하는 데는 별다른 문제가 없어 보인다. 다만 도로의 확장으로 인한 도로점용과 가감속차선의 공사가 수반되어야 할 수 있기 때문에 토목 사무실로 확인이 필요할 것이다. 이는 개발 원가를 줄이면서 개발마진을 생각하는 개발업자에게 있어서는 개발 원가 상승을 불러오는 요소이기 때문에 아주 중요한 부분이다.

　이 부지 위에 어떤 식의 개발이 가능할지 살펴보자. 여기에 들어올 수 있는 시설은 일단 용도지역이 생산관리지역으로 다양한 건축물의 신축이 불가능한 지역이고 건축물의 용도를 제한하고 있기에 식당이나 제조장 등의 시설은 불가할 것으로 보인다. 다만 주택 부지 등 극히 제한적인 시설이 가능할 것이다.

　주택 부지로서 이 토지를 판단해본다면 도로 아래쪽으로 북향을 바라보는 땅이며 뒤에 임야(4)가 있고 현지목이 전인 것으로 보아 지대가 높을 것이라 예상할 수 없고 도로변이므로 소음과 먼지가 있을 듯하며 인근에 장(3), 공장이 있는 것으로 보아 주위환경이 좋아 보이지 않는다. 그러므로 주택 부지로서는 최적의 부지가 아닐 것으로 판단되고 이는 주택 부지로 개발을 하게 되면 쉽게 매도하기 어려울 것으로 판단된다. 용도지역상 근생이 힘들고 주택 부지로서도 최적의 입지가 아니므로 이 부지는 단기 차익을 노리는 우리 개발업자들에게 매력 있는 토지가 되지 않을 것이다.

현황배수로를 꼭 확인해야 하는 토지

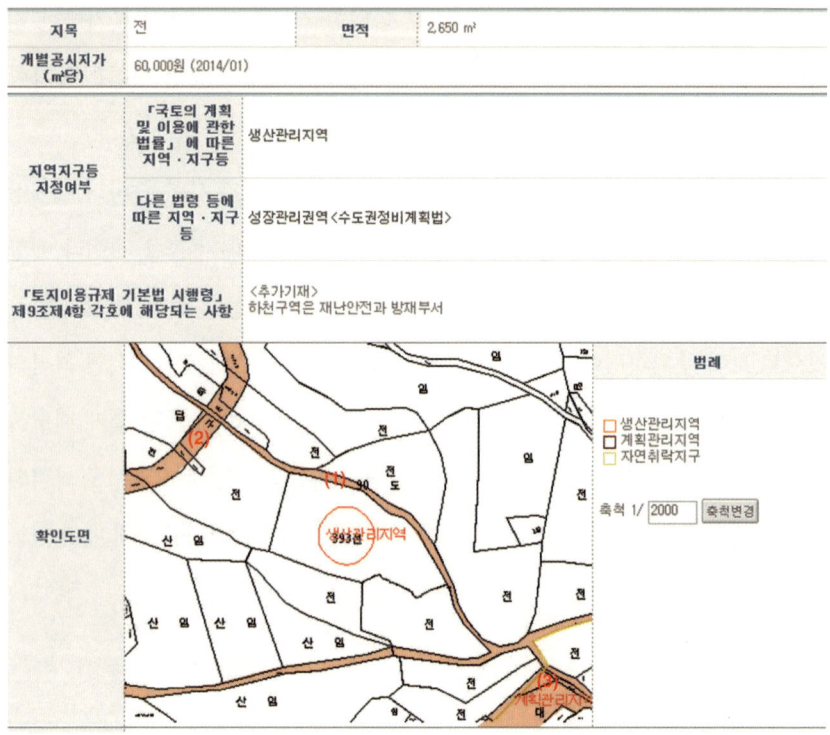

지목은 전이다. 토지 모양이 예쁘지는 않은 것 같다. 면적은 2,650㎡로 약 850평 정도 된다. 농지이기에 개발행위허가를 받게 되면 농지조성비를 납부해야 한다. 평당 공시지가의 30%인 약 6만 원 정도를 내야 하니 850평으로 계산하면 약 5,100만 원 정도가 된다. 또 인허가에 따른 토목설계비를 평당 1만 원 정도로 볼 때 850만 원 정도 든다. 그래서 이 부지로 개발행위허가를 득하게 될 때 인허가

비용은 5,950만 원이 들어간다. 평당 약 6~7만 원 정도 든다고 보면 된다.

개발행위허가 여부는 어떤가? 이 지적을 보면 본 부지 위쪽으로 좁은 길(1)이 있는 것을 확인할 수 있다. 하지만 길이 좁을 것으로 보이기 때문에 개발행위허가의 조건인 건축법상의 도로 폭을 인정받을 수 있는지는 인근 토목 사무실에 꼭 확인해봐야 할 것 같다. 일단 본 부지 위쪽으로 지적상 도로(1)가 보이기 때문에 길은 확보할 수 있을 듯하다.

배수로는 위 지적을 잘 보면 왼쪽 상단에 구(2)라고 써 있는 부지가 보일 것이다. 지목은 구거이면서 위 수로가 용수로일 수도 있기 때문에 용수로인지 배수로인지는 확인해야 할 테지만 보통 지적에서 용수로와 배수로를 구분하는 기준이 곡선을 그리는 수로는 현장에 가보면 용수로일 확률이 높다는 걸 알아야 한다. 물론 시에 확인은 해야겠지만 내 경험으로 비추어볼 때 여기 보이는 구거 부지(2)는 용수로인 것으로 보인다. 따라서 배수로 역할은 할 수 없을 것이다.

그렇다면 다른 구거 부지를 살펴봐야 하는데 이 지적에서는 다른 구거 부지를 찾을 수 없다. 그러니 인근 지목에 대지가 있는지를 살펴보고 현황배수로의 유무를 유추해야 하는데 이 지적상으로 인근에 대지가 보이지 않는다. 이는 정말로 이 지역에 배수로가 없을 수 있다는 것을 의미한다. 이 경우에는 무조건 현장을 확인하여 현황배수로가 있는지를 꼭 확인해야 하며 만약 현황배수로가 없을 때에는 이 부지는 개발행위허가가 불가능한 토지로 봐야 한다.

하지만 조금 멀리 대지(3)가 보이기 때문에 그쪽에 배수로는 있을 것으로 보여서 거기까지 배수관을 묻고 연결할 수 있다. 물론 그에 따른 배수로 공사비가 부담이 될 것이다. 만약 다행히 현장에 현황배수로가 있어 개발행위허가가 가능하다면 이 부지가 어떤 용도를 갖고 있는지 봐야 한다.

현황배수로 시공 현장

　이 부지의 용도지역은 생산관리지역이다. 도로 조건을 보았을 때 큰 도로변이 아니고 좁은 길이라 판단되고 인근에 건물이 없을 것으로 판단되기 때문에 근생의 시설은 힘들 것 같다. 용도지역상으로도 근생의 건축은 힘들어 보인다.
　주택 부지로서 용도를 생각하면 진입로(1)를 기준으로 이 부지는 북향을 바라보고 있고 허허벌판에 나홀로 주택이 될 가능성이 짙어 보이기에 이 부지는 단기 차익을 남기려는 우리 개발업자들은 매입하지 않는 토지, 즉 용도가 보이지 않는 토지로 판단해야 한다.

미래 가치가 있어 보이는 토지

지목	전	면적	2,922 m²
개별공시지가 (m²당)	74,800원 (2014/01)		

지역지구등 지정여부	「국토의 계획 및 이용에 관한 법률」에 따른 지역·지구등	자연녹지지역
	다른 법령 등에 따른 지역·지구등	성장관리권역〈수도권정비계획법〉
「토지이용규제 기본법 시행령」 제9조제4항 각호에 해당되는 사항		〈추가기재〉 하천구역은 재난안전과 방재부서

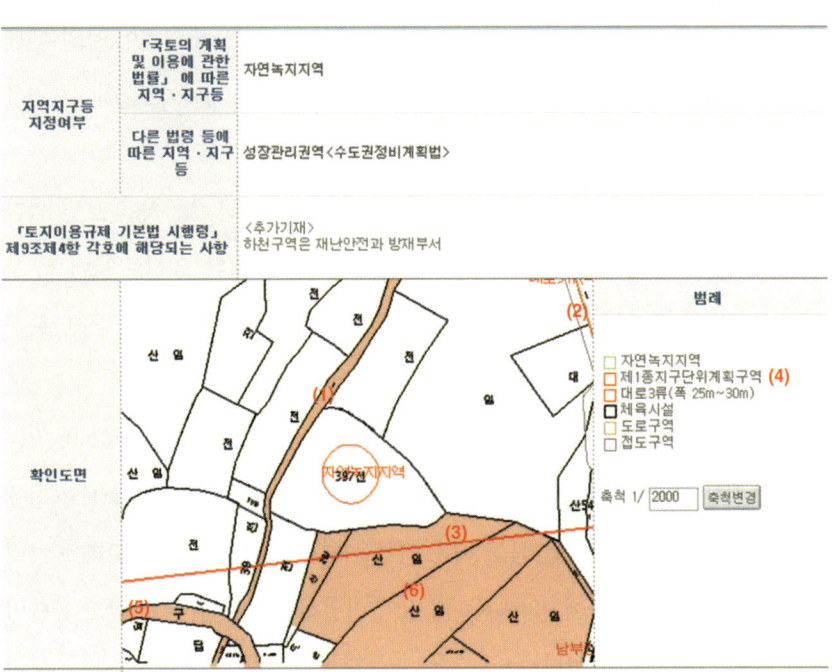

지목이 전이다. 밭인 것이다. 면적을 보면 2,922m²로 약 900평 정도가 된다. 공시지가를 보면 m²당 74,800원이다. 지목이 농지일 경우 개발행위허가를 득하려 할 때 평당 공시지가의 30%를 국고세금으로 납부해야 하므로 약 7만 원 정도의

국고세금을 납부해야 한다. 인허가에 따른 토목설계비를 1만 원 정도라 계산하면 이 부지는 개발행위허가를 득하면 인허가 비용으로 평당 약 8만 원 정도의 비용이 소요된다. 따라서 7,200만 원이 들 것이다.

개발행위허가가 가능한지 여부를 알아보기 위해 먼저 도로 조건을 보면, 이 지적상 부지 왼쪽으로 지적상 도로(1)가 있는 것을 볼 수 있다. 지적상 도로 폭이 좁아 보이기에 건축법상 도로 폭을 갖출 수 있는지는 현장에 들러 확인해야 할 것이다. 그리고 지적 오른쪽을 보면 보라색 선(2)으로 접도구역선이 보일 텐데 접도구역선이 있다는 것은 본 부지 오른쪽으로 큰 도로가 지나가고 있다는 것을 짐작할 수 있다.

본 부지 아래쪽으로 빨간색 선(3)이 그려져 있는데 도면 오른쪽을 보면 빨간 선은 제1종지구단위계획구역(4)이라는 표시임을 알 수 있다. 표시로 보아 본 부지는 1종지구단위계획이 잡혀 있지 않기 때문에 반대편 지역이 1종지구단위계획이 잡혀 있는 것으로 판단된다.

이제 배수로의 여부를 봐야 하는데 이 지적 하단 쪽을 보면 구(5)라고 써 있는 구거 부지를 볼 수 있을 것이다. 본 부지와 구거 부지까지 지적상 도로(1)와 접해 있기 때문에 길을 파서 관을 묻고 배수 연결을 하면 될 것이다. 배수로까지 거리가 그리 멀지 않기 때문에 공사하는 데 있어 민원의 여지는 없을 것 같고 공사비용도 그리 많지 않을 것이다.

이 부지의 개발행위허가 여부는 진입로의 폭을 확인하여 건축법상 도로로 인정받을 수 있는지 파악하면 된다. 이 부지가 개발행위허가가 가능하다는 전제하에서 용도를 보면 진입로의 폭이 좁을 것이라 판단되기에 근생 시설은 힘들 것 같고 주택의 용도로도 보면 일단 진입로를 기준으로 건축물의 위치는 남쪽으로

가능할 수 있지만 남쪽으로 임야(6)가 존재하는 것이 보이기에 앞에 있는 임야 때문에 일조량은 좋지 않을 것으로 보인다.

　이 부지는 개발하여 단기 차익의 수단으로 활용하기는 힘들 것으로 판단된다. 하지만 미래 가치는 있어 보인다. 왜냐하면 아래쪽이 지구단위계획이 잡혀 있어 조만간 개발될 것으로 보이며 보통 개발이 된 가장자리 구역은 도로가 날 확률이 높기 때문에 잘 하면 여기 보이는 부지가 추후 도로에 붙게 될 가능성이 있다. 그러면 이 부지는 넓은 도로변의 부지로 여러 가지의 건축물을 예상할 수 있기 때문에 이 부지와 같은 토지는 단기 차익의 수단이 될 수는 없어도 상당한 미래 가치를 갖고 있다고 할 수 있다.

> **TIP**
>
> **지구단위계획**
>
> 지구단위계획은 어느 지역이 체계적으로 개발이 필요하겠다고 판단될 때 이 계획을 수립하여 체계적으로 개발하겠다는 표시를 하는 것이다. 1종지구단위와 2종지구단위가 있는데, 1종 지구단위는 도시지역에 지정이 되며 2종지구단위는 비도시지역에 지정된다.

개발 가치가 충분해 보이는 토지

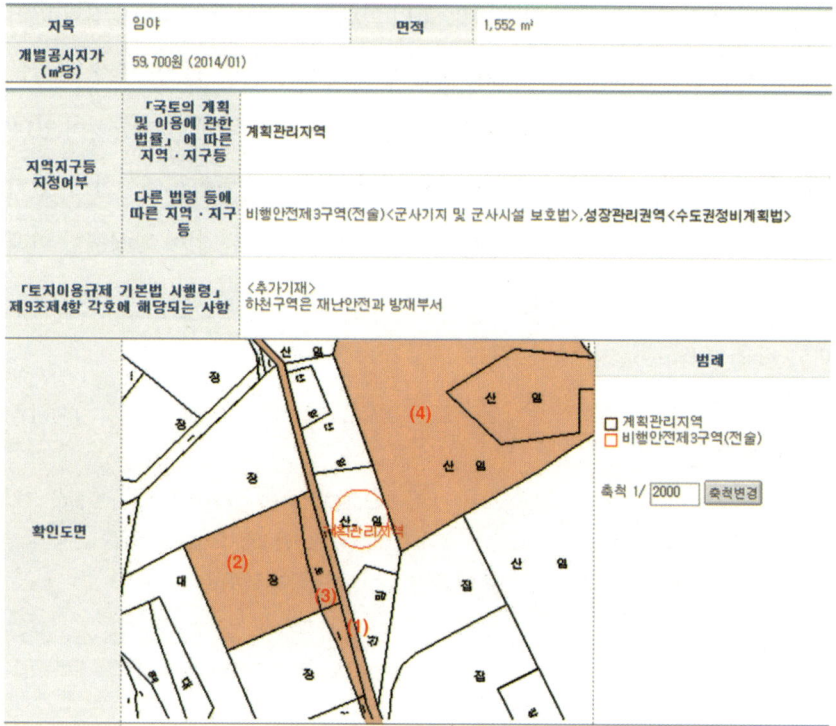

지목을 보겠다. 지목이 임야이다. 산 번지로 시작하는 것을 보니 등록전환 전 임야이다. 따라서 계약금 지불 후 측량을 해야 한다. 면적을 보면 1,552㎡로 약 500평 정도가 된다. 임야는 개발행위허가를 득하기 위해 산지전용허가를 받아야 하는데 개발행위허가를 득하면서 대체산림자원조성비를 납부해야 한다. 계획관리지역의 임야이다보니 준보전산지에 대한 전용비를 부담하면 된다. 따라서 인허가비용을 평당 약 1만 원 정도라 하면 개발행위허가를 득하면서 드는 비용은 약 500만 원, 또 인허가에 따른 토목설계비를 평당 1만 원이라 하면 여기에 들어가는 비용은 약 500만 원, 계산하면 약 1,000만 원 정도가 든다.

개발행위허가가 가능한지를 살펴보면 먼저 도로 기준을 봐야 한다. 본 부지 왼쪽으로 지적상 도로(1)가 보일 것이나. 반대편에 보이는 공장 부지(2) 등 앞으로 도로선으로 토지를 분할한 것(3)으로 보아 공장으로 개발하면서 도로 폭이 좋지 않아 폭을 넓힌 것으로 보인다. 그러므로 본 부지의 도로 조건은 양호한 것으로 판단된다.

배수로 조건은 이 지적상으로 구거 부지를 찾을 수 없다. 하지만 주변에 공장(2)들이 많은 것을 감안할 때 주위에 배수로가 있다는 것을 짐작할 수 있다. 다만 현장 확인 시 배수로가 본 부지로부터 얼마나 가까이에 있는지 공사하는 데 문제 소지는 없는지를 확인해야 한다.

위 사항으로 개발행위허가는 도로와 배수로를 갖추고 있다고 판단되며 이제 어떤 용도를 갖고 있는 토지인지 살펴봐야 한다. 용도지역은 계획관리지역, 건폐율이 40%인 지역이며 건축물의 제한이 별로 없는 곳이다. 권역상 성장관리권역으로 개발을 유도하는 권역이고 계획관리지역이기에 다양한 건축물이 가능할 것으로 본다.

인허가를 득하는 비용도 평당 2만 원 정도의 저렴한 수준이며 본 부지로 들어가는 길도 양호할 것으로 판단된다. 인근 상황을 고려하여 공장 부지로 조성하면 괜찮을 것 같다. 다만 본 부지 오른쪽으로 임야(4)가 존재하기에 현황이 산이라면 공사를 하면서 법면이 발생할 것으로 보여 구조물의 양을 파악해서 부지 조성에 따른 공사비를 예상해야 한다.

이 부지는 인근 상황을 고려했을 때 주변에 공장이 몰려 있는 것으로 판단되며 도로 조건도 양호할 듯 보이고 허가를 득하는 비용도 저렴하기에 개발하기에 괜찮은 입지라고 본다. 공사비용을 예상해야 하는데 현장 확인 후 배수로를 확보하는 데 있어 공사비용이 얼마나 들지 파악해야 하고 법면에 따른 구조물의 공사량을 파악해야 한다. 본 부지는 공장의 용도가 보이는 토지로 판단되기에 매입을 적극 검토해야 할 것이다.

TIP

1 등록전환

등록전환이라는 것은 임야도에 있던 산의 그림을 지적도로 옮겨 그리는 것을 말한다. 6,000분의 1의 축척으로 그려진 산 그림을 1,200분의 1의 축척으로 옮겨 그리다보니 크레파스로 그린 그림을 연필로 그린 것 같기 때문에 수치의 차이가 생겨 등록전환하게 되면 토지의 면적이 줄어들게 되는 것이다. 이렇게 등록전환으로 토지의 면적이 줄어드므로 등록전환은 신청주의를 택하고 있는 것이고, 등록전환이 되면 산이라는 글자는 없어지고 번지수 뒤에 임이라는 글자만 적히게 된다.

2 법면

토지를 성토하게 되면 그림과 같이 경사진 면이 생기게 되는데 이 경사면을 가리켜 법면이라고 한다.

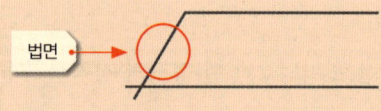

농림지역에서 해제된 토지

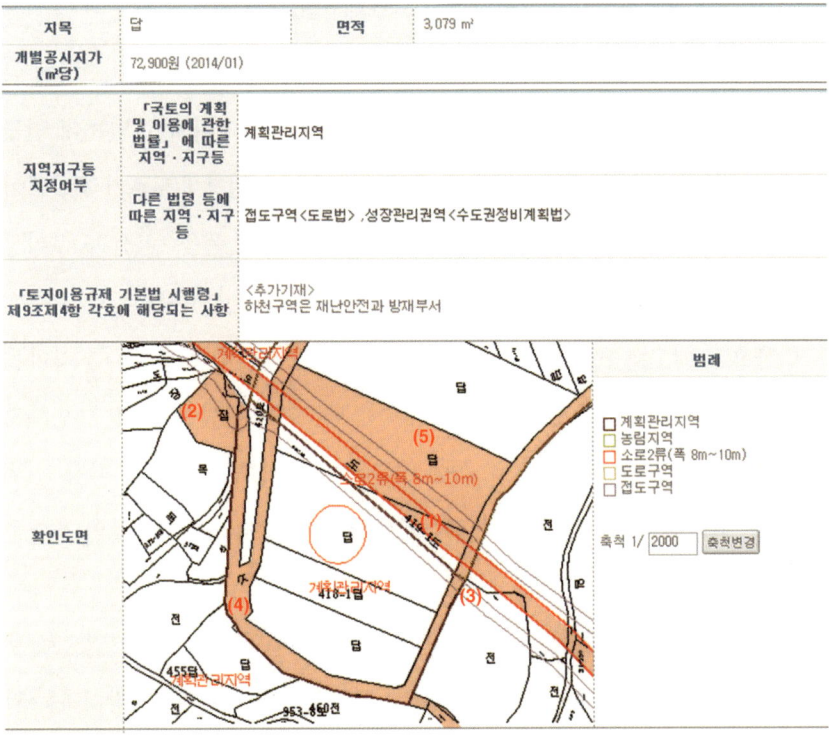

지목은 답이다. 농지인 것이다. 면적은 3,079㎡로 약 900평 정도 된다. 공시지가는 ㎡당 72,900원. 농지에 건물을 짓겠다고 신고하여 개발행위허가를 득하게 될 때 농지조성비를 국고세금으로 납부하게 되어 있는데 평당 공시지가의 30%를 세금으로 납부한다. 이 부지에 개발행위허가를 득함에 있어 농지조성비는 약 7만 원 정도 들 것이기 때문에 득하면서 내는 국고세금으로 약 6,300만 원 정도의 비용이 소요될 것으로 보인다. 인허가에 따른 토목설계비를 평당 1만 원이라 가정하면 설계비도 약 900만 원 정도 들기에 이 부지는 개발행위허가를 득하면서 들어가는 인허가비용으로 약 7,200만 원이 든다.

이 부지가 개발행위허가가 가능한지 여부를 알아보기 위해 먼저 도로 조건을 보겠다. 본 부지 오른쪽으로 도로선(1)이 보일 것이다. 이 도로는 현재 현장에 나 있을 수도 있고 아니면 앞으로 날 도로라는 표시를 해둔 것일 수도 있는데, 인근 지목이 잡종지(2)나 장으로 되어 있는 것으로 보아 이미 현장에 도로가 개설되어 있는 것으로 보인다. 접도구역(3)의 설정으로 인한 도로의 폭을 2차선 도로 이상으로 판단할 수 있으며 아마도 대로변에 붙은 농지로 판단할 수 있다.

다음으로 배수로는 이 부지 아래쪽으로 지목이 구인 구거 부지(4)를 찾아볼 수 있는데 구거의 모양을 보아 위 구거 부지는 배수로로 판단할 수 있다. 이 부지를 현장 답사하면서 만약 앞 도로 쪽에 맨홀을 발견한다면 배수로는 걱정 안 해도 된다. 따라서 이 부지는 개발행위허가를 득하면서 도로와 배수로의 조건을 갖춘 것으로 보이며 이제 어떤 용도를 갖고 있는지를 파악하면 된다.

지적상 본 부지는 계획관리지역이면서 성장관리권역이다. 용도지역으로 보아 다양한 건축물의 신축이 가능할 것으로 판단되고 권역상 개발을 장려하는 권역이기에 여러 가지 용도를 갖고 있는 것으로 판단된다. 다만 지목이 답이기에 도로보다는 꺼져 있을 것으로 보이고 현장 확인 시 도로의 높이를 감안하여 구조물량을 파악하면 된다. 또 대로변이다보니 개발행위허가를 득하면서 도로점용허가를 받아야 하는 상황으로 보이며 그에 따른 가감속차선공사비용도 예상해야 한다.

이 부지는 여러 가지 상황을 고려했을 때 여러 가지 용도를 보이고 있는 토지이며 구조물공사비용이나 가감속차선공사비를 예상하여 많지 않은 금액으로 공사가 가능하다면 매입을 적극적으로 검토해도 괜찮을 것으로 보인다.

한 가지 더. 위 부지에서 도로 건너편은 경지 정리된 논(5)으로 보인다. 이 부지도 마찬가지로 경지 정리된 논일 것이라고 판단된다. 법상 농림지역에 농업진흥지역도 해제할 수 있는데 이 부지는 이미도 농림지역의 농업진흥지역에서 해제된 것으로 보이며 여기서 알 수 있는 것은 농림지역에서 계획관리지역으로도 해제될 수 있다는 것이다. 본 부지는 아마 농림지역에 농업진흥지역의 토지여서 한동안 농사만 짓고 있었던 것 같고 용도지역의 상승으로 인한 개발 가치가 충분한 토지로 변했을 것이다. 아무튼 본 부지는 공사비를 감안하여 매입을 적극 검토해야 할 토지로 보인다.

> **TIP**
>
> **농업진흥지역 해제 조건**
>
> 농업진흥지역은 국민 식량의 안정적인 공급기반을 유지하고 농지를 효율적으로 이용·보전하기 위하여 지정하고 있으며, 농지법 제31조 및 동법시행령 제28조에 따라 농업진흥지역을 해제할 수 있는 경우는 다음과 같음.
> ① 국토의계획및이용에관한법률 제6조의 규정에 의한 용도지역을 변경하는 경우(농지의 전용을 수반하는 경우에 한함)
> ② 농지법 제34조제2항제1호에 해당하는 경우로서 미리 농지의 전용에 관한 협의를 하는 경우
> ③ 당해 지역의 여건 변화로 농업진흥지역의 지정 요건에 적합하지 아니하게 된 경우. 이 경우 그 토지의 면적이 3만㎡ 이하인 때에 한함
>   • 이때, 여건 변화라 함은 관련법에 의해 도로, 철도 등이 설치되거나 택지, 산업단지 지정 등으로 인하여 집단화된 농지와 분리된 자투리 토지로서 영농 여건상 농업진흥지역으로 계속 관리하는 것이 부적합하게 된 경우를 말하며, 개별 필지별이 아닌 해당지역 주변 전체를 대상으로 검토하게 됨

농업진흥지역 해제 절차는
- 시장·군수가 신청하여 시·도지사가 위와 같은 사유로 농업진흥지역 해제 승인을 요청
- 농림수산식품부 장관은 인근 농지의 분포상태, 당해 농지의 보전가치, 당해 지역 외의 활용 가능한 토지의 유무 등 제반 사항을 종합적으로 검토하여 진흥지역 해제 여부를 결정

매력이 떨어지는 생산관리지역의 토지

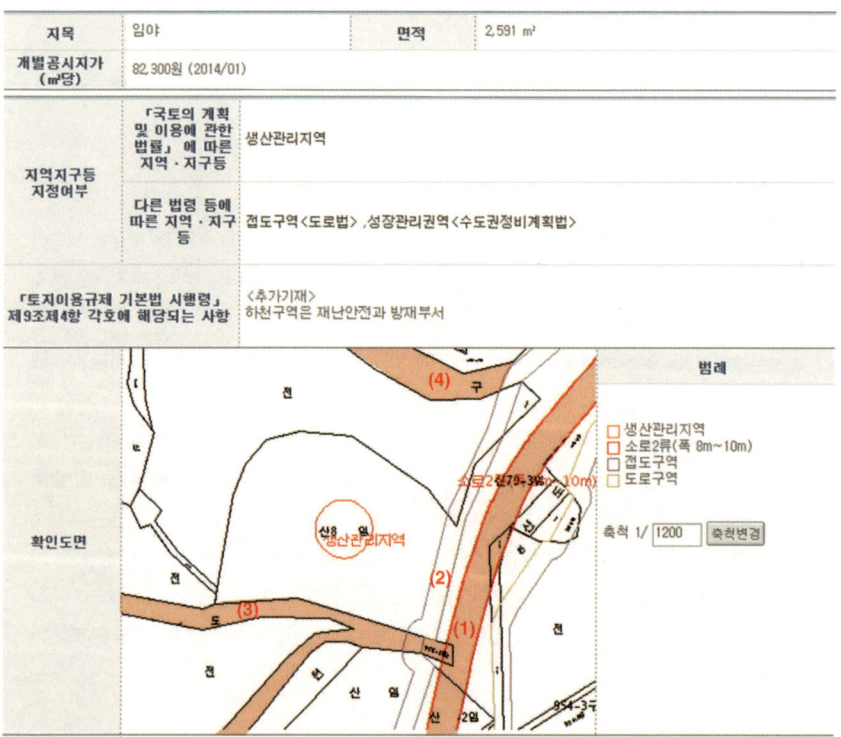

지목을 먼저 보자. 지목은 임야이다. 지적에서는 산이라는 글자가 보이기 때문에 이 부지는 등록전환 전 임야인 것으로 보인다. 면적은 2,591㎡로 약 800평 정도가 된다. 지목이 임야일 때는 개발행위허가를 득하려고 할 때 대체산림자원조성비를 납부해야 하는데 보전산지냐 준보전산지냐 산지전용제한지역이냐에 따라 조성비를 나눈다. 이 부지는 준보전산지에 의한 전용비를 납부하면 된다. 따라서 인허가를 득하는 데 드는 비용은 전용비가 평당 약 1만 원 정도이고 인허가에 따른 토목설계비가 평당 약 1만 원이니 계산하면 평당 약 2만 원 정도가 들어 1,600만 원 정도가 된다.

이 부지에 개발행위허가가 가능한지는 도로와 배수로를 살펴봐야 한다. 도로는 본 부지 오른쪽으로 도로(1)가 있는 것이 보인다. 본 부지 앞으로 접도구역(2)이 설정되는 것으로 보아 오른쪽으로 난 도로는 2차선 이상의 도로일 것이라 판단된다. 또 본 부지 아래쪽으로도 지목이 도로인 부지(3)를 발견할 수 있는데 이 면도로가 존재한다는 것은 본 부지를 개발함에 있어 이면도로(3)를 통하여 인허가를 득하면서 도로점용과 가감속차선의 공사를 배제할 수 있을 것으로 판단되어 이 임야를 개발하면서 개발 원가를 상당히 줄일 수 있을 것으로 판단된다.

배수로는 이 지적에서는 도면 위쪽으로 구거 부지(4)를 볼 수 있다. 구거 부지의 폭이나 생김새를 보았을 때 배수로일 것으로 보이기에 크게 문제는 없어 보이지만 정확히 하기 위해서 시군구에 배수로인지 여부를 한 번 더 확인해봐야 할 것이다. 여기 보이는 구거 부지가 배수로라고 한다면 본 부지로부터 배수관을 연결하는 데까지 소요되는 비용을 예상해야 하며 만약 오른쪽에 있는 도로(1)에 맨홀이 설치되어 있다면 배수로를 확보하는 데는 문제가 없을 테니 현장 확인 시 배수로 여부를 맨홀로 꼭 확인해야 한다.

도로와 배수로를 확인하고 개발행위허가에 문제가 없다고 판단되면 다음으로 이 부지의 용도를 보면 된다. 먼저 용도지역을 보면 생산관리지역이다. 생산관리지역은 다양한 건축물의 신축을 제한하는 지역이어서 공장이나 식당 등의 건축물을 지을 수 없다. 그밖에 여러 가지 용도를 생각해보지만 다른 용도가 보이지 않는다.

위에 보이는 부지가 전이어서 전과 접하는 토지의 경계라인 쪽(4)에 구조물 시공은 많지 않을 것으로 판단되고 개발행위허가에 있어 도로점용과 가감속차선의 공사를 배제할 수 있을 것이라 판단되기에 개발 원가는 상당히 줄일 수 있을 것이다. 하지만 용도지역이 생산관리지역으로 다양한 건축물을 지을 수 없는 단점 때문에 용도가 보이지 않는 토지로 단기 차익의 수단으로는 활용할 수 없을 것으로 본다. 즉, 위 부지는 단기 차익의 수단으로는 매입하지 않는 토지이다.

이렇게 여러 가지의 부지를 놓고 살펴보았지만 계획관리지역의 부지만 단기 차익의 수단으로 활용할 수 있다는 결론을 얻게 된다.

chapter
05

토지개발의 실전

1
법인이 개인보다 수익이 크다

　우리는 투자자이다. 투자자는 부동산을 매매하면 세금을 내야 한다. 아무리 좋은 토지를 개발하여 개발 마진이 많이 발생한다 하더라도 개인 자격으로 개발하면 양도 차익에 따른 세금이 매우 크다. 대체 개인이 토지를 개발한 데 대한 세금은 어떤 방식으로 책정되는 걸까?

　현행 주택시장에서는 단기 차익 양도세의 기준이 많이 완화되어 보유 기간이 1년이 넘어야 누진세가 적용된다. 하지만 토지의 양도세는 단기 차익에 대한 중과세 규정이 완화되지 않았다.

　토지 매입 후 용도를 바꾸어 부지를 조성해서 5,000만 원이 남았다고 하자. 1년 미만이면 양도소득세가 50%이기 때문에 2,500만 원 이상을 세금으로 납부해야 한다. 그토록 어렵게 개발해서 5,000만 원의 수익이 발생했는데 세금을 내고 나면 마진은 노력의 대가라고 하기에는 너무 적은 느낌이다.

　우리는 이 문제를 달리 생각해볼 필요가 있다. 어차피 투자를 계속할 것이라면 굳이 비싼 양도소득세를 내기보다 법인을 설립하여 양도소득세보다 저렴한 법인소득세를 내는 게 나을 수 있다. 현행 법인소득세는 양도차익 2억 원 미만에 대하여 기간에 상관없이 10%의 세금을 부과한다.

　나는 개발법인의 이사이다. 우리는 토지를 매도하면서 5,000만 원의 수익이 발생했을 때 법인소득세로 500만 원을 납부하였다.

　단순히 비교해도 개인은 단기 차익에 대한 50%의 세금을 내야 하는 데 비해 법인은 단기 차익이 생기면 10%의 법인세를 납부한다. 그렇기 때문에 토지개발을 하여 단기투자를 고려하고 있다면 당연히 법인 사업을 고려해봐야 한다.

하지만 내가 이렇게 말하면 사람들은 이런 질문을 한다. 법인 설립이 어려운 일이 아니냐고. 얼마 전까지만 해도 법인을 설립하기 위해서는 갖춰야 할 자본금 규모가 정해져 있었다. 하지만 법이 바뀌어 이제는 법인을 설립하는 데 있어 자본금 조건이 사라졌다. 즉 돈 한 푼 없이 법인을 설립할 수 있다는 말이다.

대신 법인은 감사나 대표이사 등 사람이 필요하다. 하지만 이것도 그리 어려운 문제는 아니다. 사람들은 대부분 가족이 있지 않은가. 그 가족들로 법인을 구성하면 된다. 나 또한 현재 개발 법인을 운영하면서 우리 가족들 모두에게 임원을 맡기고 있다. 법인 설립은 그리 어려운 일이 아니다.

법인세율

법인 종류	소득 종류	각 사업연도 소득			청산 소득		
		과세 표준	세율	누진공제	과세표준	세율	누진공제
영리법인		2억 원 이하	10%	–	2억 원 이하	10%	–
		2억 원 초과 200억 원 이하	20%	2,000만 원	2억 원 초과 200억 원 이하	20%	2,000만 원
		200억 원 초과 3,000억 원 이하	22%	4.2억 원	200억 원 초과 3,000억 원 이하	22%	4.2억 원
		3,000억 원 초과	25%	94.2억 원	3,000억 원 초과	25%	94.2억 원
비영리법인		2억 원 이하	10%	–			
		2억 원 초과 200억 원 이하	20%	2,000만 원	–		
		200억 원 초과 3,000억 원 이하	22%	4.2억 원			
		3,000억 원 초과	25%	94.2억 원			
조합법인		20억 원 이하	9%	–	–		
		20억 원 초과	12%	6,000만 원			

• 2018. 1. 1 이후 개시하는 사업연도분부터 적용

양도소득세 세율(2020년 기준)

보유기간	구분	세율	
		일반	비사업용 토지
1년 미만	토지, 건물, 분양권	50%	50%
	주택, 조합원 입주권	40%	
1년 이상~ 2년 미만	토지, 건물, 분양권	40%	40%
	주택, 조합원 입주권	6~42%	
2년 이상	일반세율 (6~42%) 적용		16 ~ 52% 적용

- 10%p 추가과세 : 조정대상지역 내 2주택자, 비사업용 토지
- 20%p 추가과세 : 조정대상지역 내 3주택 이상자
- 2018. 1. 1.부터 조정대상지역 내 분양권은 보유기간 상관없이 50% 단일세율 적용

'인허가 나는 조건'을 명시하라

개발을 하기 위해 토지를 매입할 때는 계약 조건이 굉장히 중요하다. 이 계약 조건을 잘 정리하지 않는다면 예상치 못한 상황으로 인하여 많은 어려움을 겪을 수 있다. 우리는 최소의 비용으로 최대의 효과를 얻어야 하기에 토지매입자금은

꼭 대출을 받아야 한다. 앞 장에서도 언급했지만 토지를 매입하면서 대출을 많이 받는 것은 굉장히 중요한 일이다.

이때 잊지 말아야 할 조건이 한 가지 있다. 바로 '토지개발을 위한 인허가 나는 조건'이다. 또한 헷갈리지 말아야 할 것은 매도인이 인허가를 내주는 조건이 아니라 매수인이 비용을 들여서 스스로 인허가를 일어낸다는 점이다. 그렇기 때문에 매도인 입장에서 매수인의 요구를 거절할 이유가 전혀 없다. 간혹 이런 조건 때문에 계약을 거부하는 사람이 있을 것이라 생각하기도 하는데, 내가 10년 동안 개발하면서 단 한 번도 인허가 나는 조건의 특약사항 때문에 매매계약을 하지 못한 경우는 없었다. 계약은 사람끼리 하는 것이기 때문에 서로의 심리를 이용하면 실패할 확률은 지극히 낮다.

다시 한 번 강조하지만 토지를 매입하여 개발을 하려 한다면 매매계약 시 '토지개발을 위한 인허가 나는 조건'이라는 말을 꼭 특약사항으로 달아야 한다. 이것은 매수자에게 있어 굉장히 중요한 안전장치다. 개발이란 것도 사람이 하는 일이기에 도로와 배수로 조건을 모두 꼼꼼히 확인했다 할지라도 허가를 진행하다보면 인허가를 득할 수 없는 상황이 생긴다.

실제로 나는 계약금 지불 후 인허가를 진행하면서 인허가가 나지 않아 계약을 파기한 적이 있다. 만약 이러한 상황이 발생했을 때 위와 같은 조건이 없다고 한다면 우리는 개발할 수 없는 즉, 활용가치가 없는 토지라는 것을 알면서도 매입을 하든지 아니면 계약금을 포기해야 하는 상황에 놓이게 된다.

'인허가 나는 조건'은 개발업자가 계약을 할 때 잊어서는 안 되는 가장 중요한 특약사항이다. 그리고 어떻게 해야 토지 매입자금으로 대출을 많이 받을 수 있는지 알기 때문에 계약 후 인허가를 득하는 것은 잔금 지불을 위한 선택 사항이 아닌 필요조건이 되어야만 한다.

토지를 매입할 때는 딱 한 가지 조건을 기억하라.

인허가가 나는 조건!

> **TIP**
>
> **매매계약서 작성 시 특약사항 내용**
>
> ▶ 본 부지를 매매하면서 원하는 허가(예를 들어 '근생1종소매점', '근생2종제조장' 이렇게 정확하게 표기)가 나는 조건임.
> 만약 허가가 나지 않는 경우 기지급한 계약금 ○○○원은 허가가 나지 않는다는 통보를 받은 날로부터 3일 이내에 매수인에게 반환하여야 하며 본 계약은 무효로 한다.
> ▶ 인허가를 득한 후 잔금은 은행 대출로 지급한다.
>
> ▷ 특약사항 : (최대 17줄, 대리인 또는 공동명의인 추가시 13줄)
>
> · 근생2종 제조장으로 인허가 나는 조건임.
> · 인허가가 나지 않을 경우 불허가 통보받은 날로 3일 이내에 기지급한 계약금은 아무 조건 없이 반환하기로 한다.
> · 인허가 득한 후 잔금은 잔금대출로 지불하기로 한다.

토지를 매입할 때 반드시 배수로를 체크하라

2005년부터 4년의 기간 동안 부동산 시장의 분위기는 한창 제조장 허가가 될 수 있는 토지에 집중되어 있었다. 공장으로 개발하면 무조건 좋은 값에 매매가 되는 시장이었기 때문에 인근 공단에서 가격이 싼 경기도 시골로 밀려오는 분위기였다. 그 때문에 당시에는 부동산을 오가며 제조장 허가가 나는 토지를 찾는 사람들이 많이 있었고, 우리도 제조장으로 허가 나는 땅을 찾아다녔다.

제조장과 공장은 서로 다른 시설이기에 분명한 차이가 있다. 하지만 둘 다 지목이 장으로 바뀐다는 공통점 때문에 일반인이 건축물대장을 확인하지 않고서는 구분해내기 쉽지 않다.

여기서 말하는 제조장은 근린생활시설이며 공장은 공장 설립 승인에 의한 공장 시설이다. 규모 면에서 제조장은 소규모 공장에 해당되며, 공장은 대규모 공장을 의미한다. 그렇다보니 인허가를 득하기 위해서도 근생으로서 허가가 용이하기에 보통 공장 설립 승인으로 허가를 득하지 않고 근생2종제조장으로 허가를 득하여 소규모 공장으로 등록하는 것이 일반적이었다.

부동산 분위기가 그렇게 흘러가고 있을 때 우리는 임야 700평을 보게 되었다. 그때는 도로와 배수로가 얼마나 중요한지를 자각하지 못하고 있던 때였고, 또 연접적용을 하여 허가 날 수 있는 토지를 쉽게 찾아내기 어려운 시장이었기에 우리는 배수로를 간과하고 계약을 하게 되었다.

그렇게 계약을 하고 나서 토목 사무실에 제조장으로 인허가를 의뢰했다. 그런데 며칠 뒤 토목 사무실에서 이런 전화가 왔다.

"김 이사, 이 토지 허가 안 날 것 같은데."

"네? 계약하기 전에 허가 나느냐고 물어봤을 때는 허가 난다면서요."

"그때는 당연히 도로, 배수로가 있는 줄 알고 연접만 따져본 거지."

그랬다. 이 토지에는 인근에 배수로가 없었다. 한참 지적을 보고 또 보고, 아무리 들여다봐도 배수로가 없었다. 정말 앞이 깜깜했다. 머리가 띵하면서 '이제 망했구나.' 하는 생각만 자꾸 머릿속을 맴돌았다.

정상적인 배수로가 연결이 안 되었기에 일단 근처 배수로를 찾아보기로 했다. 현장을 둘러보다 불행 중 다행으로 배수로를 발견했다. 그런데 이 배수로는 중간에 남의 토지를 거쳐야 했기에 우리는 그 토지의 주인을 수소문 끝에 찾아냈다.

어렵게 찾아낸 토지 주인과 연락을 하고 만나기로 했다. 심장이 두근두근. 그 주인이 낙지를 좋아한다는 소리를 듣고 수산물시장에 가서 낙지를 5만 원어치 사서 그 집으로 향했다.

"계신가요?"

"누구세요?"

할아버지 한 분이 문을 열고 나오셨다.

"여기가 누구누구 댁 맞나요?"

"네, 맞는데요. 왜 그러시죠?"

"우리가 저 아래쪽에 토지를 하나 샀는데 배수로까지 연결하는 데 어르신의 땅이 중간에 끼어 있어서요 동의를 좀 해주셨으면 하고 찾아뵈었습니다."

"일단 들어오시죠"

자리에 앉아서 낙지를 칼로 다듬어 갖다드리고 소주를 한 잔 따라드리면서 조심스레 말을 꺼냈다.

"저희가 배수로가 없어 건물을 못 짓고 있는데 배수로를 연결할 수 있게 동의를 좀 해주실 수 있나요?"

어르신이 말씀하셨다.

"우리 동네에는 용수로가 없어. 그래서 농사를 짓는 데 배수로 물을 끌어다가 쓰고 있거든. 그러니 배수로로 배수를 연결하는 데 동의해줄 수가 없어요"

하늘이 무너져 내렸다. 배수로 물을 농사 짓는 데 쓰고 있어서 배수로에 연결하도록 동의해줄 수 없다니.

이대로 포기할 수가 없어서 설득하고 또 설득했다. 배수 연결해서 정화조를 묻고 거기서 정화된 깨끗한 물이 배수로로 흘러가니까 걱정 안 하셔도 된다고. 그러니 아무리 이야기해도 무조건 '똥물'이라는 대답만 돌아왔다.

아무리 설명해도 설득이 되지 않아 답답한 마음에 잠시 멍하니 하늘만 쳐다보고 있을 때 어르신이 말씀하셨다.

"그 도로에 얼마 전에 오수관을 연결했는데 그리 조인하면 되지 않나?"

"오수관을 묻어놨다고요?"

"그래, 시청 가서 물어봐. 물어보고 그리로 연결하도록 해."

"네, 고맙습니다. 정말 고맙습니다."

바로 시청으로 전화를 걸었다.

"여기 몇 번지인데요. 이 앞 도로에 오수관이 묻혀 있다고 하던데 사실인가요?"

"네, 얼마 전에 오수관을 묻었죠."

"그럼 이 오수관에 우리가 배수 연결을 해도 될까요?"

"죄송합니다. 그 오수관이 주철관이라 조인이 될지 알 수가 없네요. 그리고 거기가 오르막길이라 구배가 나올 것 같지 않습니다."

결국 우리는 다른 배수로를 찾을 수밖에 없었다. 한참 현장 주변을 둘러보다가 드디어 배수로를 찾았다. 지적도상 비포장 도로를 따라 200m 떨어진 곳에 배수로가 있었던 것이다.

그곳까지 공사하는 데 좁은 마을 길을 거쳐야 했기 때문에 실제 공사하는 것

배수로가 길 위 쪽에 있는 오르막이라 역구배가 나온다.

이 가능할지는 의문이 들었지만 임시방편으로 서류상 그 위치에 배수로를 연결하는 것으로 인허가를 득할 수 있었다. 나중에 인허가를 득한 후 본격적으로 공사를 진행했을 때 역시나 마을 주민들과 마찰이 발생했지만 이장 님께 협조를 구하고 노인정에 음식을 제공하는 등 많은 노력을 해서 무사히(?) 배수로 공사를 마칠 수 있었다.

토지개발을 위해서는 도로뿐 아니라 배수로 연결이 용이한지 여부도 반드시 체크해야 한다.

지적상 길을 따라 200m 뒤에 배수로가 있는 현장

1 제조장과 공장의 차이점

▶ 제조장 : 건축법상 제조장은 제2종근린생활시설이며, 제조업소 · 수리점 · 세탁소 그 밖의 이와 유사한 것으로서 동일한 건축물 안에서 당해 용도에 쓰이는 바닥면적의 합계가 500㎡ 미만이고, 다음의 요건 중 어느 하나에 해당되는 시설.

1. [대기환경 보전 법], [수질환경 보전 법] 또는 [소음 · 진동 규제 법]에 의한 배출 시설의 설치 허가 또는 신고를 요하지 아니하는 것.
2. [대기환경 보전 법], [수질환경 보전 법] 또는 [소음 · 진동 규제 법]에 의한 설치 허가 또는 신고 대상 시설이나, 귀금속 · 장신구 및 관련 제품 제조 시설로서 발생되는 폐수를 전량 위탁 처리하는 것.

▶ 공장 : 물품의 제조 · 가공(염색 · 도색 · 표백 · 재봉 · 건조 · 인쇄 등을 포함한다) 또는 수리에 계속적으로 이용되는 건축물로서 제2종근린생활시설, 위험물 저장 및 처리시설, 자동차 관련 시설, 분뇨 및 쓰레기 처리 시설 등으로 따로 분류되지 아니한 것.

> **2 실전 용어**
>
> • 오수관
>   구정물을 빼버리기 위하여 설치한 관.
> • 주철관
>   주철로 만들어진 관. 주로 상·하수도의 배관재료로 사용된다.
> • 구배
>   비탈길이나 지붕 등 경사면의 기운 정도를 말한다.

애매한 법 조항은 민원을 제기하여 풀어내라

마을 중심에 나 있는 6m 도로 옆에 토지를 200평 매입하였다. 용도지역은 계획관리지역이고 무허가 건물 창고가 하나 있었다. 우리의 계획은 근생2종제조장 허가를 득하여서 2층 건물을 지어 1층은 공장을 운영하고, 2층은 사무실 겸 숙소로 이용하는 것이었다. 지목은 대지였기 때문에 토목으로 개발행위허가는 받지 않아도 되고 건축허가를 받아 건물을 지을 계획이었다.

토지를 매입하고 무허가 건물은 비어 있는 상태였지만 혹시 몰라서 주인에게 소유권 여부를 물어보자 소송을 통하여 명도를 시켰다고 이야기했다. 그러니 건물을 철거하는 데 아무 문제가 없으므로 걱정하지 말라고 했다.

그런데 이게 무슨 일이란 말인가? 우리가 건물 철거 계획을 세우고 작업을 시작하려 현장에 도착하자 그 사이 못 보던 종이 한 장이 붙어 있었다. 종이에는

'위 건물에 손대지 마시오.'란 문구와 함께 연락처가 적혀 있었다. 바로 전 토지 주인에게 전화를 걸었다.

"사장님, 건물을 철거하려고 왔는데 대문에 손대지 말라고 적혀 있어요. 어떻게 된 건가요?"

"그럴 리가 없어요. 내가 소송해서 이겨가지고 그 사람들은 쫓겨난 건데. 그 사람들 신경쓰지 마시고 그냥 밀어버리세요."

"그래도 사장님, 혹시 모르니까 판결문 하나 팩스로 좀 보내주실래요?"

"네, 알겠습니다."

그렇게 해서 팩스로 판결문을 받아 아무 문제가 없다는 것을 확인하고 적혀 있던 연락처로 전화를 걸었다.

"여보세요? 건물 철거하러 왔는데 연락처가 적혀 있어서 전화 드렸습니다. 왜

무허가 건물에 경고 문구가 적힌 종이가 붙어 있다.

철거하면 안 되는 건가요?"

"그거 제 건물이니까 손대지 마세요."

"아니 사장님, 전 토지 주인하고 소송해서 지셨다면서요. 그래서 쫓겨나신 거라면서요?"

"아 글쎄, 건드리면 가만 안 있을 테니까 건드리지 마세요."

상대는 자신의 말만 하고는 전화를 끊어버렸다. 아주 막무가내였다. 우리는 신경쓰지 않고 철거를 진행했다. 철거를 진행하고 며칠 지나자 "이거 누구 거라고 하던데 얘기됐나 봐요?" 하고 한 할머니께서 물으셨다.

"할머니, 그분이 소송에서 졌다면서요. 그래서 쫓겨난 거라면서요?"

"음, 그렇긴 하지만 그래도 그이가 가만 있으려나?"

그 순간 짜증이 확 밀려왔다. 뭐만 하면 다들 이렇게 난리니 시골 인심이 더 까다롭다 싶었다. 난 짜증난 목소리로 말했다.

"그분은 전혀 권리 없으니까 문제 있으면 소송 걸라고 하세요."

그렇게 이야기를 끝내고 있을 무렵 토지 한편에 농작물이 심어져 있는 것이 눈에 띄었다.

"할머니, 이거는 누가 심어놨는지 아세요?"

"그거 내가 심어놨지."

이거 참, 이제는 농작물이다. 다시 진 토지 주인에게 전화를 걸었다.

"사장님, 여기 농작물 심어져 있는 거 아세요?"

"아니요, 모르겠는데. 내가 그 앞집 할머니한테 거기다 농작물 심지 말라고 몇 번이나 얘기했고 만약에 심으면 못 물어준다고 얘기해놨는데. 혹시 그 할머니가 심으셨대요?"

"네, 그 할머니가 심으셨대요. 처리 좀 해주세요."

"처리는 무슨 처리야. 내가 분명히 못 물어준다고 얘기했는데. 그냥 밀어버리세요."

아이고, 머리야. 이 할머니는 그걸 밀어버리면 어떡하냐고 난리고, 전 토지 주인은 못 물어준다고 난리니 나더러 어쩌라는 얘긴지 머리가 아파왔다.

일단 공사가 중단되었다. 무단으로 농작물을 심었다 해도 그 농작물은 함부로 훼손시키면 안 된다는 얘기를 언뜻 들었기 때문에 그 할머니와 협의를 해보기로 했다.

"할머니, 여기다가 우리가 조그맣게 창고를 하나 지으려고 하는데 이 농작물은 치워야 하니까 양해 좀 해주세요. 그 대신 농작물 값은 제가 물어드릴게요. 한 10만 원 드리면 될까요?"

무허가 건물 앞에 농작물이 심어져 있다.

내 말을 듣고 할머니가 담배를 피우며 말씀하셨다.

"이 사람이 내가 늙었다고 바보로 보나. 내가 민원 걸면 당신들 공사 못 하는 거 나도 알아. 10만 원이 뭐야, 10만 원이."

"아니, 할머니. 이거 전 주인이 심지 말라고 하고, 그냥 심으시면 못 물어준다고도 얘기했다면서요. 전 주인이 해결 안 하려고 하는 걸 제가 그래도 인정상 물어드리려고 하는 건데. 그럼 얼마를 원하시는데요?"

인정하는 눈치다.

"그래, 심지 말라고는 했지만 그래도 10만 원이 뭐야, 10만 원이."

"네, 그럼 편하게 말씀해 보세요. 얼마 드리면 돼요?"

"50만 원은 줘야지."

미치고 팔짝 뛰겠네. 수확을 다 해서 장에 갖다 팔아도 10만 원이 안 될 것을 가지고 씨 값으로 50만 원을 달라니 정말 돌아버릴 뻔했다.

"아니, 할머니 50만 원이라니요. 너무하시잖아요. 정말 너무하시는 거 아니에요?"

"아니, 이 사람이. 자네가 젊어 보여서 이 정도로만 받는 거야. 뭘 알지도 못하면서."

돌아버리겠네.

"그러지 마시고 할머니, 제가 10만 원 더 드릴게요. 그렇게 해주세요."

"돈 많이 벌면서 겨우 50만 원을 못 줘? 그러지 말고 50만 원 내놔."

이것은 뭐 거의 협박 수준이다. 50만 원 안 주면 가만 있을 것 같지 않았다. 이분은 시골에 정 많은 할머니가 아니다. 정말 시골 사람들이 더 무섭구나 하는 생각이 들었다. 어쩔 수 없이 할머니에게 50만 원을 드리고 이의를 제기하지 않는다는 확약서를 받았다.

이런 저런 문제들로 시작부터 골머리를 앓았기에 이제 더는 문제없이 흘러갈 줄로만 알았다. 힘들었지만 건물 철거도 했고, 이제 건축물 건축 허가 신고를 할 차례였다.

우리는 아는 건축사 사무실에 근생2종제조장으로 인허가를 득해날라고 부탁을 했다. 한 달쯤 지나서 건축사 사무실에 전화를 걸었다.

"우리 것 아직 허가 안 났나요?"

"안 그래도 전화 드리려고 하고 있었어요. 다른 부서에서는 다 협의가 됐는데 한 부서에서만 불협의 처리가 되었네요."

"네? 그럼 어떻게 되는 건데요?"

"불협의 처리됐으면 협의 처리되게끔 보완해야 하고요. 만약 협의가 되지 않으면 허가 받기는 어려울 것 같습니다."

"아니, 그게 무슨 소리예요? 계획관리지역에 근생2종제조장은 가능한 거 아닌가요? 왜 안 된다는 거죠?"

"저도 그게 좀 당황스러운데, 미관에 어울리지 않는 시설이라 허가를 내줄 수 없다는데요."

"네? 말 같은 소리를 하세요. 그럼 바로 동네 앞에 큰 공장 있는 건 왜 허가를 내줬는데요."

"그러게요, 저도 좀 당황스러워요. 이게 허가 안 날 일이 아닌데."

"거기 담당자 누구래요? 제가 찾아가 볼게요."

그 길로 시청으로 향했다.

"제가 어디어디에 건축 허가 신청한 사람인데요. 여기서 불협의가 됐다고 해서 찾아왔습니다."

담당자가 한참 서류를 뒤적거리더니 입을 열었다.

"아, 누구 되시나요? 여기 법 조항 보시면 '미관과 어울리지 않은 시설은 허가하지 않을 수 있다.'라고 적혀 있지요? 그래서 불협의가 된 겁니다."

"아니, 뭐 이런 황당한 경우가 다 있나요? 그럼 그 앞에 있는 공장은 왜 허가가 났나요?"

"그거는 제가 허가 내준 게 아닙니다."

"아니, 지금 그걸 말이라고 하시는 겁니까? 담당자가 바뀌면 인허가 내주는 기준도 바뀌는 건가요? 뭐 이런 식의 행정이 다 있습니까? 그러지 마시고 허가 내주시면 안 됩니까?"

"제 기준에는 미관에 어울리지 않는 시설이기 때문에 안 됩니다. 죄송합니다."

"아니, 그 기준이 뭐죠? 왜 어울리지 않는다는 겁니까?"

"근생2종제조장으로 허가 신청하시지 않으셨나요? 제조장은 공장 시설이기 때문에 반려된 겁니다."

"그럼 허가를 근생1종으로 집어넣고 건물은 공장처럼 지으면 허가 내주실 건가요?"

"네, 그건 검토해보도록 하겠습니다."

도저히 참을 수가 없었다. 사무실로 돌아와 전자 민원을 작성했다. 그런 이유로 허가를 안 내주는 게 맞는 거냐고 그러자 담당 공무원에게 전화가 왔다. 어쩔 수 없다고 그래 너는 계속 어쩔 수 없어라, 나도 어쩔 수 없이 계속 민원 넣을 테니까.

며칠 지나서 전화가 왔다.

미관과 어울리지 않은 시설이라고 허가 나지 않던 건물이 담당 공무원이 바뀌자 허가가 났다.

"이렇게 계속 민원 넣으시면 곤란합니다."

"그럼 민원 넣지 않게 처리해주세요."

그렇게 거의 한 달을 실랑이한 것 같다. 결국 담당자가 조금 있으면 바뀌는데 사람이 바뀌면 그때 처리해주겠다는 말을 해주었다. 어쩔 수 없었다.

그렇게 한 달이 더 흐른 뒤에야 제조장으로 허가를 득할 수 있었다.

법 조항은 애매모호하게 되어 있어서 담당자 재량으로 얼마든지 결과가 바뀔 수 있다는 것을 그때 알았다. 그 이후로 인허가를 내면서 상식적으로 이해가 되지 않을 때는 항상 민원을 제기하여 해결했다. 왜 공무원은 친절한 사람에게 불친절하고, 불친절한 민원인의 요구는 들어주는 것일까? 공무원의 속성을 잘 알아야 난관을 헤쳐나갈 수 있다.

1 법정지상권

법정지상권이 성립하기 위해서는 저당권을 설정할 당시에 토지와 건물이 동일 소유자의 것이어야 하고, 토지와 건물 어느 한쪽에 저당권이 설정되어야 하며, 저당권의 실행에 따라 경매됨으로써 소유자가 달라져야 한다는 성립 요건이 필요하다. 법정지상권이 성립하지 않을 경우에 토지주는 그 토지 위에 존재하는 건물의 소유자에게 토지 사용료(지료)를 요구하거나 철거를 청구할 권리가 있다.

법정지상권은 법률상 당연히 성립하는 지상권이므로 등기 없이 성립하는 물권이다. 이 법정지상권을 통해 토지 소유자는 지료를 받을 수 있는 권리가 생긴다. 법정지상권자는 지상 건물의 유지와 사용에 필요한 범위를 벗어나지 않는 한, 그 토지를 자유롭게 사용할 수 있다.

다만, 지상물 소유자는 토지 사용의 대가로 토지 소유자에게 지료를 지급해야 한다. 지료를 얼마로 할 것인가는 당사자가 합의하여 결정할 수 있으며, 법정지상권자가 지료를 2년 이상 연체한 경우에 토지 소유자는 법정지상권의 소멸 청구가 가능하다. 그리고 건물 소유자에게는 지상물매수청구권이라는 권리가 생긴다. 즉, 법정지상권의 존속 기간이 만료되면 건물 소유자는 토지 소유자에게 법정지상권의 갱신을 청구할 수 있다. 이때 토지 소유자가 갱신을 거절한다면 건물 소유자는 토지 소유자에게 토지 위의 건물 등을 매수하라고 청구할 수 있다. 법정지상권자가 가지는 지상물매수청구권은 형성권이므로 법정지상권자의 지상물매수청구가 있으면 토지 소유자는 반드시 지상물을 매수해야 한다.

2 농작물 소유권에 관한 판례

남의 토지에 권한 없이 경작 재배한 농작물의 소유권은 그 경작자에게 있고 길이 4.5cm에 불과한 못자리도 농작물에 해당한다.

무단 점유한 토지라도
협의를 해야 한다

용도지역이 자연녹지로 잡힌 임야를 매입하기 위해 현장을 보러 갔다. 현장에 가보니 임야까지 들어가는 진입로는 4m가 채 안 되는 농로였고, 그 길을 따라 300m를 가니 나지막한 야산 하나가 눈에 들어왔다. 바로 그 토지였다.

산길을 따라 정상으로 올라갔다. 높이가 얼마라고 할 것까지도 없는 나지막한 야산이었고 정남향을 바라보고 있어 경치가 한눈에 들어왔다. 인근 편의시설과 가까운 거리였기에 이것저것 생각해봐도 괜찮아 보였다. 면적도 적당하게 1,000평이다.

현황을 분석한 결과, 용도지역이 자연녹지이고 건폐율은 20%이며 진입 도로가 없었다. 하지만 현장에는 지목이 구거인 하천 부지가 도로로 포장되어 있어 기반 공사로 목적 외 허가가 필요한 상황이었다.

목적 외 사용 승인 **TIP**

현재 도로로 사용하고 있더라도 지목이 구거로 되어 있는 경우에는 [농어촌 정비법] 제 20조 및 동법 시행령 제23조의 규정에 의하여 농업기반시설 외로 진입로로 쓰겠다는 목적 외 사용 승인을 받은 후에 사용이 가능하다. 목적 외 사용 승인이란 유지나 구거 등의 관리청이 한국농어촌공사일 경우 이 유지나 구거 등을 진입로로 쓰고자 할 경우 관리청으로부터 허가를 득하여야 하는 것이다.

지목이 구거로 표시되어 있는 토지   실제 지목이 구거인 부지에 목적 외 허가를 득하여 진입로를 만든 현장 모습. 왼쪽에 보이는 비닐하우스를 보상 후 뒤로 옮겼다.

위 부지는 평소 친하게 지내던 토목 사무실에 의뢰해 인허가 여부도 확인이 끝난 상태였다. 지목이 구거인 도로에 땅을 파서 배수관을 연결하여 배수로를 확보하고 목적 외 허가를 통해 진입 도로를 개설한다는 계획이었다.

소유권이전등기가 끝나고 우리는 바로 인허가 서류를 접수했다. 한두 달 정도 걸려 허가는 무사히 받을 수 있었다. 현장에 지목이 구거인 하천 부지의 목적 외 허가를 받고, 실제 포장이 덜 되어 있는 것을 마무리하려고 인근을 돌아보았다. 그러던 중 동네 주민이 설치한 비닐하우스가 우리가 진입로로 써야 할 부지에 1m가량 저촉되어 있는 것을 발견했다. 도로 폭이 3m밖에 안 되는 진입로에 1m가 걸쳐 있으니 당연히 폭이 나오지 않았다. 우리는 비닐하우스 주인을 찾아갔다.

"어르신, 저희가 이 토지에 집을 지어서 분양하려 하는데 이 단지로 올라가기 위해서는 비닐하우스를 치우고 포장을 해야 할 것 같습니다. 어르신 불편하시지 않게 저희 노동자를 데려다가 그대로 1m 뒤로 옮겨드리겠습니다."

"싫습니다. 건드리지 마시고 그대로 놔두세요. 뒤로 옮길 만한 땅도 없고 그럴 생각도 전혀 없습니다."

아무리 설득해도 듣지 않았다. 무섭게 생긴 큰아들이라는 사람까지 나와서 건드리지 말라고 난리였다. 흡사 깡패 같았다. 큰일났다. 어처구니없게 자기네 토지도 아닌 기반공사 토지를 무단 점유하고 있으면서 큰소리였다. 게다가 우리가 공사해서 그대로 만들어준다는데도 저러니….

일단 사무실로 들어가 아까 만났던 아들에게 전화를 걸었다.

"여보세요, 저 아까 뵈었던 사람인데요. 너무 노여워 마시고 만나 뵙고 얘기를 나눴으면 합니다."

아들의 집 근처 카페에서 만나기로 했다. 일이 잘 해결될 수 있을지도 모른다는 기대를 갖고 사장님과 둘이 카페로 향했다. 카페 안으로 들어가니 그때 만났던 무섭게 생긴 아들이 앉아 있었다. 우리는 조용히 자리에 앉아 이야기를 시작했다.

"저희가 비용을 들여서 비닐하우스를 그대로 옮겨놓을 테니 도와주세요."

"그냥 들어줄 순 없고 단도직입적으로 말하겠는데 2,000만 원 주고 그렇게 하십시오."

뭐 이런 사람이 다 있나 하는 마음이 들어 울컥했지만 마음을 가라앉히고 조용히 이야기했다.

"비닐하우스 1m 옮기는 데 2,000만 원이라니요. 저희가 비용 들여 잘 마무리

해 드리겠습니다."

"아니요 나는 당신 말을 들으러 온 게 아니라 뜻을 전하러 온 거니까 그만 가 보겠습니다."

아들은 그렇게 자기 할 말만 하고는 자리를 떠났다. 이런 기막힌 상황이라니. 그 이후 상황을 전부 자세히 설명할 수는 없지만 어찌 되었든 우리는 1,000만 원에 합의를 볼 수밖에 없었고, 결과적으로 비닐하우스를 1m 옮기는 데 꽤 많은 비용을 감당해야 했다. 이런 경험을 하면서 민원 없는 개발은 없구나 하는 생각을 하게 되었다.

⑥ 절묘한 방법으로 단기 수익률 110% 달성하다

개발 전 왼쪽 논과 같은 농지였지만 개발 후 멀리 보이는 고물상 부지로 바뀐 모습

투자수익이 거의 없이 조용한 날이 계속되고 있었다. 나는 개발법인의 이사로 일하면서 매일 개발할 수 있는 부지를 찾아다니고 있었다. 그러던 어느 날 부동산 사무실에서 전화가 왔다.

"김 이사님, 700평 정도의 밭이 나왔는데 한번 보시지 않을래요?"

"그냥 밭으로 되어 있나요?"

"아니요. 현황은 밭이고 현재 물류창고로 허가를 득한 상태입니다."

"그렇다면 당연히 보러 가야죠 금방 가겠습니다."

그 길로 바로 토지를 보러 갔다. 그런데 현장에 도착해서 토지를 보는 순간 이 토지가 정말 매매 시장에 나온 건가 하는 생각이 들었다.

2차선 도로에서 얼마 들어가지 않은 곳에 자리 잡고 있었고, 진입로 폭도 6m 정도 되는 듯 보였다. 현장은 실제 밭으로 이용 중이었는데 도로와 거의 평행한 상태여서 흙을 매립할 필요가 없었다. 더구나 바로 위 부지도 밭이었기 때문에 토지의 가장자리 부분에 대한 구조물 공사 시공 역시 거의 필요 없을 듯 보였다. 또한 이 부지는 이미 개발행위허가를 득한 상태로, 농지를 개발할 때 들어가는 인허가 비용을 이미 납부한 상태라는 것이 나를 더욱더 흥분시켰다.

"그런데 사장님, 이 근처에 배수로가 보이지 않는데 배수로는 어디로 가는 건가요?

나는 부동산 사무실 사장님에게 물었다.

"아, 배수로요. 근처에 배수로가 없어서 이 앞으로 보이는 구거 부지를 통해 300m 가량 떨어져 있는 저기 저 하천으로 목적 외 허가(도로로 포장되어 있어 배수관을 묻는 공사를 하기 위해 받는 허가)를 받아둔 상태입니다."

구거 부지이면서 배수관을 묻은 300m 길 모습

"아~, 그런가요? 그럼 이 주변 토지들도 개발하게 되면 저쪽으로 목적 외 허가를 받아야겠네요?"

"그렇지요. 이 옆 토지들도 저리로 가야겠지요."

순간 머릿속에 드는 생각이 있었다. 그럼 내가 먼저 관을 매설해서 공사를 마쳐놓으면 이 옆 토지를 매입한 사람들도 내가 설치한 관으로 연결하려 할 것이다. 그럼 내가 설치한 관으로 연결해주면서 공사 비용을 어느 정도 회수할 수 있겠다는 생각이 들었다. 개발 마진이 아닌 다른 방법으로 돈을 벌 수 있는 방안이 생각난 것이다.

나는 이 토지를 매입하기로 결정했다. 토지를 보러 간 지 얼마 되지도 않아 계약 의사를 비추고 다음 날로 당장 계약 약속을 잡았다.

내 계획은 이랬다. 이곳은 토지거래허가구역이다. 그렇기 때문에 인허가를 득하여 매입하게 되면 전매 제한에 걸리는 상황이었다. 왜냐하면 인허가를 득하여 매입하는 토지에 대해서는 4년간의 전매 제한이 걸리기 때문이다. 토지거래허가구역 내에서는 실수요 목적으로만 토지 취득이 가능하고, 투기의 방지를 위하여 전매를 못하도록 법으로 전매 제한 기간을 정해두고 있었디.

하지만 나는 개발업자다. 토지를 매입하여 1년 안에 매도해야만 수익이 발생하고, 그렇게 일을 해야만 돈을 벌 수 있었다. 하여 토지를 매입하여 오랫동안 가지고만 있을 것이라면 토지를 매입할 이유가 없다.

그렇기 때문에 '어떻게 하면 전매 제한에 걸리지 않을까?'가 모든 개발업자의 고민거리였는데 나는 이미 그 방법을 알고 있었다. 바로 분양 목적으로 취득하는 것이다. 방법은 이렇다.

토지거래허가구역 내에서 토지를 분양 목적으로 취득하게 되면 토지를 분양하는 것이 실수요 목적으로 보이기 때문에 사업을 마친 후에는 기간에 구애받지 않고 언제든지 팔 수 있다. 하지만 토지거래허가구역 내에서 토지만으로는 분양이라고 보지 않는다는 것이 문제였다. 전매 제한에 걸리지 않기 위해서는 취득한 토지를 2개 필지 이상으로 분할하여 건축물을 신축하고 2인 이상에게 매도해야 하는데 이것이 관건이었다.

건물을 반드시 지어야 한다. 그러나 건물을 짓게 되면 원가 상승으로 현금이 많이 소요될 것이 뻔한 상황이었기 때문에 어떻게 하면 준공을 받으면서 건물을 조금 지을 수 있을까를 생각했다. 건물만 조금 지어서 지목 변경을 하여 공시지가를 상승시킬 수만 있다면. 건축물을 지어서 준공을 득한 후에도 개발부담금을 납부하지 않을 수 있다면.

한참의 고민 끝에 결국 방법을 찾아냈다. 그 방법은 분뇨 및 쓰레기 처리시설 허가, 다른 말로 하면 고물상 허가였다. 고물상이라는 것은 잘 지어진 건물이 필요 없을 뿐만 아니라 건물을 지어서 준공을 마친 뒤에도 개발부담금 대상 업종이 아니기에 개발부담금도 발생하지 않는다. 또한 그 당시 고물상으로 준공을 득하는 기준으로는 마당 포장 조건이 있었는데 레미콘으로 포장하지 않아도 되고 잡석으로 마감을 짓는 것도 가능했다. 다시 말해 공사 비용을 줄일 수 있다는 것이다. 그저 토지의 경계 쪽에 함석으로 담장을 만들어주기만 해도 되었다. 나는 이 고물상이라는 업종이 개발업자에게 너무나 좋은 조건들을 가지고 있다는 사실을 발견했다.

우리는 바로 토지를 계약하면서 토지거래허가를 신청하기 위해 개발행위허가 명의 변경 및 업종 변경을 신청했다. 당연히 이 토지는 목적 외 허가를 받아둔 상태였기 때문에 농업기반공사로 명의 변경 신청을 동시에 진행했다.

그렇게 모든 신청을 끝내고 한 달쯤 걸려 인허가를 받을 수 있었다. 우리는 바로 그 인허가증을 첨부하여 토지거래허가 신청을 하였고 신청한 지 일주일도 걸리지 않아 허가를 득할 수 있었다.

우리는 허가를 득한 후 바로 인근 은행으로 향했고, 허가증을 보여주면서 잔금 대출을 신청했다. 아직 지목은 전이었지만 인허가를 득한 상태의 토지였기

TIP
여기서 목적 외 허가 명의 변경을 하는 이유는, A라는 사람이 갖고 있는 구거 부지를 사용할 수 있는 권리를 매수자인 B에게 허가권에 대한 명의변경을 해야만 B가 그 구거 부지를 사용할 수 있기 때문이다.

때문에 실제 거래 금액의 80% 정도를 대출받아 그 대출금으로 무사히 잔금을 치를 수 있었다. 여기까지 토지를 매입하면서 들어간 비용이라고는 토지 금액의 20% 정도와 등기 비용뿐이었다.

이제 우리는 전매 제한에 걸리지 않는 분양을 하기 위해서 본 부지를 2개의 필지로 분할하고 필지별로 건축신고를 신청했다.

고물상이라는 업종은 건물이 많이 필요하지 않은 시설이고 나는 준공을 내기 위한 건축을 하는 것이었기 때문에 최소한의 평수와 최소한의 건축 내용만 필요할 뿐이다. 하여 2개의 필지에 각각 5평짜리의 건물을 짓겠다는 신고를 했다.

또한 준공을 내는 것이 목적이었기 때문에 건물의 높이를 2m로 하고 만약 태풍이 오면 오늘 있었던 건물이 내일 없어질지도 모르는 수준으로 지어달라고 공사업자에게 부탁을 했다. 공사업자도 무슨 그런 건물이 있느냐며 내게 재차 물

두 필지로 분할된 모습   간단하게 건축한 건물 두 동

2차선에서 멀지 않은 부지

어보았다.

"정말 막 지어도 되는 건가요?"

"네, 진짜 비가 새도 되고 태풍 불면 지붕이 날아가도 되니까 싸게만 지어주세요."

그렇게 10평짜리 건물을 지었고 관을 연결하는 공사를 하게 되었다. 지목이 잡종지로 변하면서 공시지가는 상승했고, 고물상 허가를 득하는 순간 시청으로부터 개발부담금 대상이 아니라는 통보서를 받았다. 그렇게 우리는 고물상으로 모든 준공을 마쳤고 바로 월세로 내놓았다. 그러자 부동산에 부탁한 지 한 달도 채 되지 않아 토지를 쓰겠다는 사람이 나타났고 월세 계약을 하게 되었다.

월세를 주고 몇 달이 지났을까. 내가 예상했던 일이 일어났다. 옆 토지 주인에게서 연락이 온 것이다. 우리가 매설해놓은 관으로 연결을 하고 싶다고. 토지를 매입하면서 그럴 수도 있겠구나 하고 생각만 했던 것이 현실이 되는 순간이었다. 그렇게 해서 관을 매설했던 비용 중 어느 정도는 회수할 수 있게 되었고 이제 토지를 매도하는 일만 남았다.

우리는 개발법인이다. 법인은 양도소득세를 내지 않는다. 대신 법인소득세를 내게 되는데 법인세는 양도 차익 2억 원 미만에 한하여 10%의 세금을 부과한다. 또한 법인세는 기간 기준이 없다. 그리하여 우리는 위 부지를 바로 매도해도 세금상의 부담은 그리 크지 않았다.

우리는 위 부지의 준공과 함께 월세는 수고 부동산 사무실에는 매매로 내놓았다. 매도 금액은 주위 시세에 맞춰 내놓았기에 절대 비싼 값이 아니었다.

사람들은 개발이 주위 시세보다 저렴하게 매입하여 비싸게 매도해야만 이득을 볼 수 있을 것이라고 생각하지만 내 생각은 다르다. 지극히 시세에 맞춰 매입하고 최소한의 개발 비용을 들여서 시세에 맞게 매도해야 한다. 그래야만 자금이 묶이지 않는다. 수익의 크기, 즉 개발 마진의 폭은 어떻게 개발하느냐가 결정한다. 우리는 시세에 맞춰 토지를 내놓았기에 쉽게 매도할 수 있었고, 그 기간은 1년이 채 걸리지 않았다. 이 토지를 개발하면서 현금 대비 110% 이상의 연 수익률을 거둘 수 있었다. 월세는 계산하지 않은 수익률이기에 따지고 보면 더 많은 수익을 거둔 것이다.

사실 이 사례 속에 독자 여러분들에게 알려주고자 하는 모든 내용이 들어 있다고 해도 과언이 아니다. 토지를 개발한다는 것은 엄청난 수익으로 돌아올 수 있다는 것, 수익을 키우고 성공적으로 개발을 마치기 위해서는 법을 정확히 해석하고 예외 규정을 확인해야 한다는 것, 보통 사람처럼 생각하여 개발하기보다는 누구도 생각하지 못한 나만의 방법을 연구하고 만들어가야 한다는 것이다.

성공한 개발업자가 되기 위해서는 어떤 식으로 개발하는 것이 원가를 줄일 수 있는지 항상 고민해야 한다. 부동산의 토지 시장이라는 것은 마트에서 물건을 고르는 시장이 아니라 심리전의 시장이라는 것 또한 반드시 명심해야 할 사항이다.

정상적인 개발을 하면서 매수자도 인정할 수 있는 그런 개발을 한다면, 매도자 매수자 모두 윈윈할 수 있는 그런 게임을 만들어나갈 수 있을 것이다. 토지 투자를 하여 단기 차익을 낸다는 것은 운에 의해 이루어지는 일이 아니다. 치밀한 전략을 짜고 매수자들이 어떤 것을 원하는지 제대로 파악해야 하며, 최소한의 비용으로 최대한의 효과를 얻을 수 있도록 계획적인 개발을 해야 한다.

토지를 매입하는 사람이라면 누구나 이런 생각을 할 것이다. 이 토지를 어떻게 해놓으면 잘 팔 수 있을까? 이 책을 통해 개발이 어떤 것인지를 알게 되었다면 내가 말하려 했던 내용을 정확히 이해한 것이다.

우리가 시세에 맞춰 매입해서 시세에 맞춰 매도하려 한다면, 남보다 싸게 사려고 애쓰지 않아도 되고 남보다 비싸게 팔려고 노력하지 않아도 된다. 그러나 그런 식으로 일한다면 힘은 안 들지 몰라도 절대 성공한 개발업자는 될 수 없다.

그렇다면 우리는 무엇을 해야 할까? 한 가지만 정확히 파악하면 된다. 어떻게 하면 개발 비용을 줄일 수 있을지를 말이다. 개발 비용을 줄이는 것이 곧 개발 마진이라는 것을 잊지 말아야 한다.

> **TIP**
>
> **분양 목적 토지거래허가 가능 여부**
>
> 1. 토지거래허가를 받아 토지를 취득한 자는 국토계획법 제124조의 규정에 의하여 허가받은 목적대로 당해 토지를 이용하도록 되어 있으며, 같은 법 시행령 제124조 및 토지거래업무처리규정(국토해양부 훈령 제108호) 제14조의2제7항의 규정에 의하면 건축물의 분양에 관한 법률에서 정의한 분양을 위한 경우는 토지와 그 지상물을 함께 이용의무기간 이내에라도 양도할 수 있음.
> 2. 당해 건축물이 건축물의 분양에 관한 법률 제3조의 규성에서 정하고 있는 적용 범위에 해당되지 않고 관련 규정에서 별도의 분양허가대상(다세대 등)이 아닌 경우라도 건축물의 전부 또는 일부를 2인 이상에게 판매할 수 있다면 분양 목적으로 토지거래허가가 가능하며, 토지 자체를 매각하는 방식은 해당되지 아니함.

쓸모없는 토지의 가치를 3배 상승시키다

나는 개발법인의 이사다. 부지를 매입하여 판매하는 일을 하다보니 자연스럽게 주변 사람들 상담을 많이 해주게 되었다.

어느 날 한 손님이 들어왔다. 어딘가 낯이 많이 익은 사모님이었다. 그러나 기억을 더듬어도 잘 생각이 나지 않았는데 자리에 앉아서 많은 얘기를 나누니 겨우 생각이 났다. 내가 공인중개사 자격을 취득하고 처음 들어간 직장에서 내게 아파트 상담을 받았던 분이었다. 그 사실을 깨닫는 순간 너무 반가웠다. 이분을 위해서 뭔가 도움이 될 일이 없을까 생각하고 있을 때 사모님이 말을 꺼내셨다.

"제가 이 지역에 사놓은 땅이 700평 정도 있는데 이 땅을 어떻게 해야 할지 모르겠어요. 팔고는 싶은데 이 상태로는 매매도 잘 안 될 것 같고 어떻게 방법이 없을까요?"

그랬다. 토지 시장의 분위기가 많이 가라앉아 있을 때였다. 토지를 팔고 싶어도 팔리지 않던 시기였기에 답답한 마음을 안고 지역 부동산을 돌아다니고 있었던 것이다.

우선 지번을 적었다. 토지이용계획확인원을 분석하고 주변 상황을 둘러보았다. 용도지역은 생산관리지역이었으며, 지적상 도로가 존재하지 않고 현황 도로가 존재했다. 다만 큰 도로에서 구거 부지가 도로로 포장이 되어 있는 상황이었다. 누가 봐도 이 상태로는 매매가 되지 않을 것 같았다.

"사모님, 이 상태로는 매매도 잘 되지 않을 것 같고 그냥 묵혀두시는 방법밖에 없을 듯합니다. 하지만 한 가지 방법이 있는데 들어보실래요?"

이렇게 말을 꺼낸 나는 브리핑을 하기 시작했다.

"먼저 용도지역이 생산관리지역이고 근린생활시설과 주택의 용도로는 보이지 않는 위치에 있기 때문에 돈이 제일 적게 들어가는 부지로 조성하고, 건물을 허름하게 지어서 세입자가 고쳐 쓰는 조건으로 월세를 내놓는 겁니다. 부지를 조성하는 데도 비용이 많이 들어가지 않고 월세도 받으실 수 있을 거예요. 진입하는 도로는 다행히 구거 부지에 포장된 도로가 있으니 농어촌공사로부터 목적 외 허가를 받아서 진출입로를 확보한 다음, 30평짜리 건물을 허름하게 지어 준공을 득한 뒤에 월세를 내놓으면 어떨까요? 건물의 용도를 분뇨 및 쓰레기처리시설, 즉 고물상으로 허가를 받으면 가능할 것 같은데요."

나는 이미 고물상으로 개발해본 경험이 있기에 건물을 허름하게 지어도 세입자가 직접 고쳐서 사용한다는 걸 알고 있었다. 또한 이 시절에는 큰 차들이 마당을 밟고 다니다보니 마당 포장도 잡석 마감으로 준공을 득할 수 있었다.

내가 제안한 조건의 장점은 부지를 조성하여 지목을 잡종지로 바꾸게 되면 지가 상승이 이루어져 추후에 높은 가격으로 매도할 수 있다는 것과 부지 조성을 하여 월세를 받으니 가지고 있는 동안에도 수익이 발생할 수 있다는 것이었다.

내 제안에 사모님이 이런 질문을 하셨다.

"그렇게 다 하려면 비용이 많이 들어가지 않을까요?"

"아니요, 비용은 들어가지만 생각하시는 것만큼 많이 들어가지 않게 작업할 수 있습니다."

내 계획은 이러해다 먼저 구거 부지를 목적 외 허가를 받아 신출입로를 확보하고, 30평 건물을 허름한 창고 수준으로 지어 건축 비용을 절감할 예정이었다. 계획대로 고물상으로 준공을 득하면 마당은 포장이 아닌 잡석 마감으로 할 수 있고, 건축물 준공을 내어 지목이 잡종지로 바뀌어도 개발부담금 대상 업종이 아니기에 개발부담금을 내지 않아도 된다. 물론 건물을 짓고 부지를 조성하면서 비용이 발생하게 되는데, 이 비용을 본 부지로 인허가를 득하여 은행에서 대출을 받는다면 현재 현금을 쥐고 있지 않은 상태에서도 이 토지의 가치를 창조해 낼 수 있는 계획이었다.

사모님은 흔쾌히 승낙했고 나는 곧바로 토지개발을 시작했다.

먼저 목적 외 허가를 통한 진출입로를 확보하였고, 바로 시청에 분뇨 및 쓰레기 처리시설로 인허가를 접수해 한 달 정도 후에 허가를 득할 수 있었다. 이후에 바로 토목공사에 착수했는데 일단 지목이 전이었지만 주변 환경에 비추어 오른쪽으로는 낭떠러지였기에 옹벽 시공을 하기로 했다. 그렇게 토목 공사를 진행하면서 사용할 건물이 아닌 준공을 위한 건물이기에 가능한 건축업자와 조율을 통

보강토가 시공된 모습

옹벽이 시공된 모습

약 2천만 원이 소요된 건물

사용 목적이 아닌 준공을 위해 지은 건물

해 최대로 허름하게 짓는 방향으로 견적을 산정했다.

우리는 약 2,000만 원 정도의 비용으로 30평짜리 건물을 지을 수 있었고 마당은 잡석 마감으로 토지의 지목을 바꾸게 되었다. 당연히 개발부담금 대상 업종이 아니었기에 개발부담금 역시 나오지 않았다. 바로 이어서 건축물의 소유권 보존등기를 진행하고 지목 변경에 의한 취득세를 납부한 뒤 지목을 잡종지로 변경했다.

그 후 위 부지는 월세 100만 원을 받게 되었는데, 이는 부지를 조성하기 위한 대출 금액의 이자를 납부하고도 수익이 남는 상황이 되었다. 현재 이 부지는 개발 전 시세에서 3배 정도의 지가 상승이 이루어졌다. 마냥 가지고 있을 뻔했던 토지를 개발을 통해 수익형 토지로 바꾸고 3배 정도 가치를 끌어올렸으니 이 노하우가 얼마나 값진 것인지를 이 사례를 통해 느낄 수 있을 것이다.

남들과 다른 시각이 차별화된 삶을 만든다

　이제까지 나는 토지 개발이 무엇인지, 또 어떤 방식으로 진행되는지를 설명했다. 여기까지 읽은 당신은 이제 토지 투자가 개발로 인해 단기 차익의 수단이 될 수 있고, 토지의 가치를 개발하는 것이 나에게 엄청난 수익을 안겨준다는 것을 알게 되었을 것이다.

　이해가 되지 않는다면 이 책의 내용을 몇 번이고 반복하여 읽길 권유한다.

　이 투자법을 제대로 이해한다면 이를 모르는 사람처럼 감에 의존한 투자를 하지 않게 되고, 토지투자에 관해 실수하지 않고 수익을 낼 수 있다.

　토지를 볼 때 남들과 다른 시각으로 볼 수 있는 능력이 생긴다면 당신을 부자로 만들어줄 기회가 분명히 올 것이다. 물론 한 번의 성공으로 단숨에 부자가 될 수는 없겠지만 처음의 성공으로 인해 부자가 될 수 있는 발판을 만들 수 있다.

　그런 이유에서 투자에 관한 공부를 해야 하는데 그렇다고 해서 교수나 박사가 되기 위해 노력하라는 것이 아니라 어떤 물건을 보았을 때 수익이 되는지 여부를 분석할 수 있는 수준이면 되고, 그와 함께 누군가에게 빠른 시간에 매도할 수 있는 토지인지 판단하는 그 감각도 키우기 위해 노력해야만 한다.

　독자들의 성공 투자를 기원하며 글을 마친다.

개발행위허가운영지침

[시행 2019.8.29.]
[국토교통부훈령 제1218호, 2019.8.29., 일부 개정]

국토교통부(도시정책과), 044-201-3712

| 제 1 장 |
총칙

제1절 개발행위허가지침의 목적

1-1-1 이 지침은 「국토의 계획 및 이용에 관한 법률 시행령」 제56조제4항에 따라 개발행위허가의 대상·절차·기준 등에 대한 사항을 제시하여 개발행위허가제의 원활한 운영을 도모함을 목적으로 한다.

제2절 개발행위허가의 의의 및 운영원칙

1-2-1 개발행위허가제는 개발과 보전이 조화되게 유도하여 국토관리의 지속가능성을 제고시키고, 토지에 대한 정당한 재산권 행사를 보장하여 토지의 경제적 이용과 환경적 보전의 조화를 도모하며, 계획의 적정성, 기반시설의 확보여부, 주변 경관 및 환경과의 조화 등을 고려하여 허가여

부를 결정함으로써 난개발을 방지하고 국토의 계획적 관리를 도모하는 제도이다.

1-2-2 특별시장·광역시장·특별자치시장·특별자치도지사·시장 또는 군수(이하 "허가권자"라 한다)는 「국토의 계획 및 이용에 관한 법률」(이하 "법"이라 한다), 법 시행령(이하 "영"이라 한다)에서 위임한 범위 안에서 도시·군계획조례를 마련하여 개발행위허가제를 운영할 수 있다. 이 경우 도시·군계획조례로 정한 기준은 이 지침에 우선하여 적용한다.

1-2-3 이 지침은 개발행위허가를 함에 있어서 필요한 사항을 정한 것으로서 지침의 내용을 종합적으로 고려하여 적용하도록 하고, 지역실정 또는 당해 구역여건 등으로 인하여 지침의 세부내용 중 일부에 대하여 이를 그대로 적용하는 것이 매우 불합리한 경우에는 그 사유를 명백히 밝히고 다르게 적용할 수 있다. 이 경우에도 법령에서 정한 기준에 대하여는 그러하지 아니하다.

제3절 법적근거

1-3-1 법 제58조 제3항

제58조(개발행위허가의 기준)

③ 개발행위허가 기준은 다음의 특성, 지역의 개발상황, 기반시설의 현황 등을 고려하여 다음 각 호의 구분에 따라 개발행위허가 기준을 차등화 한다.

1. 시가화 용도: 토지의 이용 및 건축물의 용도·건폐율·용적률·높이 등에 대한 용

도지역의 제한에 따라 개발행위허가의 기준을 적용하는 주거지역·상업지역 및 공업지역

2. 유보 용도: 법 제59조에 따른 도시계획위원회의 심의를 통하여 개발행위허가의 기준을 강화 또는 완화하여 적용할 수 있는 계획관리지역·생산관리지역 및 자연녹지지역

3. 보전 용도: 법 제59조에 따른 도시계획위원회의 심의를 통하여 개발행위허가의 기준을 강화하여 적용할 수 있는 보전관리지역·농림지역·자연환경보전지역 및 생산녹지지역, 보전녹지지역

1-3-2 영 제56조제4항

제56조(개발행위허가의 기준)

① 법 제58조제3항의 규정에 의한 개발행위허가의 기준은 별표 1의2와 같다.

② 국토교통부장관은 제1항의 개발행위허가기준에 대한 세부적인 검토기준을 정할 수 있다.

제4절 개발행위허가의 대상

1-4-1 다음의 개발행위는 허가권자로부터 허가를 받아야 하며, 허가받은 사항을 변경하는 경우에도 허가를 받아야 한다(영 제51조).

(1) 건축물의 건축 또는 공작물의 설치

① 건축물의 건축 :「건축법」제2조제1항제2호에 따른 건축물의 건축

② 공작물의 설치 : 인공을 가하여 제작한 시설물(「건축법」제2조제1항제2호에 따른 건축물 제외)의 설치

(2) 토지의 형질변경(경작을 위한 토지의 형질변경 제외)

절토·성토·정지·포장 등의 방법으로 토지의 형상을 변경하는 행위와 공유수면의 매립. 다만, 경작을 위한 토지의 형질변경의 범위와 이에 대한 허가에 관한 사항은 다음 각 항과 같다.

① 경작을 위한 토지형질변경이란 조성이 완료된 농지에서 농작물 재배, 농지의 지력 증진 및 생산성 향상을 위한 객토나 정지작업, 양수·배수시설 설치를 위한 토지의 형질변경으로서 다음 각 호의 어느 하나에 해당되지 아니한 경우를 말한다.

㉮ 인접토지의 관개·배수 및 농작업에 영향을 미치는 경우

㉯ 재활용 골재, 사업장 폐토양, 무기성 오니 등 수질오염 또는 토질오염의 우려가 있는 토사 등을 사용하여 성토하는 경우, 다만, 「농지법 시행령」 제3조의2제2호에 따른 성토는 제외한다.

㉰ 지목의 변경을 수반하는 경우(전·답과 상호간의 변경은 제외)

② ①에서 정한 규정을 충족하는 경우에도 옹벽 설치(영 제53조에 따라 허가를 받지 않아도 되는 옹벽 설치는 제외한다) 또는 2미터 이상의 절토·성토가 수반되는 경우에는 개발행위허가를 받아야 한다. 다만, 절토·성토에 대해서는 2미터 이내의 범위에서 특별시·광역시·특별자치시·특별자치도·시 또는 군의 도시·군계획조례로 따로 정할 수 있다.

(3) 토석채취

흙·모래·자갈·바위 등의 토석을 채취하는 행위(토지의 형질변경을 목적으로 하는 것은 제외)

(4) 다음 각 항의 어느 하나에 해당하는 토지분할(「건축법」 제57조에 따른 건

축물이 있는 대지는 제외)
① 녹지지역·관리지역·농림지역 및 자연환경보전지역 안에서 관계 법령에 의한 허가인가 등을 받지 아니하고 행하는 토지의 분할
② 「건축법」 제57조제1항에 따른 분할제한면적 미만으로의 토지의 분할(관계 법령에 의한 허가인가를 받은 경우도 포함)
③ 관계 법령에 의한 허가인가 등을 받지 아니하고 행하는 너비 5미터 이하로의 토지의 분할

(5) 물건적치

녹지지역·관리지역 또는 자연환경보전지역 안에서 건축물의 울타리 안(적법한 절차에 의하여 조성된 대지에 한함)에 위치하지 아니한 토지에 물건을 1월 이상 쌓아놓는 행위

1-4-2 토지형질변경 및 토석채취 중 도시지역 및 계획관리지역 안의 산림에서의 임도의 설치와 사방사업에 관하여는 각각 「산림자원의 조성 및 관리에 관한 법률」과 「사방사업법」에 따르고, 보전관리지역·생산관리지역·농림지역 및 자연환경보전지역 안의 산림에서 토지형질변경(농업·임업·어업을 목적으로 하는 토지의 형질 변경만 해당) 및 토석채취에 관하여는 「산지관리법」에 따른다(법 제56조제3항). 이 경우 농업·임업·어업의 범위는 다음 각 호의 경우를 말한다.
① 농업·어업의 범위는 「농어업·농어촌 및 식품산업 기본법」제3조 및 같은 법 시행령 제2조에 의한 농업 및 어업
② 임업의 범위는 「임업 및 산촌진흥 촉진에 관한 법률」제2조 제1호에 의한 임업

③ 그 밖에 관계법령에 따라 농업·임업·어업으로 분류하는 시설

제5절 개발행위허가를 받지 않아도 되는 행위(법 제56조제4항)

1-5-1 도시·군계획사업에 의한 개발행위. 이 경우 택지개발사업·산업단지개발사업 등 도시·군계획사업을 의제하는 개발행위도 개발행위허가에서 제외한다.

1-5-2 재해복구 또는 재난수습을 위한 응급조치(1월 이내에 신고하여야 함)

1-5-3 「건축법」에 의하여 신고하고 설치할 수 있는 건축물의 개축·증축 또는 재축과 이에 필요한 범위 안에서의 토지의 형질변경(도시·군계획시설사업이 시행되지 아니하고 있는 도시·군계획시설부지인 경우에 한함)

1-5-4 다음의 경미한 행위. 다만, 그 범위에서 도시·군계획조례로 따로 정하는 경우에는 그에 따른다(영 제53조).
 (1) 건축물의 건축
  「건축법」 제11조제1항에 따른 건축허가 또는 같은 법 제14조제1항에 따른 건축신고 및 같은 법 제20조 제1항에 따른 가설건축물의 허가 또는 같은 조 제3항에 따른 가설건축물의 축조신고 대상에 해당하지 아니하는 건축물의 건축
 (2) 공작물의 설치
  ① 도시지역 또는 지구단위계획구역에서 무게가 50톤 이하, 부피가 50세제곱

미터 이하, 수평투영면적이 50제곱미터 이하인 공작물의 설치(「건축법 시행령」제118조제1항 각호의 어느 하나에 해당하는 공작물의 설치를 제외)

② 도시지역·자연환경보전지역 및 지구단위계획구역 외의 지역에서 무게가 150톤 이하, 부피가 150세제곱미터 이하, 수평투영면적이 150제곱미터 이하인 공작물의 설치(「건축법 시행령」제118조제1항 각호의 어느 하나에 해당하는 공작물의 설치를 제외)

③ 녹지지역·관리지역 또는 농림지역 안에서의 농림어업용 비닐하우스[비닐하우스 안에 설치하는 육상어류양식장(「수산업법 시행령」제27조에 따른 육상해수양식어업과「내수면어업법 시행령」제9조에 따른 육상양식어업은 위해 설치한 양식장을 말한다)을 제외]의 설치

(3) **토지의 형질변경**

① 높이 50센티미터 이내 또는 깊이 50센티미터 이내의 절토·성토·정지 등(포장을 제외하며, 주거지역·상업지역 및 공업지역 외의 지역에서는 지목변경을 수반하지 아니하는 경우에 한함)

② 도시지역·자연환경보전지역 및 지구단위계획구역 외의 지역에서 면적이 660제곱미터 이하인 토지에 대한 지목변경을 수반하지 아니하는 절토·성토·정지·포장 등(토지의 형질변경 면적은 형질변경이 이루어지는 당해 필지의 총면적을 말함. 이하 같음)

③ 조성이 완료된 기존 대지에 건축물이나 그 밖의 공작물을 설치하기 위한 토지의 형질변경(절토 및 성토는 제외한다). 이 경우 조성이 완료된 기존 대지란 다음 각 목의 어느 하나에 해당하는 토지로서 도로·상하수도 등 기반시설의 설치가 완료되어 해당 대지에 절토나 성토행위가 없이 건축물 등을 건축

할 수 있는 상태로 조성되어 있는 대지를 의미한다. 다만, 영 제57조제2항에 따라 용도변경을 하지 아니하도록 조건을 붙인 건축물이 건축된 대지(건축물이 멸실된 대지를 포함한다)에 다른 용도의 건축물(영 제57조제1항제1의2호 다목부터 마목에 따라 건축할 수 있는 건축물은 제외한다)을 건축하고자 할 경우에는 기존 대지로 보지 아니한다.

가. 도시개발사업·택지개발사업 등 관계 법률에 의하여 조성된 대지

나. 지목이 대·공장용지·학교용지·주차장·주유소용지·창고용지인 대지

다. 관계 법률에 따라 적법하게 건축된 건축물이 있는 대지(건축물이 멸실된 경우를 포함) 다만, 축사 등 농지전용허가를 받지 아니하고 건축된 건축물은 제외

④ 국가 또는 지방자치단체가 공익상의 필요에 의하여 직접 시행하는 사업을 위한 토지의 형질변경

(4) **토석채취**

① 도시지역 또는 지구단위계획구역에서 채취면적이 25제곱미터 이하인 토지에서의 부피 50세제곱미터 이하의 토석채취

② 도시지역·자연환경보전지역 및 지구단위계획구역외의 지역에서 채취면적이 250제곱미터 이하인 토지에서의 부피 500세제곱미터 이하의 토석채취

(5) **토지분할**

① 「사도법」에 의한 사도개설허가를 받은 토지의 분할

② 토지의 일부를 공공용지 또는 공용지로 하기 위한 토지의 분할

③ 행정재산중 용도폐지되는 부분의 분할 또는 일반재산을 매각·교환 또는 양여하기 위한 분할

④ 토지의 일부가 도시·군계획시설로 지형도면고시가 된 당해 토지의 분할

⑤ 너비 5미터 이하로 이미 분할된 토지의 「건축법」 제57조제1항의 규정에 의한 분할제한면적 이상으로의 분할

(6) 물건적치

① 녹지지역 또는 지구단위계획구역에서 물건을 쌓아놓는 면적이 25제곱미터 이하인 토지에 전체무게 50톤 이하, 전체부피 50세제곱미터 이하로 물건을 쌓아놓는 행위

② 관리지역(지구단위계획구역으로 지정된 지역을 제외)에서 물건을 쌓아놓는 면적이 250제곱미터 이하인 토지에 전체무게 500톤 이하, 전체부피 500세제곱미터 이하로 물건을 쌓아놓는 행위

1-5-5 다음 각 호의 어느 하나에 해당하는 경우(다른 호에 저촉되지 않는 경우로 한정한다)의 경미한 변경 (영 제52조)

(1) 사업기간을 단축하는 경우

(2) 다음의 어느 하나에 해당하는 경우

가. 부지면적 또는 건축물 연면적을 5퍼센트 범위에서 축소하는 경우

나. 관계 법령의 개정 또는 도시·군관리계획의 변경에 따라 허가받은 사항을 불가피하게 변경하는 경우

다. 「공간정보의 구축 및 관리 등에 관한 법률」 제26조제2항 및 「건축법」제26조에 따라 허용되는 오차를 반영하기 위한 변경

라. 「건축법 시행령」 제12조제3항 각 호의 어느 하나에 해당하는 변경인 경우

1-5-6 개발행위허가를 받은 자는 1-5-5에 해당하는 경미한 사항을 변경한 때에는 지체 없이 그 사실을 허가권자에게 통지하여야 한다.

| 제 2 장 |
개발행위허가의 절차 등

제1절 개발행위허가의 절차

2-1-1 개발행위의 절차는 다음과 같다.

2-1-2 허가신청
　(1) 개발행위허가신청서에는 다음의 서류를 첨부하여야 한다(규칙 제9조).
　　① 개발행위에 따른 기반시설의 설치나 그에 필요한 용지의 확보, 위해방지, 환경오염방지, 경관, 조경 등에 관한 계획서(개발밀도관리구역 안에서는 기반시설의 설치나 그에 필요한 용지의 확보에 관한 계획서를 제출하지 아니한다.)(법 제57조제1항)
　　② 토지의 소유권·사용권 등 신청인이 당해 토지에 개발행위를 할 수 있음을 증명하는 서류. 다만, 다른 법률에서 개발행위허가를 의제하는 경우 개별 법률에서 토지의 수용·사용, 매수청구 등 소유권 및 사용권에 관한 사항을 별도로 규정하고 있는 경우에는 당해 규정을 따를 수 있다.
　　③ 공사 또는 사업관련 도서(토지형질변경 및 토석채취인 경우)
　　④ 설계도서(공작물을 설치하는 경우)
　　⑤ 당해 건축물의 용도 및 규모를 기재한 서류(건축물의 건축을 목적으로 하는

토지의 형질변경인 경우)

⑥ 개발행위의 시행으로 폐지되거나 대체 또는 새로이 설치할 공공시설의 종류·세목·소유자 등의 조서 및 도면과 예산내역서(토지형질변경 및 토석채취인 경우)

⑦ 법 제57조제1항의 규정에 의한 위해방지·환경오염방지·경관조경 등을 위한 설계도서 및 그 예산내역서(토지분할의 경우는 제외). 다만,「건설산업기본법 시행령」제8조제1항의 규정에 의한 경미한 건설공사를 시행하거나 옹벽 등 구조물의 설치 등을 수반하지 않는 단순한 토지형질변경일 경우는 개략설계서로 설계도서에 갈음할 수 있다.

⑧ 2-1-5의 규정에 의한 관계 행정기관의 장과 협의에 필요한 서류

⑨ 다른 법령에 의한 인가·허가 등의 과정에서 제1항부터 제8항까지의 제출서류에 대한 내용을 확인할 수 있는 경우에는 그 확인으로 제출서류에 갈음할 수 있다.

(2) 개발행위허가신청서에는 개발행위의 목적 · 종류, 사업기간(착공 및 준공시기) 등을 명확히 기재하여야 한다.

(3) 개발행위허가신청서 첨부서류의 작성방법은 별표 1의 작성기준에 따른다.

2-1-3 허가기준 검토(법 제57조, 제58조제1항)

(1) 허가권자는 개발행위허가의 신청내용이 다음의 기준에 적합한 경우에 한하여 개발행위허가를 할 수 있다.

① 3-1-1에 규정된 개발행위허가 규모에 적합할 것

② 도시·군관리계획의 내용에 배치되지 않을 것

③ 도시·군계획사업의 시행에 지장이 없을 것

④ 주변지역의 토지이용실태 또는 토지이용계획, 건축물의 높이, 토지의 경사도, 수목의 상태, 물의 배수, 하천·호소·습지의 배수 등 주변환경 또는 경관과 조화를 이룰 것

⑤ 당해 개발행위에 따른 기반시설의 설치 또는 그에 필요한 용지의 확보 계획이 적정할 것

(2) 허가권자는 개발행위허가의 신청내용이 별표 3의 경관체크리스트, 별표 5의 위해방지 체크리스트, 그 밖에 이 지침에서 정하는 규정에 적합한지 여부를 검토한 후 개발행위허가 신청인에게 위해방지에 관한 계획서를 제출하게 하거나 개발행위허가 신청자의 의견을 듣고 필요한 조건을 붙일 수 있다.

2-1-4 도시·군계획사업자의 의견청취(법 제58조제2항)

허가권자가 개발행위허가를 하고자 하는 때에는 당해 개발행위가 도시·군계획사업의 시행에 지장을 주는지의 여부에 관하여 당해 지역 안에서 시행되는 도시·군계획사업 시행자의 의견을 들어야 한다.

2-1-5 관련 인·허가 등의 의제협의(법 제61조)

허가권자는 개발행위허가를 함에 있어서 다음에 해당하는 사항이 있을 경우 미리 관계 행정기관의 장과 협의하여야 한다. 협의요청을 받은 관계 행정기관의 장은 20일 이내에 의견을 제출하여야 하며, 그 기간 내에 의견을 제출하지 아니하면 협의가 이루어진 것으로 본다. 허가권자가

당해 개발행위에 대하여 미리 관계행정기관의 장과 협의한 다음 사항에 대하여는 당해 인·허가 등을 받은 것으로 본다.

(1) 「공유수면 관리 및 매립에 관한 법률」 제8조에 따른 공유수면의 점용·사용허가, 같은 법 제17조에 따른 점용·사용 실시계획의 승인 또는 신고, 같은 법 제28조에 따른 공유수면의 매립면허, 같은 법 제38조의 규정에 따른 공유수면매립실시계획의 승인

(2) 「광업법」제42조에 따른 채굴계획의 인가

(3) 「농어촌정비법」 제23조에 따른 농업기반시설의 목적 외 사용의 승인

(4) 「농지법」 제34조에 따른 농지전용의 허가 또는 협의, 같은 법 제35조에 따른 농지전용의 신고 및 같은 법 제36조에 따른 농지의 타용도일시사용의 허가 또는 협의

(5) 「도로법」 제34조에 따른 도로공사시행의 허가, 같은 법 제38조에 따른 도로점용의 허가

(6) 「장사 등에 관한 법률」 제27조제1항에 따른 무연분묘의 개장허가

(7) 「사도법」 제4조에 따른 사도개설의 허가

(8) 「사방사업법」 제14조에 따른 토지의 형질변경 등의 허가, 같은 법 제20조에 따른 사방지지정의 해제

(9) 「산업집적활성화 및 공장설립에 관한 법률」 제 13조에 따른 공장설립 등의 승인

(10) 「산지관리법」 제14조·제15조에 따른 산지전용허가 및 산지전용신고, 같은 법 제15조의 2에 따른 산지일시사용허가·신고, 같은 법 제25조제1항에 따른 토석채석허가, 같은 법 제25조제2항에 따른 토사채취신고 및 「산

림자원의 조성 및 관리에 관한 법률」 제36조제1항·제4항에 따른 입목벌채 등의 허가·신고

⑾ 「소하천정비법」 제10조에 따른 소하천공사시행의 허가, 같은 법 제14조에 따른 소하천의 점용허가

⑿ 「수도법」 제52조에 따른 전용상수도설치 및 같은 법 제54조에 따른 전용공업용수도설치의 인가

⒀ 「연안관리법」 제25조에 따른 연안정비사업실시계획의 승인

⒁ 「체육시설의 설치·이용에 관한 법률」 제12조에 따른 사업계획의 승인

⒂ 「초지법」 제23조에 따른 초지전용의 허가, 신고 또는 협의

⒃ 「측량·수로조사 및 지적에 관한 법률」 제15조제3항에 따른 지도 등의 간행 심사

⒄ 「하수도법」 제16조에 따른 공공하수도에 관한 공사시행의 허가 및 같은 법 제24조에 따른 공공하수도의 점용허가

⒅ 「하천법」 제30조에 따른 하천공사 시행의 허가 및 같은 법 제33조에 따른 하천 점용의 허가

2-1-6 개발행위복합민원 일괄협의회 (법 제61조의2)

⑴ 허가권자는 2-1-5에 따라 관계 행정기관의 장과 협의하기 위하여 개발행위 의제협의를 위한 개발행위복합민원 일괄협의회를 개발행위허가 신청일부터 10일 이내에 개최하여야 한다.

⑵ 허가권자는 협의회를 개최하기 3일 전까지 협의회 개최 사실을 법 제61조제3항에 따른 관계 행정기관의 장에게 알려야 한다.

⑶ 법 제61조제3항에 따른 관계 행정기관의 장은 협의회에서 인·허가 등의 의제에 대한 의견을 제출하여야 한다. 다만, 법령 검토 및 사실확인 등을 위한 추가 검토가 필요하여 해당 인·허가 등에 대한 의견을 협의회에서 제출하기 곤란한 경우에는 요청을 받은 날부터 20일이내에 그 의견을 제출할 수 있다.

⑷ ⑴~⑶에서 정한 사항 외에 협의회의 운영 등에 필요한 사항은 도시·군계획조례에 정한다.

2-1-7 허가처분 및 통지

⑴ 허가권자는 허가신청에 대하여 특별한 사유가 없는 한 15일(심의 또는 협의기간 제외) 내에 허가 또는 불허가 처분을 하여야 하며, 허가 또는 불허가처분을 하는 때에는 지체 없이 신청인에게 허가증을 교부하거나 불허가처분사유를 서면 또는 법 제128조에 따른 국토이용정보체계를 통하여 알려야 한다(법 제57조제2항·제3항).

⑵ 허가권자는 개발행위에 따른 기반시설의 설치 또는 그에 필요한 용지의 확보·위해방지·환경오염방지·경관·조경 등에 관한 조치를 할 것을 조건으로 다음과 같은 기준에 해당하는 때에는 개발행위를 조건부로 허가할 수 있다(법 제57조제4항).

① 공익상 또는 이해관계인의 보호를 위하여 필요하다고 인정될 경우
② 당해 행위로 인하여 주변의 환경오염방지 또는 위험예방의 조치가 필요한 경우
③ 당해 행위로 인하여 경관 미관 등이 손상될 우려가 있거나 조경 등 조치가

필요한 경우

④ 역사·문화·향토적 가치가 있거나 원형보전의 필요가 있을 경우

⑤ 재해 취약성분석결과 폭우재해 1등급지역 또는 「자연재해대책법」에 따른 풍수해 저감종합계획의 위험지구 등 관계법령의 규정에 따라 재해관련 지역 지구로 지정되거나 계획이 수립되어 재해예방의 조치가 필요한 경우

⑥ 관계 법령의 규정에 의하여 공공시설 등이 행정청에 귀속되거나 공공시설의 설치가 필요한 경우

⑦ 도시·군계획 및 성장관리방안의 목적에 부합하기 위한 조치가 필요한 경우

⑧ 그 밖에 시·군의 정비 및 관리에 필요하다고 인정되는 경우

⑨ 지방도시계획위원회 심의 조건 및 조언사항 반영을 위한 경우

(3) 허가권자가 개발행위허가에 조건을 붙이고자 하는 때에는 미리 개발행위허가를 신청한 자의 의견을 들어야 한다. 다만, 기반시설부담계획에 따라 기반시설의 설치 또는 부담을 조건으로 하는 경우에는 의견을 듣지 않고 조건을 붙일 수 있다(영 제54조제2항).

2-1-8 준공검사(법 제62조)

(1) 공작물의 설치(「건축법」 제83조에 따라 설치되는 것은 제외), 토지의 형질 변경 또는 토석채취를 위한 개발행위허가를 받은 자는 그 개발행위를 완료한 때에 개발행위준공신청서에 다음의 서류를 첨부하여 허가권자의 준공검사를 받아야 한다(법 제62조제1항, 규칙 제11조제2항).

① 준공사진

② 지적측량성과도(토지분할이 수반되는 경우와 임야를 형질변경하는 경우로

서 측량·수로조사 및 지적에 관한 법률 제78조에 의하여 등록전환신청이 수반되는 경우)

③ 2-1-5 규정에 의한 관계 행정기관의 장과의 협의에 필요한 서류

(2) 「건설산업기본법 시행령」 제8조제1항의 규정에 의한 경미한 건설공사의 경우에는 공사완료 후 그 사실을 허가권자에게 통보함으로써 준공검사에 갈음한다(규칙 제11조제1항).

(3) 허가권자는 허가내용대로 사업이 완료되었다고 인정하는 경우에는 개발행위 준공검사 필증을 신청인에게 교부하여야 한다(규칙 제11조제3항).

(4) 준공검사를 받은 때에는 허가권자가 2-1-5의 규정에 의하여 이제대상 인·허가 등에 따른 준공검사·준공인가 등에 관하여 관계 행정기관의 장과 협의한 사항에 대하여는 당해 준공검사·준공인가 등을 받은 것으로 본다(법 제62조제2항).

제2절 개발행위허가의 이행담보

2-2-1 허가권자는 기반시설의 설치 또는 그에 필요한 용지의 확보·위해방지·환경오염방지·경관조경 등을 위하여 필요하다고 인정되는 경우로서 다음과 같은 경우에는 이행을 담보하기 위하여 개발행위허가(다른 법률에 따라 개발행위허가가 의제되는 협의를 거친 인가·허가·승인 등을 포함한다.)를 받는 자로 하여금 이행보증금을 예치하도록 할 수 있다(법 제60조제1항, 영 제59조제1항 제2항).

(1) 건축물 건축, 공작물 설치, 토지형질변경 또는 토석채취로서 당해 개발행위로 인하여 도로·수도공급설비·하수도 등 기반시설의 설치가 필요한

경우

(2) 토지의 굴착으로 인하여 인근의 토지가 붕괴될 우려가 있거나 인근의 건축물 또는 공작물이 손괴될 우려가 있는 경우

(3) 토석의 발파로 인한 낙석·먼지 등에 의하여 인근지역에 피해가 발생할 우려가 있는 경우

(4) 토석을 운반하는 차량의 통행으로 인하여 통행로 주변의 환경이 오염될 우려가 있는 경우

(5) 토지의 형질변경이나 토석의 채취가 완료된 후 비탈면에 조경을 할 필요가 있는 경우

2-2-2 국가·지방자치단체·대통령령으로 정하는 공공기관·지방자치단체의 조례로 정하는 공공단체가 시행하는 개발행위에 대하여는 2-2-1의 규정에 의한 이행보증금 예치를 면제한다(법 제60조제1항).

2-2-3 이행보증금의 예치금액은 기반시설의 설치, 위해의 방지, 환경오염의 방지, 경관 및 조경에 필요한 비용의 범위 안에서 산정하되, 총공사비의 20퍼센트 이내(산지에서의 개발행위의 경우 산지관리법 제38조에 따른 복구비를 합하여 총공사비의 20퍼센트 이내)가 되도록 하고, 그 산정에 관한 구체적인 사항 및 예치방법은 도시·군계획조례로 정한다. 이 경우 산지에서의 개발행위에 대한 이행보증금의 예치금액은 산지관리법 제38조에 따른 복구비(토사유출 방지시설 설치, 경관복원, 시설물의 철거비용 등을 고려하여 산림청장이 고시하는 복구비 산정기준에 의한다)를 포함하여 정하되, 복구비가 이행보증금에 중복하여 계상되지 아니하도록 하여야 한다.

2-2-4 〈삭제〉

제3절 개발행위허가의 제한

2-3-1 국토교통부장관, 시·도지사, 시장·군수는 다음에 해당하는 지역으로서 도시·군관리계획상 특히 필요하다고 인정되는 지역에 대하여는 중앙 또는 지방도시계획위원회의 심의를 거쳐 1회에 한하여 3년 이내의 기간 동안 개발행위허가를 제한할 수 있다. 다만, ⑶부터 ⑸까지에 해당하는 지역에 대하여는 1회에 한하여 2년 이내의 기간 동안 개발행위허가의 제한을 연장할 수 있다. 이 경우 제한지역·제한사유·제한대상행위 및 제한기간을 미리 고시하여야 한다(법 제63조제1항·제2항).

⑴ 녹지지역이나 계획관리지역으로서 수목이 집단적으로 자라고 있거나 조수류 등이 집단적으로 서식하고 있는 지역 또는 우량 농지 등으로 보전할 필요가 있는 지역

⑵ 개발행위로 인하여 주변의 환경·경관·미관·문화재 등이 크게 오염·손상될 우려가 있는 지역

⑶ 도시·군기본계획이나 도시·군관리계획을 수립하고 있는 지역으로서 그 도시·군기본계획이나 도시·군관리계획이 결정될 경우 용도지역·용도지구 또는 용도구역의 변경이 예상되고 그에 따라 개발행위허가의 기준이 크게 달라질 것으로 예상되는 지역

⑷ 지구단위계획구역으로 지정된 지역

⑸ 기반시설부담구역으로 지정된 지역

2-3-2 국토교통부장관, 시·도지사, 시장·군수는 개발행위허가제한 기간 내에도 도시·군관리계획의 변경 등으로 제한의 필요성이 없어진 경우 즉시 개발행위허가 제한을 해제하여야 한다.

제4절 도시 · 군계획시설부지에서의 개발행위

2-4-1 도시·군계획시설결정의 고시일부터 10년 이내에 도시·군계획시설사업이 시행되지 아니하는 도시·군계획시설 부지로서 지목이 대인 토지에 대하여 매수청구를 하였으나 매수의무자가 매수하지 아니하기로 결정한 경우 또는 매수 결정을 알린 날부터 2년이 지날 때까지 매수하지 아니하는 경우에는 다음의 어느 하나에 해당하는 건축물 또는 공작물로서 조례로 정하는 건축물 또는 공작물에 대하여 법 제56조에 따라 개발행위허가를 할 수 있다. 이 경우 법 제58조(개발행위허가의 기준) 및 제64조(도시·군계획시설 부지에서의 개발행위)는 적용하지 아니한다(법 제47조제7항).

(1) 「건축법 시행령」 별표 1 제1호 가목의 단독주택으로서 3층 이하인 것

(2) 「건축법 시행령」 별표 1 제3호의 제1종근린생활시설로서 3층 이하인 것

(3) 「건축법 시행령」 별표 1 제4호의 제2종근린생활시설(같은 호 차목 및 타목 및 파목은 제외)로서 3층 이하인 것

(4) 공작물

2-4-2 허가권자는 도시·군계획시설 부지에 대하여는 당해 도시·군계획시설이 아닌 건축물의 건축이나 공작물의 설치를 허가해서는 아니 된다. 다만, 다음의 어느 하나에 해당하는 경우에는 허가할 수 있다.

⑴ 지상·수상·공중·수중 또는 지하에 일정한 공간적 범위를 정하여 도시·군계획시설이 결정되어 있고, 그 도시·군계획시설의 설치·이용 및 장래의 확장 가능성에 지장이 없는 범위에서 도시·군계획시설이 아닌 건축물 또는 공작물을 그 도시·군계획시설인 건축물 또는 공작물의 부지에 설치하는 경우

⑵ 도시·군계획시설과 도시·군계획시설이 아닌 시설을 같은 건축물 안에 설치한 경우(법률 제6243호 도시계획법 개정 법률에 의하여 개정되기 전에 설치한 경우를 말한다)로서 법 제88조의 규정에 의한 실시계획인가를 받아 다음 각목의 어느 하나에 해당하는 하는 경우

① 건폐율이 증가하지 아니하는 범위 안에서 당해 건축물을 증축 또는 대수선하여 도시·계획시설이 아닌 시설을 설치하는 경우

② 도시·군계획시설의 설치·이용 및 장래의 확장 가능성에 지장이 없는 범위 안에서 도시·군계획시설을 도시·군계획시설이 아닌 시설로 변경하는 경우

⑶ 「도로법」 등 도시·군계획시설의 설치 및 관리에 관하여 규정하고 있는 다른 법률에 의하여 점용허가를 받아 건축물 또는 공작물을 설치하는 경우(도시지역 외의 지역에서 공원 및 녹지에 대하여 「도시공원 및 녹지 등에 관한 법률」을 준용하여 점용허가를 받아 설치하는 경우를 포함)

⑷ 도시·군계획시설의 설치·이용 및 장래의 확장 가능성에 지장이 없는 범위에서 「신에너지 및 재생에너지 개발·이용·보급 촉진법」 제2조제2호에 따른 신·재생에너지 설비 중 태양에너지 설비 또는 연료전지 설비를 설치하는 경우

2-4-3 허가권자는 도시·군계획시설결정의 고시일부터 2년이 경과할 때까지 당해 시설의 설치에 관한 사업이 시행되지 아니한 도시·군계획시설 중 단계별 집행계획이 수립되지 않거나 단계별 집행계획에서 제1단계집행계획(단계별 집행계획을 변경한 경우에는 최초의 단계별 집행계획)에 포함되지 않은 도시·군계획시설부지에 대하여는 2-4-2에 불구하고 다음의 개발행위를 허가할 수 있다(법 제64조제2항).

(1) 가설건축물 건축과 이에 필요한 범위 안에서의 토지형질변경

(2) 도시·군계획시설 설치에 지장이 없는 공작물 설치와 이에 필요한 범위 안에서의 토지형질변경

(3) 건축물 개축 또는 재축과 이에 필요한 범위 안에서의 토지형질변경 (1-5-3에 해당하는 경우를 제외)

제5절 개발행위허가의 취소

2-5-1 허가권자는 다음에 해당하는 자에게 개발행위허가의 취소, 공사의 중지, 공작물 등의 개축 또는 이전 그 밖에 필요한 처분을 하거나 조치를 명할 수 있다(법 제133조).

(1) 법 제56조에 따른 개발행위허가 또는 변경허가를 받지 아니하고 개발행위를 한 자

(2) 법 제60조제1항에 따른 이행보증금을 예치하지 아니하거나 같은 조 제3항에 따른 토지의 원상회복명령에 따르지 아니한 자

(3) 개발행위를 끝낸 후 법 제62조에 따른 준공검사를 받지 아니한 자

(4) 부정한 방법으로 개발행위허가, 변경허가 또는 준공검사를 받은 자

(5) 사정이 변경되어 개발행위를 계속적으로 시행하면 현저히 공익을 해칠 우려가 있다고 인정되는 경우의 그 개발행위허가를 받은 자

(6) 개발행위허가 또는 변경허가를 받고 그 허가받은 사업기간 동안 개발행위를 완료하지 아니한 자

2-5-2 허가권자는 개발행위허가를 취소 처분을 하고자 하는 경우에는 청문을 실시하여야 한다(법 제136조).

제6절 기반시설 기부채납 운영기준

2-6-1 개발행위허가를 함에 있어 기반시설 기부채납은 필요한 경우에 한하여 요구하도록 하며, 동 운영기준은 개발사업자에게 과도한 기부채납(공공시설 무상귀속 포함) 요구를 방지하기 위하여 규정한 사항으로 개발사업을 시행함에 있어 공공성의 확보와 적정 수준의 개발이익이 조화될 수 있도록 하고, 개발사업자의 정당한 재산권 행사를 제한하거나 사업 추진에 지장을 초래하는 과도한 기부채납은 지양한다.

2-6-2 동 운영기준은 개발행위허가권자와 개발사업자 등이 기반시설 기부채납을 협의하여 결정함에 있어 적용하는 기준으로 지방자치단체장은 본 기준의 범위내에서 지역여건 또는 사업의 특성 등을 고려하여 자체 실정에 맞는 별도의 기준을 마련하여 운영할 수 있다.

2-6-3 적용대상은 법 제56조제1항에 따른 건축물의 건축, 토지의 형질변경, 토석

의 채취로 한다.

2-6-4 원칙적으로 당해 개발사업과 관련이 있는 기반시설을 기부채납 하도록 하고 특별한 사유가 없는 한 해당 사업과 관련이 없는 기부채납은 지양한다.

2-6-5 개발행위허가 시 기부채납이 필요한 경우 총부담은 대상 부지 토지면적을 기준으로 5%내에서 협의를 통하여 결정하되, 최대 10%를 초과하지 않는 것을 원칙으로 한다(기반시설을 설치하여 기부채납을 하는 경우에는 기반시설 설치비용을 토지면적으로 환산한다).

2-6-6 2-6-5의 기준을 적용함에 있어 지역실정 또는 개발여건이나 지역경제 활성화 차원에서 위 부담기준보다 낮거나 높은 비율로 협의 결정할 수 있으며, 기부채납을 요구하지 아니할 수 있다. 단, 기부채납 부담률을 위 최대 기준보다 높게 결정할 필요가 있는 경우에는 그 사유를 명백히 밝혀야 한다.

2-6-7 기반시설의 기부채납 시에는 2-6-5에서 정한 부담기준을 원칙으로 하여 개발사업자와의 협의를 통해 기부채납의 규모, 시설의 종류 및 위치, 방식 등을 결정하되, 도시 군계획위원회 심의 시에도 동 부담기준의 범위내에서 검토하는 것을 원칙으로 한다.

2-6-8 기부채납 시설은 개발사업 대상지 및 주변지역 주민들이 편리하게 이용할 수 있는 위치에 입지하도록 하고, 개발사업 대상지내 건축물 등을 위해 배타적으로 이용될 우려가 있는 지역은 배제한다.

2-6-9 기부채납 시설은 그 시설의 기능을 충분히 수행할 수 있는 적정규모로 계획하고, 기반시설의 효용성이 낮은 자투리형 토지의 기부채납은 지양하여야 한다.

| 제 3 장 |
개발행위허가기준

제1절 개발행위허가의 규모

3-1-1 개발행위허가의 규모

(1) 토지의 형질변경을 하는 경우 다음의 면적(개발행위시기에 관계없이 기존 대지를 확장하는 경우에는 그 기존 대지의 면적을 포함한다. 다만, 확장면적이 기존 대지 면적의 100분의 5 이하이고 용도지역별 개발행위허가 규모 이하인 경우에는 그러하지 아니하다. 이 경우 2회 이상 확장할 때에는 누적면적을 기준으로 한다) 이상으로 개발할 수 없다. 관리지역·농림지역에 대하여는 아래의 ② 및 ③의 면적 범위에서 도시·군계획조례로 면적을 따로 정할 수 있다(영 제55조제1항).

① 도시지역

주거지역·상업지역·자연녹지지역·생산녹지지역 : 1만제곱미터

공업지역 : 3만제곱미터, 보전녹지지역 : 5천제곱미터

② 관리지역 : 3만제곱미터

③ 농림지역 : 3만제곱미터

④ 자연환경보전지역 : 5천제곱미터

(2) (1)의 규정을 적용함에 있어서 개발행위허가의 대상인 토지가 2 이상의 용도지역에 걸치는 경우에는 각각의 용도지역에 위치하는 토지부분에 대하여 각각의 용도지역의 개발행위의 규모에 관한 규정을 적용한다. 다만, 개발행위허가의 대상인 토지의 총면적이 당해 토지가 걸쳐 있는 용도지역 중 개발행위의 규모가 가장 큰 용도지역의 개발행위의 규모를 초과하여서는 아니 된다(영 제55조제2항).

(3) 다음에 해당하는 경우에는 (1)의 면적제한을 적용하지 아니한다(영 제55조제3항).

① 지구단위계획으로 정한 가구 및 획지의 범위 안에서 이루어지는 토지의 형질변경으로서 당해 형질변경과 관련된 기반시설이 이미 설치되었거나 형질변경과 기반시설의 설치가 동시에 이루어지는 경우

② 해당 개발행위가 「농어촌정비법」 제2조제4호에 따른 농어촌정비사업으로 이루어지는 경우

③ 해당 개발행위가 「국방·군사시설 사업에 관한 법률」 제2조제2항에 따른 국방·군사시설사업으로 이루어지는 경우

④ 초지조성, 농지조성, 영림 또는 토석채취를 위한 경우

⑤ 해당 개발행위가 다음의 어느 하나에 해당하는 경우로서 시·도도시계획위원회 또는 대도시도시계획위원회의 심의를 거친 경우. 이 때, 시장(대도시 시장

은 제외한다)·군수·구청장(자치구의 구청장을 말한다)은 시·도도시계획위원회 심의를 요청하기 전에 시·군·구도시계획위원회에 자문을 할 수 있다.

　가. 하나의 필지(법 제62조에 따른 준공검사를 신청할 때 둘 이상의 필지를 하나의 필지로 합칠 것을 조건으로 하여 허가하는 경우를 포함하되, 개발행위허가를 받은 후에 매각을 목적으로 하나의 필지를 둘 이상의 필지로 분할하는 경우는 제외한다)에 건축물을 건축하거나 공작물을 설치하기 위한 토지의 형질변경

　나. 하나 이상의 필지에 하나의 용도에 사용되는 건축물을 건축하거나 공작물을 설치하기 위한 토지의 형질변경

⑥ 폐염전을 「어업허가 및 신고 등에 관한 규칙」 별표 4에 따른 수조식양식어업 및 축제식양식어업을 위한 양식시설로 변경하는 경우

⑦ 관리지역에서 '93. 12. 31. 이전에 설치된 공장의 증설로서 「국토의 계획 및 이용에 관한 법률 시행규칙」(이하 "규칙"이라 한다) 제10조제2호에 해당하는 경우

(4) 도시·군계획사업이나 도시·군계획사업을 의제하는 사업은 개발행위허가대상에서 제외되므로, 개발행위허가규모의 제한도 받지 아니한다.

(5) 개발행위규모 적용대상은 토지형질변경이므로 조성이 완료된 부지에 건축물을 건축하는 등 토지의 형질변경이 수반되지 않는 경우는 개발행위허가규모의 제한을 적용하지 아니한다.

(6) 영 제55조제1항에 따른 개발행위허가규모를 산정할 때에는 무상귀속되는 공공시설(무상귀속 대상이 아닌 도로 등 공공시설과 유사한 시설로서 지방자치단체에 기부채납하는 시설을 포함한다)은 개발행위 면적에서 제외

한다.

(7) 용도지역·용도지구 또는 용도구역 안에서 허용되는 건축물 또는 시설을 설치하기 위하여 공사현장에 설치하는 자재야적장, 레미콘·아스콘생산시설 등 공사용 부대시설은 영 제83조 제4항 및 제55조·제56조의 규정에 불구하고 당해 공사에 필요한 최소한의 면적의 범위 안에서 기간을 정하여 사용 후에 그 시설 등을 설치한 자의 부담으로 원상복구할 것을 조건으로 설치를 허가할 수 있다(영 제83조제5항).

제2절 분야별 검토사항 (영 별표 1의 2)

3-2-1 공통분야

(1) 조수류·수목 등의 집단서식지가 아니고, 우량농지 등에 해당하지 아니하여 보전의 필요가 없을 것

(2) 역사적·문화적·향토적 가치, 국방상 목적 등에 따른 원형보전의 필요가 없을 것

(3) 토지의 형질변경 또는 토석채취의 경우에는 표고·경사도·임상 및 인근 도로의 높이, 물의 배수 등을 참작하여 도시·군계획조례가 정하는 기준에 적합할 것. 다만, 다음의 어느 하나에 해당하는 경우에는 위해 방지, 환경오염 방지, 경관 조성, 조경 등에 관한 조치가 포함된 개발행위내용에 대하여 해당 개발행위허가권자에게 소속된 도시계획위원회(영 제55조제3항제3호의2 각 목 외의 부분 후단 및 영 제57조제4항에 따라 중앙도시계획위원회 또는 시·도도시계획위원회의 심의를 거치는 경우에는 중앙도시계획위원회 또는 시·도도시계획위원회를 말한다)의 심의를 거쳐 이를 완화하

여 적용할 수 있다.

① 골프장, 스키장, 기존 사찰, 풍력을 이용한 발전시설 등 개발행위의 특성상 도시·군계획조례가 정하는 기준을 그대로 적용하는 것이 불합리하다고 인정되는 경우

② 지형 여건 또는 사업수행상 도시·군계획조례가 정하는 기준을 그대로 적용하는 것이 불합리하다고 인정되는 경우

3-2-2 도시·군관리계획

(1) 용도지역별 개발행위의 규모 및 건축제한 기준에 적합할 것

(2) 개발행위허가제한지역에 해당하지 아니할 것

3-2-3 도시·군계획사업

(1) 도시·군계획사업부지에 해당하지 아니할 것(제2장제4절에 따라 허용되는 개발행위를 제외)

(2) 개발시기와 가설시설의 설치 등이 도시·군계획사업에 지장을 초래하지 아니할 것

3-2-4 주변지역과의 관계

(1) 개발행위로 건축하는 건축물 또는 설치하는 공작물이 주변의 자연경관 및 미관을 훼손하지 아니하고, 그 높이·형태 및 색채가 주변건축물과 조화를 이루어야 하며, 도시계획으로 경관계획이 수립되어 있는 경우에는 그에 적합할 것

(2) 개발행위로 인하여 당해 지역 및 그 주변지역에 대기오염·수질오염·토질오염·소음·진동·분진 등에 의한 환경오염·생태계파괴·위해발생 등이 발생할 우려가 없을 것. 다만, 환경오염·생태계파괴·위해발생 등의 방지가 가능하여 환경오염의 방지, 위해의 방지, 조경, 녹지의 조성, 완충지대의 설치 등을 조건으로 붙이는 경우에는 그러하지 아니하다.

(3) 개발행위로 인하여 녹지축이 절단되지 아니하고, 개발행위로 배수가 변경되어 하천·호소·습지로의 유수를 막지 아니할 것

3-2-5 기반시설

(1) 진입도로는 건축법에 적합하게 확보(다른 법령에서 강화된 기준을 정한 경우 그 법령에 따라 확보)하되, 해당 시설의 이용 및 주변의 교통소통에 지장을 초래하지 아니할 것

(2) 대지와 도로의 관계는 「건축법」에 적합할 것.

(3) 도시·군계획조례로 정하는 건축물의 용도·규모(대지의 규모를 포함한다)·층수 또는 주택호수 등에 따른 도로의 너비 또는 교통소통에 관한 기준에 적합할 것

3-2-6 그 밖의 사항

(1) 공유수면매립의 경우 매립목적이 도시·군계획에 적합할 것

(2) 토지분할 및 물건을 쌓아놓는 행위에 죽목의 벌채가 수반되지 아니할 것

(3) 〈삭제〉

(4) 비도시지역의 경관관리를 위하여 허가권자는 제3장 및 제4장의 개발행위

허가기준에 추가하여 별표 4의 경관관리기준을 참고할 수 있다.
(5) 건축법의 적용을 받는 건축물의 건축 또는 공작물의 설치에 해당하는 경우 그 건축 또는 설치의 기준에 관하여는 건축법의 규정과 법 및 영에서 정하는 바에 의하고, 그 건축 또는 설치의 절차에 관하여는 건축법의 규정에 의한다. 이 경우 건축물의 건축 또는 공작물의 설치를 목적으로 하는 토지의 형질변경, 토지분할 또는 토석채취에 관한 개발행위허가는 건축법에 의한 건축 또는 설치의 절차와 동시에 할 수 있다.

제3절 건축물의 건축 및 공작물의 설치

3-3-1 입지기준 (삭제)

3-3-2 계획기준

3-3-2-1 도로

(1) 건축물을 건축하거나 공작물을 설치하는 부지는 도시·군계획도로 또는 시·군도, 농어촌도로에 접속하는 것을 원칙으로 하며, 위 도로에 접속되지 아니한 경우 (2) 및 (3)의 기준에 따라 진입도로를 개설해야 한다.

(2) (1)에 따라 개설(도로확장 포함)하고자 하는 진입도로의 폭은 개발규모(개설 또는 확장하는 도로면적은 제외한다)가 5천제곱미터 미만은 4미터 이상, 5천제곱미터 이상 3만제곱미터 미만은 6미터 이상, 3만제곱미터 이상은 8미터 이상으로서 개발행위규모에 따른 교통량을 고려하

여 적정 폭을 확보하여야 한다.

(3) 다음 각 호의 어느 하나에 해당하는 경우에는 (2)의 도로확보기준을 적용하지 아니할 수 있다.

① 차량진출입이 가능한 기존 마을안길, 농로 등에 접속하거나 차량통행이 가능한 도로를 개설하는 경우로서 농업·어업·임업용 시설(가공, 유통, 판매 및 이와 유사한 시설은 제외하되,「농어업 농어촌 및 식품산업 기본법」 제3조에 의한 농어업인 및 농어업 경영체,「임업 및 산촌 진흥촉진에 관한 법률」에 의한 임업인, 기타 관련 법령에 따른 농업인·임업인·어업인이 설치하는 부지면적 2천제곱미터 이하의 농수산물 가공, 유통, 판매 및 이와 유사한 시설은 포함), 부지면적 1천제곱미터 미만으로서 제1종 근린생활시설 및 단독주택(건축법 시행령 별표1 제1호 가목에 의한 단독주택)의 건축인 경우

② 건축물 증축 등을 위해 기존 대지 면적을 10퍼센트 이하로 확장하는 경우

③ 부지확장 없이 기존 대지에서 건축물 증축·개축·재축(신축 제외)하는 경우

④ 광고탑, 철탑, 태양광발전시설 등 교통유발 효과가 없거나 미미한 공작물을 설치하는 경우

(4) (1)~(2)까지의 기준을 적용함에 있어 지역여건이나 사업특성을 고려하여 법령의 범위 내에서 도시계획위원회 심의를 거쳐 이를 완화하여 적용할 수 있다.

(5) (2)와 (3)을 적용함에 있어 산지에 대해서는 산지관리법령의 규정에도 적합하여야 한다. 다만, 보전산지에서는 산지관리법령에서 정한 기준을 따른다.

3-3-2-2 상수도

　　(1) 상수도가 설치되지 아니한 지역에 대해서는 건축행위를 원칙적으로 허가하지 아니한다. 다만, 상수도의 설치를 필요로 하지 아니하는 건축물의 경우 건축물 용도변경을 금지하는 조건(상수도 설치가 필요하지 아니한 건축물로 변경하는 경우 제외)으로 허가할 수 있다.

3-3-2-3 하수도

　　(1) 하수도가 설치되지 아니한 지역에 대해서는 건축행위를 원칙적으로 허가하지 아니한다. 다만, 하수도의 설치를 필요로 하지 아니하는 건축물의 경우 용도의 변경을 금지하는 조건(하수도 설치가 필요하지 아니한 건축물로 변경하는 경우 제외)으로 허가할 수 있다.

　　(2) 오수는 공공하수처리시설을 통하여 처리하는 것을 원칙으로 하되, 지역여건상 불가피하다고 인정하는 경우에는 마을 하수도와 개인하수처리시설을 통하여 처리할 수 있다.

3-3-2-4 기반시설의 적정성

　　도로·상수도 및 하수도가 3-3-2-1~3-3-2-3의 규정에 따라 설치되지 아니한 지역에 대하여는 건축물의 건축행위(건축을 목적으로 하는 토지의 형질변경 포함)는 원칙적으로 허가하지 아니한다. 다만, 무질서한 개발을 초래하지 아니하는 범위 안에서 도시·군계획조례로 정하는 경우에는 그러하지 아니한다.

3-3-3 환경 및 경관기준

(1) 유보 용도와 보전 용도에서 개발행위허가시 도로(폭 4미터 이상) 또는 구거에 접하는 경우에는 도로 또는 구거와 건축물 사이를 2미터 이상 이격하여 완충공간을 확보(접도구역 지정지역은 제외)하도록 한다. 다만, 허가권자가 완충공간이 필요하지 않다고 인정되는 경우에는 그러하지 아니하다.

(2) 유보용도와 보전용도에서 건축되는 3층 이하의 건축물은 경사 지붕을 권장 하며, 평지붕으로 건축하는 경우는 옥상에 정원을 설치하도록 권장한다.

(3) 유보용도와 보전용도에서 하천지역과 인접한 건축물에 대해서는 개발행위로 인한 안전, 하천경관 보호 및 오염방지를 위하여 하천구역선 경계부에서 일정부분 이내 지역에서는 건축물의 배치를 제한할 수 있으며, 하천 폭으로부터 후퇴된 공간은 녹지 등 공익의 목적에 사용될 수 있도록 한다.

(4) 급경사지역, 양호한 수목이 밀집되어 있는 지역 등에 대하여는 건축물의 건축이나 공작물의 설치를 제한할 수 있다.

(5) 녹지지역 및 비도시지역에 주택단지를 조성할 경우 경계부는 콘크리트 옹벽보다는 주변경관과 조화될 수 있는 재료를 사용하여 사면으로 처리한다.

(6) 산지·구릉지에는 건축물로 인하여 자연경관이 차폐되지 않도록 건축물의 길이 및 배치를 결정하도록 한다.

3-3-4 방재기준

3-3-4-1 단지조성

개발행위 시 원칙적으로 자연배수가 되도록 계획한다. 불가피할 경우에는 유수지를 충분히 확보하도록 하며, 지표수의 중요한 유출경로로 식별된 지점에 대해서는 시설물의 설치로부터 보호해야 한다.

3-3-4-2 대지성토
(1) 상습침수의 우려가 있어 지정된 자연재해위험지구 또는 방재지구에서 불가피하게 건축이 이루어질 때에는 계획홍수위 또는 방재성능목표 기준강우량(시우량 및 3시간 연속강우량 등)에 의한 홍수위의 60센티미터 이상 성토하여 침수위험을 방지해야 한다.
(2) 인접 도로와 비교하여 지반고가 낮은 지역은 도로의 노면수가 유입되지 않도록 방수턱 내지 둑을 설치하거나 도로의 경계면에 우수배제시설을 설치하도록 한다.

제4절 토지의 형질변경

3-4-1 입지기준
(1) 상위 계획에 부합되고 관련 법규상 제한사항이 없는 지역
(2) 그 밖에 경사도, 임상도, 표고 등에 대한 도시·군 계획조례가 정하는 기준에 부합할 것

3-4-2 계획기준(부지조성)
(1) 절토시 비탈면 일단의 수직높이는 용도지역의 특성을 고려하여 아래의 높이 이하로 하는 것을 원칙으로 하되 비탈면은 친환경적으로 처리하고, 안전대책을 수립하도록 한다.

① 시가화 용도와 유보 용도의 경우는 비탈면의 수직 높이는 15미터 이하

② 보전 용도의 경우 비탈면 수직높이는 10미터 이하

③ ① 및 ②에도 불구하고 산지비율이 70퍼센트 이상인 시·군·구는 위 기준의 10퍼센트 범위에서 완화하여 적용할 수 있다.

(2) 성토시 비탈면 일단의 수직높이는 용도지역의 특성을 고려하여 아래의 높이 이하로 함을 원칙으로 하되 비탈면은 친환경적으로 처리하고 안전대책을 수립하도록 한다.

① 시가화 용도와 유보 용도의 경우는 비탈면의 수직 높이는 10미터 이하

② 보전 용도의 경우 비탈면 수직높이는 5미터 이하

③ ① 및 ②에도 불구하고 산지비율이 70퍼센트 이상인 시·군·구는 위 기준의 10퍼센트 범위에서 완화하여 적용할 수 있다.

(3) 시가화 및 유보용도에서 2단 이상의 옹벽을 설치하는 경우는 옹벽간 수평거리를 2미터 이상 이격하고, 보전용도에서는 2단 이상의 옹벽을 설치하지 않는 것을 원칙으로 한다.

(4) 비탈면의 높이가 5미터를 넘을 경우 수직높이 5미터마다 폭 1미터 이상의 소단을 만들어 사면안정을 기함은 물론 비탈면의 점검, 배수 등이 이루어질 수 있도록 해야 하며, 지피식물, 소관목 등 비탈면의 구조안전에 영향이 없는 수종으로 녹화처리를 하여야 한다. 다만 비탈면이 암반 등으로 이루어져 유실이나 붕괴의 우려가 없다고 허가권자가 인정하는 경우에는 그러하지 아니한다.

(5) (1)~(4)까지의 기준을 적용함에 있어 지역여건이나 사업특성을 고려하여 법령의 범위 내에서 도시계획위원회 심의를 거쳐 이를 완화하여 적용할

수 있다.

(6) (1)~(4)까지의 기준을 적용함에 있어 산지에 대해서는 산지관리법령을 적용한다.

3-4-3 환경 및 경관기준

(1) 제거된 양질의 표토는 개발행위 후 가급적 재사용 될 수 있도록 한다.
(2) 절토·성토시 사면의 안정과 미관을 위해 가급적 구조물 공법보다 친환경적 공법을 사용토록 하여야 한다.
(3) 녹지지역 및 비도시지역에서의 절·성토의 처리는 콘크리트 옹벽 등과 같이 자연경관과 부조화를 이룰 수 있는 재료보다는 주변환경과 조화를 이룰 수 있는 재료를 사용하여 사면처리를 하도록 한다.
(4) 도로의 개설로 인하여 녹지축 또는 산림연결축이 단절되지 않도록 한다.

3-4-4 방재기준

(1) 토지의 지반이 연약한 때에는 그 두께·넓이·지하수위 등의 조사와 지반의 지지력·내려앉음·솟아오름에 관한 시험결과 및 흙바꾸기·다지기·배수 등의 개량방법을 개발행위허가 신청시 첨부하도록 한다.
(2) 토지형질변경에 수반되는 절·성토에 의한 비탈면 또는 절개면에 대하여 옹벽 또는 석축을 설치할 경우에는 관련법령 및 도시·군계획조례에서 정하는 안전조치를 하도록 한다.

제5절 토석채취

3-5-1 입지기준(삭제)

3-5-2 도로 및 하수처리

(1) 진입도로는 도시·군계획도로 혹은 시·군도, 농어촌 도로와 접속하는 것을 원칙으로 하며, 진입도로가 위 도로와 접속되지 않을 경우 다음 각호의 기준에 따라 진입도로를 개설하여야 한다. 다만, 당해 지역의 여건 등을 고려하여 허가권자가 강화 또는 완화할 수 있다.

① 사업부지 면적이 5만제곱미터 미만인 경우 진입도로의 폭은 4미터 이상

② 사업부지 면적이 5만제곱미터 이상일 때에는 6미터 이상을 확보한다.

(2) 대상지에서 발생하는 하수는 하천 등으로 배수되도록 배수시설을 설치하여야 하며 하수로 인한 하천과 주변지역의 수질이 오염되지 않도록 조치를 취하여야 한다.

3-5-3 환경 및 경관기준

(1) 토석채취 후 복구대상 비탈면에 수직높이 5미터마다 1미터 이상의 소단을 설치하고 당해 소단에 평균 60센티미터 이상의 흙을 덮고 수목, 초본류 및 덩굴류 등을 식재하며, 최초의 소단 앞부분은 수목을 존치하거나 식재하여 녹화하여야 한다. 다만, 산지에서는 산지관리법을 준용한다.

(2) 채광·석재의 굴취 채취인 경우 비탈면을 제외한 5미터 이상의 바닥에 평균 깊이 1미터 이상 너비 3미터 이상의 구덩이를 파고 흙을 객토 한 후 수목을 식재한다.

(3) 일반국도, 특별시·광역시도, 지방도, 시·군·구도 등 연변가시지역으로

서 2킬로미터 이내지역에 대해서는 높이 1미터 이상의 나무를 2미터 이내 간격으로 식재하여 차폐하도록 한다.

(4) (1)~(3)을 적용함에 있어 산지에 대해서는 산지관리법령을 따른다.

3-5-4 방재기준

토석채취로 인하여 생활환경 등에 영향을 받을 수 있는 인근지역에 대하여는 배수시설, 낙석방지시설, 비탈면 안정을 위한 보호공법, 비사(飛沙)방지시설, 저소음·진동 발파공법의 채택, 표토와 폐석의 처리대책 등 재해를 방지하기 위한 계획 및 시설을 설치하여야 한다.

제6절 토지분할

3-6-1 용도지역 상향을 위한 토지분할 방지

2 이상의 용도지역이 인접하고 있는 경우 용도지역 상향을 목적으로 행위제한이 강한 지역의 토지를 분할하는 행위를 제한할 수 있다.

3-6-2 분할제한면적 이상으로의 토지분할

녹지지역·관리지역·농림지역 및 자연환경보전지역 안에서 관계 법령에 의한 허가·인가 등을 받지 아니하고 토지를 분할하는 경우에는 다음의 요건을 모두 갖추어야 한다.

(1) 「건축법」 제57조제1항에 따른 분할제한면적 이상으로서 도시·군계획조례가 정하는 면적 이상으로 분할하여야 한다.

(2) 「소득세법 시행령」 제168조의3제1항 각 호의 어느 하나에 해당하는 지역

중 토지에 대한 투기가 성행하거나 성행할 우려가 있다고 판단되는 지역으로서 국토교통부장관이 지정·고시하는 지역 안에서의 토지분할이 아닐 것(본항은 국토교통부장관이 지정·고시한 경우에만 적용). 다만, 다음의 어느 하나에 해당되는 토지의 경우는 예외로 한다.

① 다른 토지와의 합병을 위하여 분할하는 토지

② 2006년 3월 8일 전에 토지소유권이 공유로 된 토지를 공유지분에 따라 분할하는 토지

③ 그 밖에 토지의 분할이 불가피한 경우로서 국토교통부령으로 정하는 경우에 해당되는 토지

(3) 국토의계획및이용에관한법률 또는 다른 법령에서 인가·허가 등을 받지 않거나 기반시설이 갖추어지지 않아 토지의 개발이 불가능한 토지의 분할에 관한 사항은 당해 특별시·광역시·특별자치시·특별자치도, 시 또는 군의 도시·군계획조례로 정하는 기준에 적합하여야 한다.

3-6-3 분할제한면적 미만으로의 토지분할

「건축법」 제57조제1항에 따른 분할제한면적(이하 "분할제한면적"이라 함) 미만으로 분할하는 경우에는 다음 기준에 해당하여야 한다.

(1) 녹지지역·관리지역·농림지역 및 자연환경보전지역 안에서 기존 묘지의 분할

(2) 사설도로를 개설하기 위한 분할(「사도법」에 의한 사도개설허가를 받아 분할하는 경우를 제외)

(3) 사설도로로 사용되고 있는 토지 중 도로로서의 용도가 폐지되는 부분을

인접토지와 합병하기 위하여 하는 분할

(4) 토지이용상 불합리한 토지경계선을 시정하여 당해 토지의 효용을 증진시키기 위하여 분할 후 인접토지와 합필하고자 하는 경우에는 다음의 1에 해당할 것. 이 경우 허가신청인은 분할 후 합필되는 토지의 소유권 또는 공유지분을 보유하고 있거나 그 토지를 매수하기 위한 매매계약을 체결하여야 한다.

① 분할 후 남는 토지의 면적 및 분할된 토지와 인접토지가 합필된 후의 면적이 분할제한면적에 미달되지 아니할 것
② 분할전후의 토지면적에 증감이 없을 것
③ 분할하고자 하는 기존토지의 면적이 분할제한면적에 미달되고, 분할된 토지와 인접토지를 합필한 후의 면적이 분할제한면적에 미달되지 아니할 것

3-6-4 주변 토지이용 및 도로조건과의 조화

(1) 건축물을 건축하기 위하여 토지를 분할하는 경우 주변 토지이용 및 도로조건을 종합적으로 검토하여 주변지역과 현저한 부조화를 이룰 수 있는 과소·과대 필지가 되지 않도록 한다.

(2) 너비 5미터 이하로의 토지분할은 주변토지의 이용 현황과 분할되는 토지의 용도 등을 감안하여 토지의 합리적인 이용을 저해하지 않는 범위에서 허용한다.

제7절 물건적치

3-7-1 입지기준

(1) 관련 법규상 제한사항이 없는 지역

(2) 자연 생태계가 우수한 지역이 아닌 지역

(3) 당해 행위로 인하여 위해발생, 주변환경오염 및 경관훼손 등의 우려가 없고, 당해 물건을 쉽게 옮길 수 있는 경우로서 도시·군계획조례가 정하는 기준에 적합할 것

(4) 입목의 벌채가 수반되지 아니할 것

(5) 해당 산지표고의 100분의 50 미만에 위치한 지역을 원칙으로 하되, 안전, 경관 및 환경에 문제가 없다고 판단되는 경우에는 그러하지 아니하다.

3-7-2 환경 및 경관기준

(1) 적치물이 주변경관에 영향을 미칠 수 있는지를 검토하고, 특히 허가신청대상지가 문화재 등 경관상 인근 주요 시설물에 영향을 미치지 않도록 한다.

(2) 적치물의 높이는 10미터 이하가 되도록 하되, 허가권자가 판단하여 안전·경관·환경에 문제가 없는 경우에는 그러하지 아니하다.

(3) 물건적치로 인하여 악취, 토질 및 수질오염, 홍수 등 자연재해로 인한 적치물 유실, 주변지역의 환경오염 등의 발생 우려가 있는지를 검토한다.

(4) 주요 간선도로변과 인접하고 있는 곳에서 물건적치를 하고자 하는 경우에는 도로변에서 시각적 차폐 및 경관문제로 인한 영향이 최소화 되도록 완충공간(녹지대 등)을 조성한다.

3-7-3 방재기준

(1) 물건적치로 인한 적치대상물의 유실 및 추락 등 위험의 발생가능성이 있

는지를 검토한다.

(2) 자연재해 발생시 적치물이 주변지역에 피해가 발생되지 않도록 안전조치를 취하도록 한다.

(3) 폭 8미터 이상의 도로 또는 철도부지와 접하고 있는 지역에 물건을 적치를 하고자 하는 경우에는 적치물은 도로로부터 적치물의 높이에 5미터를 더한 거리를 이격하는 등 충분한 안전조치를 취하도록 한다.

| 제 4 장 |
비도시지역에서의 특정시설에 대한 추가적인 허가기준

비도시지역에서 숙박시설·음식점·창고·공장 및 전기공급설비 등의 시설에 대하여는 제3장에서 제시된 개발행위허가기준에 추가하여 아래의 기준을 적용한다. 허가권자는 영 별표 20 및 27에 의하여 계획관리지역 및 관리지역 안에서 휴게음식점 등을 설치할 수 있는 지역을 정할 수 있다.

4-1-1 숙박시설, 음식점

(1) 하수처리시설 미설치 지역에는 숙박시설 및 음식점의 입지를 원칙적으로 제한한다. 다만, 상수원의 수질오염, 자연환경·생태계·경관의 훼손, 농업활동의 침해 등의 우려가 없다고 허가권자가 인정하는 경우는 예외로 한다.

(2) 건물의 형태 및 색채, 간판 및 광고물의 설치에 관한 사항은 도시계획위원

회의 자문을 거쳐 허가권자가 정할 수 있다.

4-1-2 창고

(1) 도로변에 규모가 큰 건물의 입지와 주변과 조화되지 않는 지붕 색채로 인하여 경관이 훼손되는지 여부를 검토한다.

(2) 저장물의 부패와 훼손으로 인한 토양 및 수질오염, 위험물의 저장 등으로 인한 안전문제 등의 발생가능 여부를 검토하고, 창고시설의 설치는 상수원의 수질오염, 자연환경·생태계·경관의 훼손, 농업활동의 침해 등의 우려가 없는 지역에 허용한다.

(3) 창고시설은 도로변에서 이격하여 시각적 차폐가 최소화되도록 하고, 도로변에서 창고시설이 쉽게 인지되지 않도록 창고시설 주변에 수목을 식재하도록 한다.

(4) 지붕 및 외벽의 색채에 대한 별도의 기준을 마련하고자 하는 경우에는 도시계획위원회의 자문을 거쳐 허가권자가 정할 수 있다. 별도의 기준이 없는 경우에는 가능한 원색은 피하고 주변의 수목 및 토양과 조화될 수 있는 저채도의 색채를 사용한다.

4-1-3 공장

(1) 토양 및 수질오염을 예방하기 위하여 공장은 상수원의 수질오염, 자연환경·생태계·경관의 훼손, 농업활동의 침해 등의 우려가 없고 하수처리시설이 설치된 지역에 허용한다.

(2) 공장은 도로변에서 시각적 차폐가 최소화되도록 하며, 대지경계부에는 공

장시설로 인한 환경오염을 방지하기 위하여 일정 폭 이상의 완충녹지를 설치하도록 할 수 있다.

(3) 지붕 및 외벽의 색채에 대한 별도의 기준을 마련하고자 하는 경우에는 도시계획위원회의 자문을 받아 허가권자가 정할 수 있다. 별도의 기준이 없는 경우에는 가능한 원색은 피하고 주변의 수목 및 토양과 조화될 수 있는 저채도의 색채를 사용한다.

4-1-4 전기공급설비

비도시지역(지구단위계획구역을 제외)에서「도시계획시설의 결정·구조 및 설치기준에 관한 규칙」제67조에서 정하는 전기공급설비를 도시·군계획시설이 아닌 시설로 설치하기 위하여 개발행위허가를 받는 경우에는 같은 규칙 제68조(허용 용도지역은 영 제71조 등에 의함) 및 제69조를 준용한다.

| 제 5 장 |
개발행위허가 도서작성 기준 및 이력관리

제1절 운영원칙

5-1-1 개발행위허가신청 도서작성시 도시계획위원회 심의 적용여부에 따라 제출도서를 차등화하도록 한다.

(1) 도시계획위원회 심의를 거치지 않는 개발행위허가는 행정업무 부담 저감과 토지소유자의 원활한 재산권 행사를 보장하기 위해 제출도서를 간소화

한다.

(2) 도시계획위원회 심의대상인 개발행위허가의 경우 도시적 차원에서의 정확한 판단과 계획적 개발을 유도하기 위한 계획도서를 작성하도록 한다.

5-1-2 개발행위허가 도서 작성 시 책임 있는 계획을 수립하기 위하여 도서작성책임자가 허가신청 도서에 서명하고 날인한다.

제2절 도서작성 기준

5-2-1 축척의 표기

(1) 개발행위허가를 위한 각종 증빙서류를 제외한 계획도서(용도지역 및 도시·군 관리계획 현황도 제외)는 1/1000 이상의 축척을 사용하는 것을 원칙으로 하며, 반드시 축척을 표기한다.

(2) 계획도서의 축척은 계획내용의 파악이 용이하도록 가능한 통일한다.

5-2-2 도서의 제출

(1) 도서 제출 시에는 A3 좌측 편철을 원칙으로 하며, 계획도면은 제출용지에 따라 적절히 배치하도록 한다. (필요 시 별도 크기 도면 제출이 가능하며, A3 이상의 제출용지 사용 시 접지 제출)

5-2-3 재협의, 재심의 등 계획내용의 보완, 수정 등이 있는 경우에는 변경 전·후의 계획내용을 파악할 수 있도록 한다.

5-2-4 개발행위허가 신청서에 첨부되는 서류(시행규칙 제9조)의 세부 작성기준

은 별표 1의 작성기준을 따르도록 한다.
(1) 심의제외 대상 개발행위허가 신청 시 [별표 1]의 1. 심의 제외대상 개발행위허가 신청 시 도서작성기준
(2) 심의대상 개발행위허가 신청 시 [별표 1]의 2. 심의대상 개발행위허가 신청 시 도서작성기준

5-2-5 발행위허가를 받은 사항을 변경하고자 하는 경우에는 변경되는 사항에 한하여 도서를 작성하여 제출할 수 있다.

제3절 개발행위허가 이력관리

5-3-1 개발행위허가 관리대장 작성
(1) 허가권자는 개발행위허가의 투명성 확보 및 효율적 사후관리를 위하여 개발행위허가 관련 서류를 관리하는 대장을 작성하여 관리한다.

5-3-1-1 개발행위허가 접수대장
(1) 허가권자는 개발행위허가 신청 접수 시 개발행위허가신청 내용과 처리일자, 처리결과를 기록한 접수대장을 작성하여 관리한다.
(2) 개발행위허가 접수대장의 양식은 별표 2의 서식 1을 따른다.

5-3-1-2 개발행위허가 허가대장
(1) 허가권자는 개발행위허가가 이루어졌을 시 개발행위허가의 주요 사항을 기록한 허가대장을 법 제128조에 따른 국토이용정보체계에 입력·관리한다.

(2) 개발행위허가 대장에는 다음의 내용을 담아야 한다.

① 허가일자, 준공일

② 수허가자의 이름 및 거주지

③ 개발행위허가가 이루어진 토지의 위치 및 현황

④ 개발행위허가의 목적

⑤ 준공일

⑥ 개발행위허가 신청관련 도서작성 책임자의 소속/기술등급/성명

⑦ 개발행위허가 담당 공무원 직위/성명

(3) 개발행위허가 허가대장의 양식은 별표 2의 서식 2를 따른다.

부칙 〈훈령 제424호, 2009.8.24〉

1 (시행시기) 이 지침은 발령한 날부터 시행한다.

2 (재검토 기한) 「훈령·예규 등의 발령 및 관리에 관한 규정」(대통령훈령 제248호)에 따라 이 훈령을 발령한 후의 법령이나 현실 여건의 변화 등을 검토하여 개정 등의 조치를 하는 기한은 2012년 8월 23까지로 한다.

3 (연접제한 적용 특례)

① 영 제55조의 개정규정이 시행(2009년 7월 7일)된 후 2009년 8월 6일까지는 같은 연접개발 대상지의 범위에서 관계법령에 따라 적법하게 2건 이상의 개발행위허가를 신청(「건축법」 등 관계법령에 따라 개발행위허가를 의제처리하는 경우를 포함)되어 같은 날에 접수된 경우에는 각각의 개발행위가 해당 연접개발 대상지에서 허용할 수 있는 연접개발제한면적을 초과하지 아니할 경우 각각의 개발행위를 허가할 수 있다.

② 영 제55조의 개정규정이 시행됨에 따라 영 제55조제5항제3호 및 제4호의 규정에 따라 이미 건축된 주택 및 제1종근린생활시설, 공장을 당해 용도지역에서 허용되는 다른 용도로 변경하고자 하는 경우 해당 연접개발 대상지에서 허용할 수 있는 연접개발제한면적을 초과하지 아니하는 면적의 범위 안에서 건축법령 등에서 정한 절차에 따라 용도를 변경할 수 있다. 이 경우 허용할 수 있는 연접개발면적은 용도변경하고자 하는 건축물의 부지면적을 빼고 산정한다.

4 (일반적인 경과조치) 이 지침 시행 당시 종전의 지침에 따라 허가 받은 개발행위허가는 이 지침에 따라 개발행위허가를 받은 것으로 본다.

5 (지형지물 인정에 관한 경과조치) 종전의 개정 지침(2009.7.7 시행) 시행 당시 신청한 개발행위허가에 대하여는 3-2-2⑵①가목의 규정에도 불구하고 종전 지침 부칙 1-3의 규정에 따른다.

6 (다른 지침의 폐지) 종전의 개발행위허가운영지침(도시정책과-3633, 2009.7.6)은 폐지한다.

부칙 〈훈령 제604호, 2010.6.30〉

1 (시행시기) 이 지침은 발령한 날부터 시행한다.

2 (적용례) 3-2-1 ⑴ 괄호 및 3-2-2 ⑴ 단서의 개정규정은 이 지침 시행 후 최초로 신청하는 개발행위허가부터 적용한다.

3 (도시계획조례에 위임된 사항에 관한 경과조치) 3-2-2 ⑵③의 개정규정은 해당 조례가 제정되거나 개정될 때까지 종전의 규정에 따른다.

부칙 〈훈령 제636호, 2010.10.1〉

이 지침은 발령한 날부터 시행한다.

부칙 〈훈령 제875호, 2012.8.22〉

1 (시행일) 이 지침은 2012년 8월 24일부터 시행한다.

2 (재검토기한) 「훈령·예규 등의 발령 및 관리에 관한 규정」(대통령훈령 제248호)에 따라 이 훈령 발령 후의 법령이나 현실여건의 변화 등을 검토하여 이 훈령의 폐지, 개정 등의 조치를 하여야 하는 기한은 2015년 8월 23까지로 한다.

부칙 〈훈령 제217호, 2013.5.16〉

이 훈령은 발령한 날부터 시행한다.

부칙 〈훈령 제315호, 2013.12.23〉

1 (시행일) 이 지침은 발령한 날부터 시행한다. 다만, 1-4-1(2)②, 3-3-1~3-3-4, 3-4-1~3-4-4, 3-5-1~3-5-4, 3-7-1~3-7-3, 5-1-1~5-3-1은 2014년 1월 1일부터 시행하고, 2-2-1의 괄호 규정은 2014년 1월 17일부터 시행한다.

2 (적용례) 1-4-1(2)②, 3-3-1~3-3-4, 3-4-1~3-4-4, 3-5-1~3-5-4, 3-7-1~3-7-3, 5-1-1~5-3-1, 2-2-1은 이 훈령 시행 이후 최초 신청하는 개발행위허가부터 적용한다.

부칙 〈훈령 제389호, 2014.6.27〉

이 지침은 발령한 날부터 시행한다.

부칙 〈훈령 제524호, 2015.5.8〉

이 지침은 발령한 날부터 시행한다.

부칙 〈훈령 제569호, 2015.8.13〉

제1조(시행일) 이 훈령은 발령한 날부터 시행한다.

제2조(재검토기한) 국토교통부장관은 「훈령·예규 등의 발령 및 관리에 관한 규정」에 따라 이 훈령에 대하여 2016년 1월 1일을 기준으로 매 3년이 되는 시점(매 3년째의 12월 31일까지를 말한다)마다 그 타당성을 검토하여 개선 등의 조치를 하여야 한다.

부칙 〈훈령 제997호, 2018.4.18〉

이 훈령은 발령한 날부터 시행한다. 다만, 1-2-2, 3-2-6(3) 개정규정은 2018년 6월 30일부터 시행한다.

부칙 〈훈령 제1129호, 2018.12.21〉

제1조(시행일) 이 훈령은 발령한 날부터 시행한다.

제2조(재검토기한) 국토교통부장관은 「훈령·예규 등의 발령 및 관리에 관한 규정」(대통령 훈령 334호)에 따라 이 훈령에 대하여 2019년 1월 1일 기준으로 매 3년이 되는 시점(매 3년째의 12월 31일까지를 말한다)마다 그 타당성을 검토하여 개선 등의 조치를 하여야 한다.

부칙 〈훈령 제1218호, 2019.8.29〉

이 훈령은 발령한 날부터 시행한다. 다만, 1-4-1(2)②의 규정은 2019년 11월 7일부터 시행한다.

도서출판 지혜로

'도서출판 지혜로'는 경제·경영 및 법률 서적 전문 출판사이며, 지혜로는 독자들을 '지혜의 길로 안내한다'는 의미입니다. 지혜로는 특히 부동산 분야에서 독보적인 위상을 자랑하고 있으며, 지금까지 출간되었던 모든 책들이 베스트셀러 그리고 스테디셀러가 되었습니다.

지혜로는 '소장가치 있는 책만 만든다'는 출판에 관한 신념으로, 사업적인 이윤이 아닌 오로지 '독자를 위한 책'에 초점이 맞춰져 있고, 앞으로도 계속해서 아래의 원칙을 지켜나갈 것입니다.

첫째, 객관적으로 '실전에서 실력이 충분히 검증된 저자'의 책만 선별하여 제작합니다. 실력 없이 책만 내는 사람들도 많은 실정인데, 그런 책은 읽더라도 절대 유용한 정보를 얻을 수 없습니다. 독서란 시간을 투자하여 지식을 채우는 과정이기에, 책은 독자들의 소중한 시간과 맞바꿀 수 있는 정보를 제공해야 한다고 생각합니다. 그러므로 지혜로는 원고뿐 아니라 저자의 실력 또한 엄격하게 검증을 하고 출간합니다.

둘째, 불필요한 지식이나 어려운 내용은 편집하여 최대한 '독자들의 눈높이'에 맞춥니다. 책의 최우선적인 목표는 저자가 알고 있는 지식을 자랑하는 것이 아닌 독자에게 필요한 지식을 채우는 것입니다. 독자층의 눈높이에 맞지 않는 정보는 지식이 될 수 없다는 생각으로 독자들에게 최대한의 정보를 제공할 수 있도록 편집할 것입니다.

마지막으로 독자들이 '**지혜로의 책은 믿고 본다**'는 생각을 가지고 구매할 수 있도록 초심을 잃지 않고, 철저한 검증과 편집 과정을 거쳐 좋은 책만 만드는 도서출판 지혜로가 되겠습니다.

뉴스 〉 부동산

도서출판 지혜로, '돌풍의 비결은 저자의 실력 검증'
송희창 대표, "항상 독자들의 입장에서 생각하고, 독자들에게 꼭 필요한 책만 제작"

도서출판 지혜로의 주요 인기 서적들

경제 · 경영 분야의 독자들 사이에서 '믿고 보는 출판사'라고 통하는 출판사가 있다. 4권의 베스트셀러 작가이자 부동산 분야의 실력파 실전투자자로 알려진 송희창씨가 설립한 '도서출판 지혜로'가 그 곳.

출판시장이 불황임에도 불구하고 이곳 도서출판 지혜로는 지금껏 출간된 모든 책이 경제 · 경영 분야의 베스트셀러로 자리매김하는 쾌거를 이룩했다.

지혜로가 강력 추천하는 베스트 & 스테디 셀러

송희창 지음 | 352쪽 | 17,000원

엑시트 EXIT

당신의 인생을 바꿔 줄 부자의 문이 열린다!
수많은 부자를 만들어낸 송사무장의 화제작!

- 무일푼 나이트클럽 알바생에서 수백억 부자가 된 '진짜 부자'의 자본주의 사용설명서
- 부자가 되는 방법을 알면 누구나 평범한 인생을 벗어나 부자의 삶을 살 수 있다!
- '된다'고 마음먹고 꾸준히 정진하라! 분명 바뀐 삶을 살고 있는 자신을 발견하게 될 것이다.

김태훈 지음 | 352쪽 | 18,000원

아파트 청약 이렇게 쉬웠어?

가점이 낮아도, 이미 집이 있어도, 운이 없어도
당첨되는 비법은 따로 있다!

- 1년 만에 1,000명이 넘는 부린이를 청약 당첨으로 이끈 청약 최고수의 실전 노하우 공개!
- 청약 당첨이 어렵다는 것은 모두 편견이다. 본인의 상황에 맞는 전략으로 도전한다면 누구나 당첨될 수 있다!
- 사회초년생, 신혼부부, 무주택자, 유주택자 및 부동산 초보부터 고수까지 이 책 한 권이면 내 집 마련뿐 아니라 분양권 투자까지 모두 잡을 수 있다.

이선미 지음 | 308쪽 | 16,000원

싱글맘 부동산 경매로 홀로서기 (개정판)

채널A 〈서민갑부〉 출연!
경매고수 이선미가 들려주는 실전 경매 노하우

- 부동산 경매 용어 풀이부터 현장조사, 명도 빨리 하는 법까지, 경매 초보들을 위한 가이드북!
- 〈서민갑부〉에서 많은 시청자들을 감탄하게 한 그녀의 투자 노하우를 모두 공개한다!
- 경매는 돈 많은 사람만 할 수 있다는 편견을 버려라! 마이너스 통장으로 경매를 시작한 그녀는, 지금 80채 부동산의 주인이 되었다.

경매 권리분석 이렇게 쉬웠어?

**대한민국에서 가장 쉽고, 체계적인 권리분석 책!
권리분석만 제대로 해도 충분한 수익을 얻을 수 있다.**

- 초보도 쉽게 정복할 수 있는 권리분석 책이 탄생했다!
- 경매 권리분석은 절대 어려운 것이 아니다. 이제 쉽게 분석하고, 쉽게 수익내자!
- 이 책을 읽고 따라하기만 하면 경매로 수익내기가 가능하다.

박희철 지음 | 328쪽 | 18,000원

송사무장의 부동산 경매의 기술

수많은 경매 투자자들이 선정한 최고의 책!

- 출간 직후부터 10년 동안 연속 베스트셀러를 기록한 경매의 바이블이 개정판으로 돌아왔다!
- 경매 초보도 따라할 수 있는 송사무장만의 명쾌한 처리 해법 공개!
- 지금의 수많은 부자들을 탄생시킨 실전 투자자의 노하우를 한 권의 책에 모두 풀어냈다!
- 큰 수익을 내고 싶다면 고수의 생각과 행동을 따라하라!

송희창 지음 | 308쪽 | 16,000원

송사무장의 부동산 공매의 기술

드디어 부동산 공매의 바이블이 나왔다!

- 이론가가 아닌 실전 투자자의 값진 경험과 노하우를 담은 유일무이한 공매 책!
- 공매 투자에 필요한 모든 서식과 실전 사례가 담긴 이 책 한 권이면 당신도 공매의 모든 것을 이해할 수 있다!
- 저자가 공매에 입문하던 시절 간절하게 원했던 전문가의 조언을 되짚어 그대로 풀어냈다!
- 경쟁이 덜한 곳에 기회가 있다! 그 기회를 놓치지 마라!

송희창 지음 | 456쪽 | 18,000원

송사무장의 실전경매
(송사무장의 부동산 경매의 기술 2)

**부자가 되려면 유치권을 알아야 한다!
경·공매 유치권 완전 정복하기**

- 수많은 투자 고수들이 최고의 스승이자 멘토로 인정하는 송사무장의 '완벽한 유치권 해법서'
- 대한민국 NO.1 투자 커뮤니티 '행복재테크'의 칼럼니스트이자 경매계 베스트셀러 저자인 송사무장의 다양한 실전 사례와 유치권의 기막힌 해법 공개!
- 저자가 직접 해결하여 독자들이 생생하게 간접 체험할 수 있는 경험담을 제공하고, 실전에서 바로 응용할 수 있는 서식과 판례까지 모두 첨부!

송희창 지음 | 376쪽 | 18,000원

평생 연봉, 나는 토지투자로 받는다

**농지, 임야, 공장 부지는 물론 택지까지!
토지 재테크를 위한 완벽 실전 매뉴얼**

- 토지투자는 한 번 배워두면 평생 유용한 재테크 툴(Tool)이다!
- 좋은 토지를 고르는 안목을 배울 수 있는 절호의 기회!
- 토지 투자 분야의 내로라하는 전문가가 비도시 지역의 땅과 도시 지역의 땅에서 수익을 올리는 비법을 전격 공개한다!

김용남 지음 | 240쪽 | 16,000원

대한민국 땅따먹기

**진짜 부자는 토지로 만들어진다!
최고의 토지 전문가가 공개하는 토지투자의 모든 것!**

- 토지투자는 어렵다는 편견을 버려라! 실전에 꼭 필요한 몇 가지 지식만 알면 누구나 쉽게 도전할 수 있다.
- 경매 초보들뿐만 아니라 더 큰 수익을 원하는 투자자들의 수요까지 모두 충족시키는 토지투자의 바이블 탄생!
- 실전에서 꾸준히 수익을 내고 있는 저자의 특급 노하우를 한 권에 모두 수록!

서상하 지음 | 356쪽 | 18,000원

신현강 지음 | 280쪽 | 16,000원

부동산 투자 이렇게 쉬웠어?

**부동산 투자의 성공적인 시작을 위한
최고의 입문서**

- 기초 다지기부터 실전 투자까지의 모든 과정을 4단계로 알기 쉽게 구성! 시장의 흐름을 이해하고 활용하면 부동산 투자는 쉬워질 수밖에 없다.
- 상승장뿐만 아니라 하락장에서도 수익 내는 방법, 일반 매물을 급매물 가격으로 사는 방법과 같은 부자법 찾기의 정석을 보여준다.
- 20년 투자 경력을 가진 저자가 꾸준하게 수익을 내온 투자 비법을 체계적으로 정리!

김학렬 지음 | 420쪽 | 18,000원

수도권 알짜 부동산 답사기

알짜 부동산을 찾아내는 특급 노하우는 따로있다!

- 초보 투자자가 부동산 경기에 흔들리지 않고 각 지역 부동산의 옥석을 가려내는 비법 공개!
- 객관적인 사실에 근거한 학군, 상권, 기업, 인구 변화를 통해 각 지역을 합리적으로 분석하여 미래까지 가늠할 수 있도록 해준다!
- 풍수지리와 부동산 역사에 관한 전문지식을 쉽고 흥미진진하게 풀어낸 책!

김동우 지음 | 460쪽 | 19,000원

투에이스의 부동산 절세의 기술
(전면개정판)

양도세, 종합소득세, 법인투자, 임대사업자까지 한 권으로 끝내는 세금 필독서

- 4년 연속 세금분야 독보적 베스트셀러가 완벽하게 업그레이드되어 돌아왔다!
- 각종 정부 규제에 관한 해법과 법인을 활용한 '절세의 기술'까지 모두 수록!
- 실전 투자자인 저자의 오랜 투자 경험을 바탕으로 구성된 소중한 노하우를 그대로 전수받을 수 있는 최고의 부동산 세법 책!

1년 안에 되파는
토지투자의 기술

초판 인쇄	2014년 12월 12일
22쇄 발행	2022년 01월 26일
지은이	김용남
감 수	송희창
책임편집	허남희
편집진행	배희원, 여소연
펴낸곳	도서출판 지혜로
출판등록	2012년 3월 21일 제387-2012-000023호
주소	경기도 부천시 원미구 길주로 137, 6층 602호(상동, 상록그린힐빌딩)
전화	032) 327-5032
팩스	032) 327-5035
이메일	book@jihyerobook.com
	(독자 여러분의 소중한 의견과 원고를 기다립니다.)

ISBN 978-89-968855-4-2(13590)
값 16,000원

- 잘못된 책은 구입처에서 교환해드립니다.
- 이 책은 저작권법에 의하여 보호를 받는 저작물이므로 무단 전재 및 복제를 금합니다.

도서출판 지혜로는 경제·경영 및 법률 서적 전문 출판사이며, '독자들을 위한 책'을 만들기 위해 객관적으로 실력이 검증된 저자들의 책만 엄선하여 제작합니다.